LE MINEUR
ET LE
DROIT PÉNAL

Collection « Logiques juridiques »

dirigée par Gérard Marcou
Série **Science criminelle** dirigée par Robert Cario

La Série **Science criminelle** se destine à la publication de travaux consacrés à l'analyse complexe du phénomène criminel. Les contributions, émanant de chercheurs, de praticiens de la justice ou du travail social, emprunteront la forme d'ouvrages de doctrine, de recherches collectives ou d'actes de rencontres scientifiques.

A paraître :

R. Cario (Dir.), La médiation pénale : entre répression et réparation (nov. 1997).

Les auteurs tiennent à remercier Françoise Croisier, Valérie Larrègle et Nadine Lavie pour leur collaboration à la réalisation de cet ouvrage.

ISBN : 2-7384-6165-4

Sous la direction
de Roselyne Nérac-Croisier

LE MINEUR ET LE DROIT PÉNAL

L'Harmattan
5-7, rue de l'École Polytechnique
75005 Paris - FRANCE

L'Harmattan
55, rue Saint Jacques
Montréal (Qc) - CANADA H2Y 1K9

Ont participé à cet ouvrage :

Robert Cario, Maître de conférences, Unité de Sciences Criminelles Comparées Jean Pinatel, Université de Pau et des Pays de l'Adour

Jocelyne Castaignède, Maître de conférences, Directeur adjoint de l'Unité de Sciences Criminelles Comparées Jean Pinatel, Université de Pau et des Pays de l'Adour

Jean-Paul Céré, Attaché Temporaire d'Enseignement et de Recherche, Unité de Sciences Criminelles Comparées Jean Pinatel, Université de Pau et des Pays de l'Adour

Jean-Jacques Choulot, Pédiatre, Centre Hospitalier Spécialisé, Pau

Marielle De Béchillon, Maître de conférences, Unité de Sciences Criminelles Comparées Jean Pinatel, Université de Pau et des Pays de l'Adour

Eliana Gersão, Professeur, Directrice du Bureau d'études Juridico-Sociales du Centre d'Études Judiciaires (École de la Magistrature, Lisbonne, Portugal)

Isabelle Joly, Attachée Temporaire d'Enseignement et de Recherche, Unité de Sciences Criminelles Comparées Jean Pinatel, Université de Pau et des Pays de l'Adour

Roselyne Nérac-Croisier, Maître de conférences, Directeur de l'Unité de Sciences Criminelles Comparées Jean Pinatel, Université de Pau et des Pays de l'Adour

Ouvrage publié avec le concours du Conseil Régional d'Aquitaine et du Conseil Général des Pyrénées Atlantiques

Avant-Propos

Alors que l'on constate à la fois un net rajeunissement des jeunes délinquants tant en ce qui concerne les infractions banales (vol, dégradation, graffiti) que pour des infractions plus graves (violences à personne et même homicides) [1] et un accroissement des violences à enfants [2], notamment en milieu familial, le droit pénal des mineurs est devenu une préoccupation majeure des États Européens et des instances internationales. Plusieurs pays d'Europe, comme l'Italie et l'Allemagne, ont déjà modifié leur législation pénale en ce domaine, les autres désirent le faire et préparent de nouveaux textes.

Le souhait officiellement exprimé par les Etats Européens est, en effet, de mettre sur pied un corps de règles spécifiques aux mineurs dans la mesure ou l'exigence d'une spécialisation est rappelée par l'ensemble des textes internationaux applicables en la matière (notamment la Recommandation 87 du Comité des Ministres du Con-

---

1. D'après les statistiques du Ministère de l'Intérieur, le nombre des mineurs mis en cause, en France, pour crime ou délit a augmenté de 50,30% de 1973 à 1994. L'année 1994 a marqué une hausse sans précédent du nombre des mineurs mis en cause (+17,7%) et le premier semestre de 1995 confirme cette tendance puisqu'une augmentation de 14.44% par rapport au même semestre de l'année précédente a été relevée. De même, on constate sur 20 ans un accroissement de près de 150% des crimes et délits contre les personnes.

2. En 1995, plus de 20.000 enfants ont, en France, fait l'objet d'actes de maltraitance dont 5.500 d'abus sexuels, 45.000 autres enfants étaient considérés comme « en risque » ; V. Anne Bourat, « L'enfance maltraitée. Les chiffres et le droit », *In Regards sur l'Actualité*, la Documentation Française, janv. 1997, n° 227.

seil de l'Europe et la Convention internationale des Droits de l'Enfant dans son art.43.3).

L'étude entreprise a donc eu pour objet de rechercher si l'objectif annoncé est, en France, atteint et si la spécialisation du droit pénal des mineurs voulue par les Etats Européens et officiellement affirmée est effective. A cet effet, une double orientation a été suivie relative d'une part au mineur victime, d'autre part au mineur délinquant.

S'agissant des jeunes victimes, cette première étude a été centrée plus particulièrement sur la protection du mineur contre les atteintes de nature sexuelle. L'actualité de ces derniers mois nous a d'ailleurs montré que ce choix était justifié ; les différentes affaires de pédophilie récemment dévoilées illustrent les lacunes et incertitudes existantes en ce domaine mettant en évidence la nécessité d'une mise au point sur l'arsenal juridique utilisable.

A cet effet, a d'abord été envisagée l'efficacité de la protection du mineur instaurée par le code pénal. On peut, en effet, se demander si le législateur a su profiter de la rédaction du nouveau code pénal pour améliorer cette protection et si les magistrats, lorsqu'ils sont saisis, concourent réellement à la réalisation de cet objectif ?

Puis, ont été étudiées les difficultés relatives à la preuve des abus sexuels commis sur mineur. En effet, si les maltraitances à enfant restent souvent méconnues, elles peuvent, lorsqu'elles sont dénoncées, être prouvées assez facilement. Il suffit souvent de constater l'état de l'enfant. En revanche, les abus sexuels sont généralement, compte tenu de l'âge des victimes, difficiles à découvrir et à prouver.

Enfin, s'est posée la question de l'effectivité de la protection pénale du mineur victime d'abus sexuels, en raison notamment, de l'incidence sur cette protection des règles de procédure.

Une étude de droit Portugais relative aux crimes sexuels contre les enfants complète ce panorama en donnant un aperçu du système appliqué chez l'un de nos voisins européens.

S'agissant des jeunes délinquants, plusieurs points ont également été abordés qui touchent à la responsabilité des mineurs et à la sanction des agissements répréhensibles.

En effet, devant l'augmentation de la délinquance juvénile et son aggravation, se pose avec acuité la question de la responsabilité des mineurs. Ceux-ci doivent-ils, en raison de leur âge, de leur immaturité, échapper au droit pénal, ou faut-il, au contraire, leur faire officiellement porter le poids des actes commis en reconnaissant leur responsabilité pénale ?

Cette première question a été complétée par deux études. L'une relative à la spécificité de la prise en charge des jeunes délinquants pour lesquels l'éducatif doit en principe l'emporter sur le répressif, l'autre relative, plus précisément, à la spécificité de la détention des mineurs lorsque celle-ci est prononcée. Le particularisme du traitement des mineurs délinquants voulu par tous et depuis longtemps instauré en France par l'ordonnance du 2 février 1945 est-il suffisant, est-il réel ?

Le système Ecossais d'audition des enfants nous a fourni un exemple de règles tout à fait spécifiques dans la mise en œuvre du traitement des mineurs puisqu'en Ecosse, il est totalement déjudiciarisé et pris en charge par la société civile.

Roselyne Nérac-Croisier

Première Partie

Le mineur victime

1

L'efficacité de la protection pénale du mineur victime d'abus sexuel

par Roselyne Nérac-Croisier

S'interroger sur le droit pénal et la protection du mineur victime d'abus sexuel peut sembler paradoxal. Il n'en est rien. Le droit pénal est défini comme l'ensemble des règles juridiques organisant la réaction de l'État vis-à-vis des infractions et des délinquants [1]. Étudier les infractions incriminées permet donc de connaître les faits qui, à un moment donné, sont considérés comme contraires à l'ordre social. Cela permet également de déterminer, à travers la sanction prévue, l'importance accordée par la société aux valeurs protégées. A cet égard, il a récemment été rappelé qu'un Code pénal avait pour vocation première de protéger l'être humain et qu'il devait renforcer cette protection pour les personnes les plus vulnérables.

Après son adhésion à la Convention internationale des droits de l'enfant [2], le législateur français, profitant de la rédaction de son nouveau Code pénal, a eu l'occasion de renforcer la protection des mineurs. La Convention de New-York dans différents textes et notamment dans son article 19 précise en effet que les États parties prennent

1. Merle et Vitu, Traité de droit criminel, t. I, n° 146.

2. Convention du 20 nov. 1989 signée puis ratifiée par la France et promulguée le 8 oct. 1990. Dans son art. 3, les Etats parties s'engagent plus généralement à assurer à l'enfant la protection et les soins nécessaires à son bien être et à son développement.

toutes les mesures législatives, administratives, sociales... pour protéger l'enfant contre toute forme de violence y compris la violence sexuelle. Or, pour la Convention, est un enfant tout être humain de la naissance à 18 ans [3].

Donner une protection spécifique et renforcée aux mineurs est ainsi devenu un engagement international de la France. Il convient dès lors de rechercher si nous disposons aujourd'hui de la législation appropriée susceptible d'assurer une protection efficace des mineurs.

Ceux-ci peuvent être victimes de toutes sortes de maltraitances, violences physiques, malnutrition, désintérêt de la part des parents. Ils sont aussi, trop souvent, victimes d'abus sexuels. Ces abus peuvent être le fait de personnes isolées, parents, proches ou étrangers ; ils se caractérisent alors par une atteinte directe sur le corps de l'enfant et impliquent un contact physique entre l'auteur et sa victime. Mais l'actualité de ces derniers mois s'est faite l'écho d'une véritable exploitation sexuelle de la personne des enfants : proxénétisme et incitation à la prostitution, réseaux pédophiles, enregistrement et trafic de films pornographiques mettant en scène des enfants de tous âges [4]. Cette exploitation manifeste un mépris total de la dignité de l'enfant, de son humanité puisque son corps est alors utilisé comme un simple objet de plaisir par et pour des adultes dénués de scrupules et de respect. L'exploitation sexuelle peut entraîner une atteinte à l'intégrité physique de

3. La déclaration des droits de l'enfant du 20 nov. 1959 avait déjà reconnue l'exigence d'une protection spéciale de l'enfant. Diverses Recommandations européennes invitent également les Etats membres à améliorer la protection de l'enfance, par ex. : Recommandation 79-17 du Comité des Ministres, Recommandation n° R. 85-4 du 26 mars 1985 du Conseil de l'Europe et dans notre domaine précis la Recommandation n° R. 91-11 du 9 sept. 1991 relative à l'exploitation sexuelle, la pornographie, la prostitution et le trafic d'enfant. La France a également signé, le 4 juin 1996, la Convention Européenne sur l'exercice des droits des enfants.

4. Le Congrès de Stockholm, qui s'est tenu du 27 au 31 août 1996 sur l'exploitation sexuelle des enfants à des fins commerciales, avait été longuement préparé par *End Child Prostitution in Asian Tourisme* (E.C.P.A.T.), les Organisations Non Gouvernementales (O.N.G.) et les gouvernements sensibilisés par le constat que de plus en plus d'enfants dans le monde sont assujettis à une exploitation sexuelle et sont victimes d'abus sexuels. La France a adopté le programme d'action proposé au terme du congrès.

l'enfant mais celle-ci n'est pas indispensable. En revanche, elle entraîne toujours une atteinte à sa moralité et à sa dignité.

La rédaction du Nouveau Code pénal, les réformes législatives intervenues depuis, permettent-elles de préserver les enfants de ces atteintes ? Répondre à cette question suppose d'abord de préciser ce que signifient les expressions abus sexuel et exploitation sexuelle. Plusieurs définitions ont été données qui se complètent.

Selon la première « est un abus sexuel toute participation d'un enfant ou d'un adolescent à des activités sexuelles qu'il n'est pas en mesure de comprendre, qui sont inappropriées à son âge et à son développement psychosexuel et qu'il subit sous la contrainte par violence ou séduction » [5]. Pour d'autres auteurs, est un abus sexuel à enfant toute utilisation de son corps pour le plaisir sexuel d'une personne plus âgée que lui, quelles que soient les relations entre eux et même sans contrainte ni violence [6]. Enfin on peut citer également une dernière définition, plus officielle puisqu'il s'agit de la définition de l'Organisation Mondiale de la Santé (O.M.S.), mais très proche des précédentes et selon laquelle l'exploitation sexuelle d'un enfant implique que « celui-ci est victime d'une personne adulte ou au moins sensiblement plus âgée que lui, aux fins de la satisfaction sexuelle de celle-ci ».

Deux éléments se retrouvent dans ces différentes définitions, ils permettent de caractériser l'abus. C'est d'abord une différence d'âge, ensuite la recherche d'un plaisir sexuel par l'auteur plus âgé. En revanche, aucune de ces définitions n'exige l'existence d'un violence [7].

---

5. Krugman et Jones, Incest and Other forms of sexual abuse, *In The Battered Child*, 4° éd., University of Chicago Press, Chicago, p. 286-300.

6. L. Deltaglia, Les abus sexuels envers les enfants. Etude de 90 auteurs ou victimes ayant fait l'objet d'une expertise psychologique, *In Cahiers du Centre de Recherche interdisciplinaire*, Vaucresson 1990.

7. L'expression « abus sexuel » est parfois étendue à ce que certains auteurs appellent un « climat incestueux ». Cette conception nous semble trop extensive pour entrer dans le cadre de cette étude qui n'envisage que les comportements pénalement répréhensibles.

La prise de conscience de l'importance du phénomène et les études relatives à ces abus sont, en France, relativement récentes [8]. Depuis, quelques chiffres ont été donnés et l'on s'accorde généralement pour estimer qu'aujourd'hui une fille sur huit et un garçon sur dix sont victimes d'abus sexuels avant 18 ans. Ces chiffres sont toutefois à manier avec précaution non seulement parce qu'ils varient en fonction de la définition de l'abus sexuel retenue, mais surtout parce qu'en ce domaine, plus que dans tout autre, le silence est de règle. C'est dire que le chiffre noir de ce type de criminalité est important.

La protection des mineurs s'avère donc particulièrement nécessaire. Il est évident que la meilleure protection consisterait en une prévention efficace. La répression ne protège pas véritablement le mineur dans la mesure où elle n'intervient qu'après commission de l'infraction, lorsque le mal est déjà fait. Néanmoins, elle n'est pas inutile. Il n'est pas réaliste de croire que l'on peut faire complètement disparaître de tels abus de notre société. En diminuer la fréquence serait déjà une victoire. La répression est donc nécessaire pour limiter le phénomène. Si la peur du gendarme ne suffit pas, elle a, malgré tout, un certain effet intimidant. De même, la crainte de voir les faits dévoilés, étalés sur la place publique, peut freiner certains abuseurs assurés jusqu'à présent d'une impunité presque totale. La répression enfin, permet aussi de libérer les victimes. Médecins, psychiatres, psychologues, criminologues s'accordent à reconnaître que seule la reconnaissance par la société de la culpabilité de l'auteur, donc du mal causé à l'enfant, lui permet de se libérer du traumatisme vécu, de s'accepter, d'échapper au sentiment de culpabilité qui l'oppresse et ainsi de rompre la spirale de la reproduction sociale [9].

Ainsi le droit pénal en jouant son rôle répressif participe à la protection du mineur victime. Nous verrons donc, en analysant la législation, qu'une protection spécifique du mineur existe bien (I) mais nous cons-

8. Elle a débuté, après le Congrès de l'International Society for the Prevention of Child Abuse and Neglect, tenu à Montréal en 1984, avec la campagne d'information et de prévention lancée en1985 par la direction de l'action sociale du Ministère chargé de la santé.

9. 50 % des abuseurs auraient été abusés.

taterons aussi qu'elle est encore, pour plusieurs raisons, insuffisante (II).

I - Une protection spécifique des mineurs

Rechercher si les mineurs sont mieux protégés, et de manière plus spécifique, de nos jours qu'ils ne l'étaient auparavant implique nécessairement d'effectuer une comparaison des nouveaux textes aux anciens.

Alors que les rédacteurs du Code de 1810 s'intéressant aux crimes et délits contre les particuliers avaient consacré une section aux attentats aux moeurs [10] au sein de laquelle étaient incriminées les différentes infractions portant atteintes aux moeurs admises sans pourtant se préoccuper plus particulièrement des victimes mineures, le législateur moderne procède différemment. Dans un livre II relatif aux crimes et délits contre les personnes, il traite dans un chapitre II des agressions sexuelles [11] pour lesquelles la minorité de la victime intervient parfois, mais uniquement comme circonstance aggravante, et dans un autre chapitre, consacré aux atteintes aux mineurs et à la famille, une section V traite de la mise en péril des mineurs. Dans cette section sont incriminées des infractions aussi diverses que la privation de soins et d'aliments, la provocation à l'usage de stupéfiants, d'alcool, à la mendicité pour dans les derniers articles incriminer certaines atteintes sexuelles.

Ainsi la protection du mineur contre les atteintes de nature sexuelle est maintenant assurée par deux corps de règles. Dans le premier la protection du mineur est incluse dans le système de protection des majeurs. Dans le second corps de règles, seul le mineur est concerné.

Avant d'étudier plus précisément les textes existants on peut déjà noter que de nombreux auteurs [12] relèvent que le plan d'un Code pénal n'est pas innocent car la place conférée à un thème met en évidence les priorités du législateur. Le Code de 1810 donnait priorité aux infrac-

---

10. Livre II, Titre 2, Chap. 1er - Section IV.

11. Livre II, Titre II, Chap. II - Section III.

12. V. par ex. J. Pradel et M. Danti-Juan, *Droit Pénal Spécial*, Ed. Cujas, 1ère éd. 1995, p. 19.

tions contre la chose publique traitées dans le Titre I, tandis que les infractions contre les personnes ne venaient qu'en deuxième place (Titre II). Avec le nouveau code, on constate un renversement des priorités puisque les atteintes aux personnes sont maintenant incriminées dans le Livre II, avant les infractions contre la nation qui constituent le Livre IV. Si l'on pousse un peu le raisonnement, on constatera alors avec regret que le mineur et la famille tiennent finalement une toute petite place dans les préoccupations du législateur moderne puisque c'est le dernier chapitre d'un titre en comportant sept qui leur est consacré ; bien après le respect dû aux morts [13], les atteintes à la personnalité [14] ou l'atteinte au secret professionnel...

Néanmoins, même si l'intérêt du législateur à l'égard des mineurs apparaît secondaire, il n'en reste pas moins que des textes spécifiques existent, susceptibles de leur assurer une protection particulière.

Pour l'étude de ces textes nous ne distinguerons pas, contrairement au système adopté par le législateur, les infractions communes et les infractions particulières au mineur mais celles exigeant un contact physique entre l'auteur et la victime (A) de celles pour lesquelles la personne du mineur est utilisée, exploitée, par l'auteur indépendamment de tout contact physique direct entre eux (B).

A - Les infractions emportant une atteinte physique du mineur

Supposent un contact physique avec le mineur les agressions et les atteintes sexuelles.

Le législateur de 1992 qualifie d'agression sexuelle toute atteinte sexuelle commise avec violence, contrainte menace ou surprise. Il importe donc de différencier les agressions des atteintes : les premières impliquent nécessairement l'existence d'un forcement de la volonté de la victime, les simples atteintes en revanche se réalisent en dehors de toute violence... c'est-à-dire que l'auteur agit avec le consentement de la victime ou du moins sans qu'elle ne résiste. Elles requièrent, néanmoins, comme les précédentes, certains contacts physiques impudiques

---

13. Ch. V, Sect. IV.

14. Ch. VI.

et correspondent très exactement à ce que le Code de 1810 qualifiait d'attentat à la pudeur.

1°) Les Agressions sexuelles. Dans ce domaine le législateur incrimine d'une part le viol d'autre part les autres agressions sexuelles reprenant avec un simple changement de vocable la distinction ancienne.

a) Le viol constitue la forme la plus grave d'agression sexuelle. Sa définition donnée par l'article 222-23 est la même que celle résultant de la loi du 23 décembre 1980, le législateur ayant toutefois rajouté les menaces aux violences, contraintes, surprises comme moyen de pression susceptible d'être exercé sur la victime.

Ainsi « tout acte de pénétration sexuelle, de quelque nature qu'il soit, commis sur la personne d'autrui par violence, contrainte etc... est un viol ». Peu importent le sexe de l'auteur ou de la victime, l'acte de pénétration. Ainsi ont été considérés comme viols des actes de sodomie [15], de fellation [16] ou un coït buccal. De même est généralement condamné comme viol le fait d'introduire des objets dans l'anus de la victime [17].

Alors que la sanction normalement applicable est de 15 ans de réclusion criminelle, une aggravation de la peine est encourue dans diverses circonstances, notamment lorsque la victime est un mineur de

15. Cass. crim., 24 juin 1987, *Bull. crim.* n° 265 ; Cass. crim., 27 avril 1994, *Bull. crim.*, n°57.

16. Cass. crim., 9 juill. 1991, *Bull. crim.* n° 294 ; Pau, 23 nov. 1988, Juris Data n° 047857.

17. Cass. crim., 27 avril 1994, *Bull. crim.* n° 157, espèce dans laquelle l'auteur était une femme et la victime une jeune fille. Il semble cependant que dans sa jurisprudence la plus récente, la Cour de Cassation se montre plus nuancée et, lorsqu'il n'y a pas de pénétration par ou dans le sexe, ne retienne le viol que si les circonstances manifestent le caractère sexuel de l'acte : Cass. crim., 6 déc. 1995, *Bull. crim.* n° 372 : obs. Y. Mayaud, *Revue Science Criminelle et de Droit Pénal Comparé (R.S.C.)*, 1996, p. 374, tandis que, dans l'arrêt du 9 déc. 1993, la Chambre Criminelle retient l'incrimination de tortures et actes de barbarie pour l'introduction d'un corps étranger dans l'anus de la victime pour lui extorquer de l'argent. Cass. crim., 9 déc. 1993, Bull. crim. n° 383 et les obs. Véron, *In Revue Dr. Pénal*, 1994, comm. 83, L.M. Nivôse, *Droit Pénal*, 1994, Chron. 26.

15 ans. L'article 222-24 alors applicable précise que le viol sera, dans ces cas puni de 20 ans de réclusion criminelle.

Par l'adoption de cette cause d'aggravation le législateur a, sans aucun doute, manifesté sa volonté de protéger plus spécialement non pas le mineur mais toutes les personnes considérées comme vulnérables, hors d'état de se protéger elles-mêmes. En effet, la même aggravation est encourue lorsque la victime du viol est une personne dont la particulière vulnérabilité due à l'âge, à une maladie, à une infirmité, à une déficience physique ou psychique ou à un état de grossesse, est apparente ou connue de l'auteur.

Le nouveau texte n'apporte pas de changement par rapport au droit antérieur puisque cette cause d'aggravation du viol était déjà prévue par l'article 332 alinéa 3 ancien du Code pénal.

D'autres aggravations de peine sont encourues lorsque le viol a entraîné la mort de la victime [18] ou encore lorsqu'il est précédé, accompagné ou suivi de tortures ou d'actes de barbarie [19], mais l'on remarque que dans ces deux dernières hypothèses le jeune âge de la victime n'est plus pris en considération. Le mineur n'est donc pas mieux protégé que l'adulte à ce niveau, du moins directement. En effet, pour que la cause d'aggravation tenant à la mort de la victime soit retenue, les magistrats doivent relever une relation de causalité entre le viol et le décès. Comment ce lien sera-t-il apprécié ? A notre connaissance aucune décision n'est encore intervenue sur cette question. En outre, il s'agit d'une cause d'aggravation nouvelle, on ne peut donc se référer à une quelconque jurisprudence antérieure. Dans quelles circonstances les magistrats estimeront-ils qu'il y a relation de causalité ?

Ce pourrait être parce que l'auteur a tué pour cacher son acte, pour éviter toute dénonciation de la victime. Dans cette hypothèse le viol est bien la cause du meurtre. Toutefois on pourrait objecter à cette interprétation que ce type de circonstance ne relève plus de l'article 222-25 du code pénal mais de l'article 221-2 alinéa 1 incriminant en tant que meurtre aggravé celui qui précède, accompagne ou suit un autre crime,

---

18. L'art. 222-25 du Code Pénal (C.P.) prévoit alors une peine de 30 ans de réclusion criminelle.

19. L'art. 222-25 du C.P. prévoit ici la réclusion criminelle à perpétuité.

donc éventuellement un viol. Ou encore, de l'alinéa 2 du même texte relatif à la connexité entre un crime ou un délit puisque la jurisprudence a très vite admis que l'aggravation pouvait être retenue en présence de connexité entre deux crimes. L'hypothèse du meurtre commis pour assurer l'impunité de l'auteur du viol entre exactement dans ce schéma ; on se trouve alors en présence d'un concours de qualification et c'est donc la qualification, la plus haute qui doit être retenue, en l'occurrence celle de meurtre aggravé.

Mais ce pourrait être aussi parce que la violence même de l'agression sexuelle a provoqué de telles blessures physiques que la mort s'en est suivie. Si cette interprétation restrictive était adoptée le texte ne trouverait, en fait, à s'appliquer que lorsque le jeune âge de la victime a rendu la pénétration sexuelle si traumatisante que celle-ci en est morte. Lorsque la victime est adulte le viol, même traumatisant, n'entraîne pas, en général, le décès du violé [20].

Dès lors ce n'est qu'en interprétant de cette manière stricte la relation de causalité nécessaire que l'article 222-25 nouveau du Code pénal se révèlerait spécialement protecteur des mineurs. Il n'est pas évident que telle soit la position des magistrats.

On relèvera par ailleurs que c'est en présence du meurtre de l'enfant que l'on trouve des dispositions révélatrices de la volonté du législateur de sanctionner plus sévèrement les auteurs de viol sur mineurs.

En effet, en deux occasions, le législateur réprime plus sévèrement le meurtre commis sur mineur de 15 ans. C'est d'abord lorsque l'assassinat d'un mineur de 15 ans est précédé ou accompagné d'un viol puisqu'en cette hypothèse la Cour d'Assises peut, par décision spéciale, soit porter la période de sûreté jusqu'à 30 ans, soit si la réclusion criminelle à perpétuité a été prononcée, décider qu'aucune mesure de suspension, fractionnement, placement, semi-liberté ne pourra être accordée au condamné [21]. C'est ensuite lorsque le meurtre commis sur un mineur de 15 ans est précédé ou accompagné d'un viol puisque la sanction est

20. Sauf cas exceptionnel comme par exemple une sodomisation au moyen d'un manche à balai ayant entraîné une hémorragie interne.

21. Art. 221-3 al. 2 et 132-23 nouveaux du C.P.

alors la réclusion criminelle à perpétuité et que la règle précédente est également applicable.

Ces dispositions particulières n'avaient pas été prévues par les lois de 1992, c'est un texte postérieur du 1er février 1994 [22] qui, sous la pression de l'opinion publique scandalisée par quelques affaires dramatiques de viols et meurtres d'enfants, est venu compléter les textes originaires avant même leur mise en application. Néanmoins, comme cela arrive fréquemment lorsqu'un texte est adopté dans la précipitation ces modifications loin de respecter l'échelle des peines aboutissent à prévoir la même sanction pour le meurtre et l'assassinat du mineur de 15 ans. On ne saurait pourtant s'en plaindre puisque dans les deux cas c'est la peine maximale qui est encourue.

b) Les agressions sexuelles autres que le viol correspondent exactement aux attentats à la pudeur incriminés par les anciens textes du Code pénal [23]. En effet, les rédacteurs ayant estimé cette dernière expression « vague et archaïque » l'ont simplement remplacée par celle « d'agression sexuelle » considérée plus actuelle. Néanmoins aucune définition n'en a été donnée ; il faut donc se référer à la jurisprudence antérieure pour en déterminer le contenu.

Par hypothèse, il s'agit d'agressions ; elles supposent donc toujours l'absence de consentement de la victime. Non défini par la loi, l'attentat à la pudeur était caractérisé négativement par rapport au viol comme tout acte impudique, autre qu'une pénétration, exercé directement sur la personne d'autrui. De même que pour le viol, peu importe le sexe de l'auteur et de la victime, peu importe même qu'auteur et victime soient du même sexe.

Constituent des agressions sexuelles des attouchements, caresses du sexe, des fesses, des cuisses, de la poitrine, éventuellement accompagnés de baisers sur le corps ou sur la bouche [24]. Après quelques hésitations la jurisprudence admit même que constituait un attentat à la pu-

---

22. Loi n° 94-89.

23. Art. 333 ancien.

24. Pau, 7 mars 1990, Juris Data n° 041440 ; Pau, 8 févr. 1992, Juris Data n° 041780 ; Limoges, 14 janv. 1994, Juris Data n° 040203 ; Pau 4 mai 1994, Juris Data n° 042 145.

deur sur un enfant un acte commis par le coupable sur la personne du mineur ou par cet enfant sur la personne du coupable [25]. Ainsi il y a attentat à la pudeur donc agression sexuelle que le mineur soit objet passif ou sujet actif de l'acte impudique. C'est ce que rappelle la Cour de Douai [26] en relevant que l'article 222-29 nouveau du Code pénal vise aussi bien les actes impudiques commis sur la personne du mineur que les actes de lubricité que le mineur se trouve contraint de pratiquer sur la personne du coupable. Ce type d'agression est aggravé et puni de 7 ans d'emprisonnement et 700 000 F. d'amende (au lieu de 5 ans et 500 000 F.) lorsqu'il est imposé à un mineur de 15 ans ou à une personne particulièrement vulnérable. Ainsi l'âge de la victime est, ici encore, pris en considération par le législateur pour aggraver la répression. Néanmoins, on ne peut affirmer que la protection du mineur soit de ce fait augmentée puisque la comparaison avec l'ancien Code pénal fait apparaître une diminution sensible de la peine d'emprisonnement laquelle passe de 10 ans [27] à 7 ans [28].

Pour ces infractions le législateur englobe la protection du mineur dans celle assurée à toute personne puisque l'âge de la victime est simplement une circonstance aggravante d'une incrimination de portée générale. Il en est différemment pour les atteintes sexuelles pour lesquelles l'âge de la victime est primordial et constitue un élément nécessaire à l'existence même de l'infraction.

2°) Les atteintes sexuelles se réalisent en l'absence de toute violence, menace.... L'élément matériel requis est le même que dans l'agression sexuelle, c'est-à-dire qu'il peut s'agir de tout acte impudique commis sur la personne d'autrui mais à la différence de l'agression l'acte

25. Cass. crim., 2 avril 1835, *S.*, 1835.I., p. 936 ; Pau, 7 mars 1990, Juris Data n° 041444.

26. Douai, 14 juin 1995, *Gazette du Palais (G.P.)*, 1995.II, 21 nov. 95.

27. Peine maximum antérieurement prévue par l'art. 331 al. 3 ancien.

28. Art. 222-29 nouveau. En contrepartie la peine d'amende a été augmentée par les nouveaux textes puisque d'un maximum de 120 000 francs elle passe actuellement à 700 000 francs mais l'amende est une peine plus douce que l'emprisonnement (art. 131-3 nouveau du C.P.). C'est donc la diminution de la peine privative de liberté qui caractérise ici l'adoucissement de la sanction.

est, ici, commis sans violence. Le partenaire est donc consentant. Le législateur, considérant que toute personne est libre du choix de sa moralité et de sa vie sexuelle estime qu'un acte impudique perpétré volontairement par les deux partenaires n'est pas condamnable dès lors qu'il n'est pas imposé à la vue d'autrui [29].

Mais, s'il est possible de présumer de manière irréfragable qu'un adulte est capable de s'opposer à la commission d'actes impudiques tentés sans violence, à son égard - et donc ne succombe que s'il le veut bien - il n'en est pas de même pour les mineurs. L'immaturité de la victime crée une certaine ambiguïté : on peut craindre que les actes impudiques ne soient qu'apparemment acceptés, le mineur n'ayant, en réalité, pas osé ou pas eu la force de les repousser [30]. Cela explique que le législateur incrimine l'atteinte sexuelle lorsqu'elle est commise sur un mineur. Ainsi l'article 227-25 nouveau du Code pénal punit-il « le fait par un majeur d'exercer sans violence, contrainte, menace ni surprise une atteinte sexuelle sur la personne d'un mineur de 15 ans ».

Ce texte est sans aucun doute une mesure particulière de protection du mineur puisque l'âge de la victime est un élément constitutif de l'infraction [31] et non une simple circonstance aggravante. Toutefois, il nous faut, de nouveau, nuancer cette appréciation car la protection ainsi instaurée est doublement limitée. D'une part, le législateur a modulé la protection accordée en distinguant selon l'âge de la victime. Considérant que les adolescents, même s'ils n'ont pas atteint leur majorité civile et pénale, ont néanmoins une sorte de « majorité sexuelle » leur permettant de choisir librement et de consentir valablement dans ce domaine précis, le législateur n'a accordé sa protection qu'aux plus jeunes, limitant l'application de l'article 227-25 aux mineurs de 15 ans. Les adolescents de 15 à 18 ans jugés aptes à refuser les entreprises amoureuses auxquelles ils ne consentiraient pas sont assimilés aux adultes et ne bénéficient d'une certaine protection contre les atteintes sexuelles commises sans violences que dans des circonstances très par-

---

29. Dans cette hypothèse il y aurait exhibition sexuelle imposée à la vue d'autrui réprimée par l'art. 222.32 nouveau du C.P.

30. V. sur ce point J. Pradel et M. Danti-Juan, *préc.*, p. 467.

31. Pour M. Pradel il s'agit d'une sorte de condition préalable, V. ouvrage *préc.*, p. 673.

ticulières [32]. D'autre part, le domaine d'application de la protection est restreint puisque dorénavant seul un majeur peut être auteur de l'infraction. L'ancien Code pénal ne comportait aucune restriction de ce type ce qui permettait d'exercer des poursuites lorsqu'un mineur était l'auteur d'un tel comportement envers un autre mineur. Si de semblables hypothèses ne se rencontrent pas couramment, il arrive cependant, que des adolescents commettent de tels actes à l'encontre de mineurs plus jeunes. Ces derniers font peut être mal la distinction entre l'attitude normale d'un grand frère ou d'un copain plus âgé et le comportement très câlin, un peu trop tendre ou impudique d'un plus grand à leur égard.

Ainsi le nouveau texte est-il moins protecteur que l'ancien. Les magistrats ne s'y sont guère trompés puisqu'ils ont, sans hésitation, affirmé que les dispositions nouvelles de l'article 227-25, moins sévères que celles de l'ancien article 331 alinéa 1er, étaient applicables immédiatement aux infractions commises avant leur entrée en vigueur et n'ayant pas donné lieu à une condamnation passée en force de chose jugée [33]. De même, la sanction maintenant encourue est moindre que l'ancienne. Alors que l'auteur d'une telle infraction s'exposait à une peine de 5 ans d'emprisonnement et 60 000 francs d'amende, la peine prévue en application du nouveau texte n'est plus que de 2 ans d'emprisonnement et 200 000 F. d'amende [34]. Toutefois il y a aggravation de l'infraction qui est alors punie de 10 ans d'emprisonnement et 1.000.000 F. d'amende lorsqu'elle est accomplie dans certaines circonstances. Il en est ainsi :

. lorsque l'atteinte est commise par un ascendant légitime naturel ou adoptif ou par toute personne ayant autorité ;

. lorsqu'elle est commise par une personne qui abuse de l'autorité que lui confèrent ses fonctions ;

. lorsqu'elle est commise par plusieurs personnes agissant en qualité d'auteur ou de complice.

---

32. Art. 227-27 nouveau du C.P. V. sur ce point *infra* p. 27.

33. Cass. crim., 15 mars 1995, *Bull. crim.*, n° 106.

34. Selon le dernier projet de loi présenté au bureau de l'Assemblée Nationale, le 29 janv. 1997, cette peine devrait être augmentée et passer à 5 ans d'emprisonnement et 200 000 F. d'amende.

Cette aggravation, très conséquente, résulte d'une loi du 4 février 1995 adoptée à la suite d'affaires ayant particulièrement ému l'opinion publique. Par cette modification, la sanction encourue est alignée sur l'ancien article 331 alinéa 3 puisque, dans les 2 cas, c'est un maximum de 10 ans de privation de liberté qui est susceptible d'être encouru. Mais, et la nuance n'est pas négligeable, la peine était de nature criminelle dans l'ancien texte, elle reste un simple délit avec le nouveau ; sa prescription est donc acquise beaucoup plus rapidement [35].

En outre, suite à la manifestation d'un fort courant de réprobation à l'égard du « tourisme sexuel » le législateur a, par une loi du 1er février 1994 rajouté une nouvelle circonstance aggravante dans l'hypothèse où l'atteinte sexuelle sans violence s'accompagne du versement d'une rémunération. Mme Rassat commentant cette disposition remarque que pour la première fois, en France, le droit pénal condamne le client de la prostitution [36]. Ce texte apporte également une dérogation aux principes généraux d'application de la loi dans l'espace [37] en précisant que la loi pénale française sera applicable aux infractions commises à l'étranger même en l'absence de réciprocité d'incrimination et sans que soit nécessaire une plainte de la victime, de sa famille, ou une dénonciation officielle des autorités du pays où les faits ont été commis. Toutefois, comme, le remarquent certains auteurs, l'efficacité pratique de ces dispositions risque d'être très limitée [38].

Ainsi, pour les mineurs de 15 ans une protection particulière a été mise en place relativement aux atteintes sexuelles mais celle-ci est limitée et, pour certaines de ses dispositions, restera certainement peu appliquée.

Quant aux mineurs de 15 à 18 ans le législateur considère qu'ils ont suffisamment de maturité pour décider de leur morale sexuelle, il n'intervient donc pour les protéger dans ce domaine que dans l'hypothèse où l'auteur exerce un certain ascendant sur eux. On peut craindre alors

35. 3 ans au lieu de 10 ans en matière criminelle.

36. M. L. Rassat, *Juris-Classeur* 1996, art. 227-25 à 227-27, n° 12.

37. Dérogation aux art. 113-6, al. 2 et 113-8 *in fine* du C.P.

38. Véron, *Dr. pénal* 1995, comm. 143 ; M.L. Rassat, *R.S.C.*, 1994, p. 779 et *Juris-Classeur Pénal*, art. 227-25 à 227-27, n° 15.

que le mineur, même sorti de l'enfance, ne se soit trouvé dans l'impossibilité morale d'opposer un refus aux entreprises de l'auteur. Ainsi l'article 227-27 N.C.P. réprime-t-il les atteintes sexuelles commises sans violence sur un mineur de plus de 15 ans non émancipé par le mariage [39] lorsqu'elles sont commises par un ascendant légitime, naturel ou adoptif ou par toute personne ayant autorité, ou encore par une personne qui abuse de l'autorité que lui confèrent ses fonctions. Sur ce dernier point, les magistrats relèvent que le texte concerne toute personne ayant autorité sur le mineur et lui ayant imposé des relations sexuelles. Ni la prétendue volonté de parfaire l'éducation sexuelle de la victime ni même son consentement ne peuvent justifier l'acte puisqu'il s'agit d'actes commis sans contrainte ni violences [40].

Cette incrimination n'est pas nouvelle, elle est une simple reprise de l'ancien article 331-1. Néanmoins la peine encourue est moindre puisque l'auteur n'encourt que 2 ans d'emprisonnement et 200 000 F. d'amende au lieu de 3 ans et 20 000 F. En outre une certaine incohérence des textes doit être relevée dans la mesure où seul un majeur peut être coupable d'atteinte sexuelle sur mineur de 15 ans tandis que toute personne ayant autorité - sans précision d'âge - peut se voir reprocher une atteinte sur mineur de 15 à 18 ans. Même si les hypothèses de ce type seront limitées, on peut concevoir un grand frère de 17 ans exerçant un ascendant sur ses frères et soeurs plus jeunes, il serait condamnable pour des atteintes sexuelles commises envers ceux de plus de 15 ans mais resterait impuni pour celles commises envers les plus jeunes !

Ainsi, s'agissant des infractions portant directement atteinte à la personne, on doit constater que le législateur moderne tout en donnant une certaine spécificité à la protection des mineurs et plus spécialement des jeunes de moins de 15 ans n'a pas, en définitive, véritablement amélioré cette protection par rapport au droit antérieur puisque, soit

39. On peut noter que seule l'émancipation par le mariage peut faire échapper l'auteur à toute sanction. Il ne faudrait pas, en effet, que l'émancipation ne soit accordée par l'ascendant dans le seul but d'échapper à la répression.

40. Limoges, 26 mai 1989, *Dr. pénal* 1990, comm. 50 ; Cass. crim., 3 mai 1989, *Dr. pénal* 1990, comm. 52 pour des relations sexuelles imposées par le directeur d'un centre d'accueil pour jeunes en difficulté à une mineure de 16 ans « désemparée et perturbée psychologiquement ».

les textes ont un domaine d'application plus restreint, soit les peines encourues par les auteurs ont été systématiquement abaissées. Cette diminution a d'ailleurs été relevée par la circulaire du 14 mai 1993 aux termes de laquelle, pour les atteintes sexuelles commises sans violences sur mineur les seules modifications de fond apportées par le nouveau Code pénal portent sur la répression « sensiblement atténuée ».

Outre ces incriminations, que l'on pourrait qualifier de « base », et qui tendent à empêcher la commission sur des mineurs d'actes d'immoralité personnelle, le législateur a également voulu protéger les jeunes contre les agissements de ceux qui exploitent la personne ou l'image du mineur pour tirer avantage des passions et de l'immoralité d'autrui, soit dans un but purement lucratif, soit pour satisfaire leurs propres passions. Aucun contact physique entre l'auteur et la victime n'est alors nécessaire pour que soit caractérisée l'infraction.

B - Les infractions existantes en l'absence de tout contact physique

Le mineur va naturellement bénéficier des règles instaurées pour la protection de l'ensemble des citoyens mais il dispose également de textes spécifiques adoptés dans un but précis de sauvegarde des plus jeunes.

Se rattache à la première catégorie l'incrimination du proxénétisme. Depuis 1946 la peine encourue par le proxénète est aggravée lorsque des mineurs en sont victimes. Cette aggravation a été reprise par les nouveaux textes. Néanmoins deux remarques doivent être faites. Tout d'abord les mineurs n'en sont pas les seuls bénéficiaires. La minorité est seulement l'une des circonstances entraînant aggravation de l'infraction, au même titre que la particulière vulnérabilité ou la pluralité de victimes. Ensuite, alors que depuis le début du siècle la répression du proxénétisme est régulièrement renforcée l'activité des proxénètes étant perçue comme doublement préjudiciable [41], le nouveau Code pénal,

---

41. Le proxénétisme porte préjudice aux victimes directes exploitées par le souteneur mais aussi à l'ensemble de la société dans la mesure ou le proxénétisme est souvent le préliminaire ou même l'instrument d'autres formes de criminalité organisée comme par exemple le trafic de drogue ou le blanchiment de l'argent.

tout en élargissant les cas de proxénétisme et en augmentant la plupart des peines applicables, a cependant laissé inchangée la peine d'emprisonnement du proxénétisme aggravé qui demeure de dix ans d'emprisonnement (art. 225-7 du N.C.P.). Il n'y a donc pas, dans ce domaine précis d'amélioration de la situation du mineur.

Outre l'incrimination de proxénétisme dont le domaine d'application est général, plusieurs infractions spécifiques ont été intégrées dans le code au titre de « la mise en péril des mineurs ». Sous cette appellation, le législateur a regroupé différents textes tendant à renforcer la protection des mineurs, notamment la protection de la moralité des mineurs. Sont alors incriminés les agissements de ceux qui profitent de la vulnérabilité, de l'immaturité des jeunes pour satisfaire les passions sexuelles d'autrui. Certains textes reprennent sous une formulation différente des infractions anciennes, mais l'une des infractions est nouvelle.

1°) Sont directement inspirés des anciens textes les articles 227-22 et 227-24 N.C.P.

La *corruption de mineurs prévue* à l'article 227-22 N.C.P. correspond à l'excitation de mineurs à la débauche de l'ancien article 334-2. Selon le nouveau texte, est incriminé le fait de favoriser (ou de tenter de favoriser) la corruption d'un mineur. L'infraction simple est punie de 5 ans d'emprisonnement mais il y a aggravation de la peine [42] lorsque c'est un mineur de 15 ans qui est concerné.

La détermination des éléments nécessaires à l'incrimination a donné lieu à de vives discussions et la rédaction définitive est une rédaction de compromis [43]. Toutefois, même si les références à l'attentat aux moeurs et à la débauche, considérées désuètes, ont disparu, les auteurs estiment généralement que demeure réprimé l'ensemble des agissements antérieurement prévus. Ainsi ont été condamnés : le fait pour une femme de se livrer habituellement à des actes obscènes en présence

---

42. 7 ans d'emprisonnement.

43. V. la circulaire du 14 mai 1993 ; Doc. Sénat n° 295, p. 172 et n° 485, p. 103 et 104 ; Journal Officiel (J.O.), Sénat, 23 mai 1991, p. 689 et 4 oct. 1991, p. 2652.

d'une jeune fille de 15 ans entraînant celle-ci à se livrer elle-même à la prostitution [44], la location d'une chambre à des mineurs qui s'y livrent à la débauche [45], ou encore le fait de se masturber devant une mineure de 16 ans en lui demandant de faire des photographies ; les magistrats ayant relevé que cela impliquait la volonté d'éveiller les pulsions sexuelles de l'adolescente et de favoriser ainsi sa corruption [46]. L'incrimination actuelle paraît même plus sévère que la précédente puisque l'habitude antérieurement requise pour les mineurs de 16 à 18 ans [47] a disparu. Peuvent donc être poursuivis pour corruption les auteurs d'un seul acte répréhensible.

L'article 227-22 N.C.P. mentionne plus spécialement dans son alinéa 2 le fait pour un majeur « d'organiser des réunions comportant des exhibitions ou des relations sexuelles auxquelles un mineur assiste ou participe ». Cette forme particulière du délit ne constitue pas une infraction autonome. Elle est généralement considérée comme une illustration, une variation de l'incrimination de corruption de mineurs [48], le législateur ayant indiqué que les peines prévues au premier alinéa sont « notamment applicables au fait commis par un majeur de... ». Dès lors la majorité de l'auteur ne semble pas être une condition nécessaire à l'incrimination et l'hypothèse précise envisagée par le texte n'est qu'un exemple particulier des divers agissements susceptibles d'entrer dans le champ d'application de ce texte. Peu importe d'ailleurs que le mineur participe activement ou soit simple spectateur.

Il apparaît clairement que la corruption visée par cet article a une connotation essentiellement sexuelle puisque les autres types de corruption sont appréhendés par les textes précédents. Ce sont les moeurs du mineur qui sont ici protégées et le terme de corruption utilisé est synonyme de dépravation.

---

44. Cass. crim., 16 janv. 1947, *Bull. crim.* n° 23.
45. Cass. crim., 6 juil. 1966, *Bull. crim.* n° 194.
46. Cass. crim., 1er févr. 1995, *Bull. crim.* n° 43.
47. Art. 334.2 ancien.
48. En ce sens circulaire du 14 mai 1993 et Pradel, *préc.*, p. 521.

Il s'agit d'une infraction intentionnelle exigeant un dol particulier : l'auteur doit avoir eu l'intention de corrompre le mineur [49]. Cette exigence ne peut que restreindre le domaine de la protection puisque échappe à l'application du texte le fait d'organiser des réunions de débauche dans le but de réaliser un bénéfice ou d'en tirer un avantage quelconque [50] ou encore dans le but de satisfaire ses propres passions [51]. En outre, il est évident que la preuve de cette intention de pervertir le mineur sera difficile à rapporter car, très souvent, lorsque de telles séances sont organisées, elles ont essentiellement pour objet soit la satisfaction de perversions personnelles, soit la volonté d'en tirer un profit par la mise à disposition de jeunes enfants ou d'adolescents à des adultes pervers. Le désir de pervertir les jeunes participants n'est alors que très accessoire et ne saurait être considéré comme le but de l'opération.

La connaissance de la minorité de la victime est également nécessaire, néanmoins l'erreur sur l'âge, si elle est vraisemblable, peut être invoquée par l'auteur et lui permettre d'échapper à la répression [52].

Ainsi, les conditions requises pour l'application du texte ne peuvent qu'en limiter l'efficacité. Cela nous semble d'autant plus regrettable que l'organisation de « parties » est une pratique beaucoup plus courante qu'on ne le pense et profondément destructrice de l'enfant qui, en y participant, perd tout sens moral.

L'article 227-24 nouveau reprend lui, partiellement, l'ancienne incrimination *d'outrage aux bonnes moeurs* [53]. Est visé le fait de « fabriquer, transporter, diffuser par quelque moyen que ce soit et

---

49. Sur la nécessité de ce dol spécial, V. M.L. Rassat, *Juris-Classeur Pénal*, art. 227.22 n°13 ; Pradel et Danti Juan, *préc.*, n° 768.

50. Cass. crim., 22 juill. 1880, *D.P.*, 1881.1.91 ; Cass. crim., 18 nov. 1892, *D.P.*, 1894.1.198.

51. Cass. crim., 25 janv. 1983, *Bull. crim.* n° 29 ; Cass. crim., 14 nov. 1990, *Dr. pénal* 1981, comm. 105, Véron.

52. La jurisprudence antérieure conserve toute sa valeur et ne devrait pas être remise en cause ; V. par ex., Cass. crim., 6 nov. 1963, *Dr. pénal* 1965, p. 323, Vonin.

53. Art. 283, ancien C.P.

quelqu'en soit le support, un message à caractère violent ou pornographique ou de nature à porter gravement atteinte à la dignité humaine, ainsi que de faire commerce d'un tel message ». Même s'il est évident que ce texte tend exclusivement à préserver la moralité des jeunes puisque les actes mentionnés ne sont réprimés que si le message est susceptible d'être vu ou perçu par un mineur, on peut rester sceptique sur sa portée exacte et surtout sur son efficacité réelle.

Alors que l'ancien article 183 du Code pénal ne réprimait que l'outrage aux bonnes moeurs, celles-ci étant définies par référence à la seule morale sexuelle [54], le texte actuel a un domaine d'application plus vaste puisqu'il englobe les messages violents, pornographiques, ou de nature à porter atteinte à la dignité humaine. Il semble même que dans l'esprit des rédacteurs du texte il s'agissait essentiellement de lutter contre la prolifération des scènes de violences imposées aux mineurs. Toutefois, cette nouvelle rédaction permet de conforter la volonté des magistrats de la Cour de cassation de lutter contre l'incitation aux comportements odieux, dégradants et aux perversions sexuelles. Néanmoins, le terme de pornographie, notion de référence de l'article 222-24 N.C.P., est plus restrictif que celui de « bonnes moeurs » puisqu'il implique un caractère obscène. Par exemple, ont été jugés pornographiques des ouvrages qui « privent les rites de l'amour de tout leur contexte sentimental en décrivant seulement les mécanismes physiologiques » et « concourent à dépraver les moeurs s'ils en recherchent les déviations avec une prédilection visible » [55]. De même, la Cour de cassation a précisé qu'un film pornographique se caractérise par son caractère obscène, par la représentation minutieuse de violences et de perversions sexuelles dégradantes pour la personne humaine [56], tandis qu'une décision récente de la Cour de Paris considère pornographiques des écrits qui traitent des rapports sexuels d'adultes avec de jeunes enfants [57]. La Cour de cassation qui a toujours voulu exercer son contrôle sur le caractère outrageant pour les bonnes moeurs des écrits ou

54. Cass. crim., 6 oct. 1987, *G.P.* 1988.1.141 ; Obs. Levasseur à la *R.S.C.* 1988, p. 524.

55. T. Corr. Paris, 5 oct. 1972, *G.P.* 1973.1.211.

56. Cass. crim., 25 janv. 1979, *Bull. crim.* n° 37.

57. Paris, 14 déc. 1994, *Dr. pénal* 1995, comm. n° 90.

publications en cause, persistera très probablement dans cette attitude pour l'appréciation du caractère pornographique des messages incriminés. Mais, quelle que soit son interprétation, celle-ci ne pourra qu'être restrictive par rapport à la notion de bonnes moeurs retenue par l'ancien article 283 C.P.

En outre, la répression est dorénavant subordonnée à une condition supplémentaire : il est nécessaire que le message soit susceptible d'être vu ou perçu par un mineur. Cette exigence complémentaire ne peut que limiter sensiblement le champ d'application du texte. Elle laisse, du moins, planer une incertitude sur son efficacité réelle puisque la condamnation dépendra de l'appréciation faite par les juges [58]. Les magistrats de la Haute Cour en ont été conscients et ont relevé que l'article 222-27 en subordonnant la commission de l'infraction à une condition supplémentaire est plus restrictif, plus doux que les dispositions précédentes, il est donc applicable immédiatement aux faits commis antérieurement [59].

2°) Devrait être beaucoup plus efficace l'incrimination prévue par l'article 227-23 du N.C.P. Aux termes de ce texte est condamné le fait de fixer, d'enregistrer de transmettre ou de diffuser, par quelque moyen que ce soit, l'image d'un mineur lorsque cette image présente un caractère pornographique. La peine encourue est alors de 1 an d'emprisonnement et 300 000 F. d'amende et passe à 3 ans d'emprisonnement et 500 000 F. d'amende lorsque le mineur à moins de 15 ans.

Cette infraction, nouvelle par rapport au code de 1810, a été créée à l'initiative du Parlement afin de lutter contre l'exploitation de l'image d'un mineur. Elle est surtout un moyen indirect de s'opposer au développement de certaines formes d'organisation de la pédophilie. En effet,

58. V. par ex. Paris 11° Ch 14 déc. 1994 condamne le magazine « Le Crapouillot » car vendu en kiosques et librairies il était accessible aux mineurs, tandis que Paris 11° Ch. 9 févr. 1995 refuse de condamner au motif que le ministère public ne rapporte pas la preuve qu'un mineur ait pu voir la revue incriminée. *Dr. pénal*, 1995, com. n° 90, Véron. Dans le même sens, Bordeaux 13 déc. 1994, *Cahiers de jurisprudence d'Aquitaine* 1995-3, p. 132.

59. Cass. crim., 5 avril 1995, *Dr. pénal* 1995, comm. n° 195.

l'enregistrement de films pornographiques mettant en scène de jeunes enfants et la diffusion de ce type d'enregistrement sont des moyens très utilisés et très appréciés des réseaux pédophiles. Il a été constaté que ces réseaux « se structurent et se développent à partir d'un trafic de revues et de vidéocassettes mettant en scène des mineurs filles et garçons ». De véritables fichiers se constituent ensuite qui permettent de pousser à la prostitution les mineurs d'abord photographiés ou filmés [60]. Dès lors, la libre circulation et la commercialisation de ces images ne peut qu'aider et même encourager les « amateurs d'enfants » à s'adonner à leurs passions. De même, l'augmentation de la demande a pour effet d'inciter certains esprits faibles mais cupides à rechercher des acteurs de plus en plus jeunes et de plus en plus nombreux afin de diversifier les images, attirer et satisfaire le maximum de clients. Se crée ainsi un véritable cercle vicieux qu'il est indispensable de rompre si l'on veut préserver les enfants [61]. Le nouveau texte devrait permettre d'atteindre tous ceux qui - à un titre ou à un autre - interviennent dans ce genre de diffusion. On peut seulement regretter que la peine d'emprisonnement prévue soit aussi minime mais cette indulgence est sans doute partiellement compensée par l'importance du montant de l'amende encourue.

Ainsi, des textes, spécifiques ou non, existent destinés à assurer la protection des mineurs. Néanmoins celle-ci est encore très insuffisante.

II - Une protection insuffisante

Abstraction faite des imperfections des textes adoptés, l'étude de la jurisprudence intervenue en ce domaine révèle l'absence d'efficacité réelle du système élaboré (A) ainsi que ses lacunes (B).

---

60. Robert Pagès cité *In* Denis Perier Daville, Les atteintes contre les moeurs dans le futur Code pénal, *G.P.*, 1992.1, Chron. 445.

61. L'actualité des derniers mois a mis en évidence l'existence insoupçonnée d'organisations allant jusqu'à enlever puis tuer des enfants après les avoir utilisés, V. par ex. la trop célèbre affaire Dutroux en Belgique.

A - Une protection souvent inefficace

Il suffit d'examiner les décisions rendues en cette matière pour s'apercevoir que les condamnations pour viol sur mineur sont rares. Effectivement, s'appuyant sur l'absence de violences caractérisées, les magistrats, très souvent, correctionnalisent des pénétrations sexuelles et ne les poursuivent et condamnent qu'au titre des violences sexuelles ou même des simples atteintes. Cette correctionnalisation nous semble injuste pour l'enfant puisqu'elle aboutit à banaliser l'acte dont il a été victime, à se montrer plus difficile à son égard qu'envers un adulte, tout en étant juridiquement injustifiée.

1°) La correctionnalisation est injuste pour l'enfant victime car, en disqualifiant l'acte, les magistrats se montrent beaucoup plus exigeants envers lui qu'ils ne le sont envers d'autres victimes de ce type d'acte.

Le Code pénal distingue le viol des autres agressions sexuelles par l'existence des pénétrations sexuelles. Mais dans l'un et l'autre cas des violences, menaces contraintes surprises sont nécessaires. Dès lors la présence ou l'inexistence des violences... ne doit jouer aucun rôle dans le choix de la qualification qui dépend exclusivement de l'existence des pénétrations. Or, de nombreuses juridictions, Cour d'appel, Chambre d'accusation et même la Cour de cassation [62], refusent de qualifier les actes incriminés de viol lorsque les pénétrations sexuelles ont été le fait d'adultes sur des mineurs, quel que soit leur âge, au motif que ces enfants n'ont pas fait l'objet de violences de la part de l'auteur puisqu'ils ne lui ont opposé aucune résistance : ils ont donc consenti à l'acte. Ce type d'appréciation a pour conséquence inéluctable qu'un mineur et plus particulièrement un jeune enfant de moins de 15 ans ne sera que très rarement reconnu victime de viol puisqu'en définitive il se trouve

---

62. Celle-ci la plupart du temps se retranche derrière l'appréciation souveraine des juges du fond reprenant systématiquement l'affirmation suivante : « les Chambres d'accusation, en statuant sur les charges de culpabilité, apprécient souverainement au point de vue des faits tous les éléments constitutifs des infractions et des circonstances qui les aggravent et la Cour de Cassation n'a d'autre pouvoir que de vérifier si la qualification qu'elles ont retenue justifie le renvoi devant la juridiction de jugement », Cass. crim., 19 déc. 1994, *Lexilaser Cassation*, pourvoi n° 94. 84.708.

dans l'incapacité physique ou même simplement morale de résister à un adulte. Incapacité d'autant plus évidente que cet adulte est un ascendant, un membre de sa proche famille ou même une personne ayant autorité sur lui. Finalement, c'est le plus souvent lorsque le viol de l'enfant est suivi de meurtre qu'il est reconnu tel. Comme si seule la mort de la petite victime pouvait montrer son opposition. Cela explique, peut être, l'intervention du législateur pour aggraver la sanction lorsque le meurtre du mineur de 15 ans est précédé de viol [63]. Cette volonté répressive est louable mais elle nous semble beaucoup trop tardive. C'est encore vivant que l'enfant doit bénéficier d'une protection particulière et non après sa mort.

Or, même si, depuis peu, certaines juridictions tendent à renverser cette tendance [64], de très nombreuses décisions de tribunaux correctionnels ou de Cour d'appel condamnent en tant qu'agression sexuelle ou même atteinte sexuelle de véritables viols. Ainsi a été condamnée pour agression sexuelle une mère de famille ayant pratiqué avec les doigts et des carottes des pénétrations dans le vagin de ses filles de 5 et 3 ans. Celle-ci était coutumière du fait et agissait seule ou en compagnie de son amant. Il résultait même des enquêtes réalisées que des pénétrations avaient également été effectuées sur sa plus jeune fille âgée seulement de 18 mois... Dans cette espèce il y avait bien viol puisqu'il y avait eu des pénétrations sexuelles mais réalisées, compte tenu de l'âge des enfants, sans violences physiques [65].

Caractéristique de cette tendance à la correctionnalisation est la décision du Tribunal correctionnel de Limoges [66] condamnant pour attentat à la pudeur sans violence ni surprise celui qui, ayant autorité sur la mineure, lui impose des relations sexuelles. L'utilisation du verbe « imposer » implique pourtant une relation de force, d'autorité caracté-

---

63. V. *supra*, p. 21.

64. V. par ex., Angers, 26 juin 1991, *Edi-Data* 051185 ; Cass. crim., 11 juin 1992, *Bull. crim.*, n° 228 ; Cass. crim., 16 juill. 1996, *Juridisque Lamy Cassation* n°3265 ; Cass. crim., 3 juill. 1996, *Juridisque Lamy Cassation* n° 3062.

65. Pau, 9 nov. 1994, *Cahiers de Jurisprudence d'Aquitaine* 1995/2, p. 141, note R. Nérac-Croisier.

66. Trib. Corr. Limoges, 26 mai 1989, *D.P.* 1990., comm. n° 50.

ristique de la contrainte exercée sur le mineur. On comprend mal alors que l'incrimination d'attentat à la pudeur sans violence ait été retenue.

Le même raisonnement est suivi par la Cour de cassation lorsqu'elle casse un arrêt de renvoi devant la Cour d'assises pour des faits de pénétration sexuelle qualifiés de viol par la Chambre d'accusation. La Haute juridiction estime « qu'en déduisant la surprise, malgré la répétition des faits, du seul âge des victimes, la Chambre d'accusation n'a pas donné de base légale à sa décision » et la Cour de relever qu'aucun élément de violence ou de contrainte n'était relevé [67] qui aurait permis de caractériser le viol [68].

Le refus de retenir l'incrimination de viol apparaît d'autant plus injuste que cette qualification est de plus en plus souvent retenue en l'absence de véritable contrainte à l'encontre d'autres catégories de victimes. Il en est ainsi lorsque la victime est une « personne particulièrement vulnérable ». Les magistrats considèrent que cette vulnérabilité permet de présumer le défaut de consentement et suffit à caractériser la contrainte exercée sur la personne violée [69]. Or, la particulière vulnérabilité peut-être due à l'âge, à la maladie, à l'infirmité, à une déficience physique ou psychique, ou même à une grossesse, mais auteurs et magistrats refusent catégoriquement de considérer l'enfant comme une personne vulnérable. Ils estiment que le législateur ayant expressément distingué ces deux catégories de victimes, il n'est pas possible d'inclure les mineurs dans la catégorie des personnes vulnérables [70].

---

67. Cass. crim. 1er mars 1995, *Dr. pénal* 1995, comm. n° 171.

68. Dans le même sens, Cass.crim. 16 septembre 1992, *Lexilaser Cassation*, refuse l'incrimination de viol car la pénétration sexuelle d'une enfant de 12 ans s'était réalisée sans contrainte.

69. Cass. crim. 8 juin 1994, *Dr. pénal* 1994, comm. n° 232 ; Cass. crim. 25 oct. 1994, *Dr. pénal* 1995, comm. n° 63, note Véron ; Pau, 4 mai 1994, *Juris-Data* n°042144 où la Cour estime que le fait que la victime soit « sous traitement » suffit à montrer son impossibilité à se défendre ; Cass. crim., 9 sept. 1991, *G.P.* 1992.1., som. 38.

70. Dès lors la référence à l'âge doit être entendue comme ne concernant que les personnes âgées. Sur ce point v. not. P. Renaud-Durand, La prise en compte de la vulnérabilité dans le nouveau Code pénal, *In* C. Lazerges (Dir.), *Réflexions sur le nouveau Code pénal*, Ed. Pédone, 1995, p. 120.

Dans d'autres espèces, les magistrats admettent très facilement l'existence d'une contrainte, d'une surprise ou d'une violence à l'égard d'adultes [71]. C'est ainsi que la Cour de Cassation admet qu'une femme se trouve, au cours d'une consultation médicale, dans un état de grande vulnérabilité face à son médecin. Cette vulnérabilité suffisant à caractériser la contrainte nécessaire pour retenir l'incrimination de viol [72]. De même, une jeune fille a été reconnue contrainte de subir les relations sexuelles dans une hypothèse où l'auteur avait exercé un chantage sur elle, la menaçant de l'abandonner de nuit, dans le froid, par temps de brouillard et en pleine campagne si elle ne cédait pas. Les magistrats ont estimé qu'elle avait été l'objet d'une contrainte morale exclusive de tout consentement libre [73]. Enfin, il a été jugé qu'une jeune fille de dix-huit ans et demie, bien que directrice adjointe d'une colonie de vacances, a pu craindre le caractère tyrannique du directeur, redouter les conséquences de son arrestation sur le fonctionnement de la colonie et le scandale qui aurait pu résulter pour elle d'une dénonciation, ces divers éléments permettant de caractériser non seulement la contrainte morale exercée sur la victime mais aussi la circonstance aggravante d'autorité [74] et expliquant que la victime ait subi des viols répétés sans avoir osé dénoncer les faits. Cette appréciation apparaît d'autant plus étonnante que par ailleurs et s'agissant de victimes mineures la Cour de Cassation prend toujours soin de rappeler que « la circonstance aggravante d'autorité est distincte de la contrainte, la violence et la surprise » [75], une même circonstance ne pouvant être à la fois élément constitutif et circonstance aggravante de l'infraction. Or, dans l'espèce précédente, ce sont les mêmes éléments qui ont caractérisé la contrainte et la circonstance aggravante d'autorité.

---

71. Cass. crim., 9 sept. 1991, *G.P.*, 1992.I, som. 38, condamne pour viol un magnétiseur qui impose à une cliente vulnérable en raison de son état de santé, des rapports sexuels, Cass. crim., 18 déc. 1991, *G.P.*, 1992.I, som. 178, qualifie de viol le fait d'imposer des relations sexuelles à une femme inconsciente car ivre.

72. Cass. crim., 25 oct. 1994, *Dr. pénal* 1995, comm. n° 93.

73. Cass. crim., 11 févr. 1992, *Dr. pénal* 1992, comm. n° 174.

74. Cass. crim., 8 févr. 1995, *Dr. pénal* 1995, comm. n° 171.

75. Cass. crim., 27 avril 1994, *Dr. pénal* 1994, comm. n° 209.

De même, alors qu'a été condamné pour tentative de viol le fait pour un homme « de mettre à nu son membre viril et d'essayer de le rapprocher des organes génitaux de la femme sans qu'il soit nécessaire qu'il y ait une tentative d'introduction » [76]. La Cour de Bordeaux refuse de retenir la notion de viol en raison du manque de preuve de la pénétration dans une espèce ou il était pourtant établi que l'auteur avait à plusieurs reprises pris le sexe du jeune garçon dans sa bouche et placé son sexe entre les fesses et sur l'anus de l'enfant et en outre avait placé son sexe entre les lèvres de la vulve de la petite fille âgée de 9 ans [77]. Le rapprochement des deux espèces ne peut qu'étonner le lecteur et mettre en évidence la réticence des magistrats à admettre le viol ou sa tentative lorsque les actes incriminés concernent des mineurs [78].

La disqualification opérée par les magistrats aboutit également à banaliser l'acte qui perd son caractère criminel pour ne plus être qu'un simple délit. Sont alors mis sur le même plan des comportements dont les conséquences et la gravité ne sont pas comparables tels que, par exemple, le fait d'effectuer des pénétrations sexuelles sans violences sur une mineure de douze ans [79] et celui de pratiquer des attouchements et « chatouilles » sur les fesses de deux employées [80], ou encore de pincer les fesses d'une jeune femme majeure [81].

Ainsi, on le constate, les enfants sont souvent traités plus sévèrement, moins bien protégés, que les adultes vulnérables ou même que les adultes en général. Cela semble particulièrement injuste car celui qui commet des pénétrations sexuelles à l'encontre d'un jeune est un violeur au même titre que celui dont la victime est un déficient mental ou une personne ivre. Son acte est d'autant plus répréhensible qu'il sur-

---

76. Cass. crim. 19 mars 1990, *Bull. crim.*, n° 153.

77. Bordeaux 7 juill. 1993, *Juris-Data,* n° 59807550.

78. V. dans le même sens un arrêt de la Cour d'Appel de Pau du 24 juill. 1996 non publié confirmant la relaxe au bénéfice du doute d'un père poursuivi pour atteinte sexuelle sur sa fille de 3 ans car la petite fille avait peut-être *rêvé* les faits !!!

79. Cass. crim., 16 sept. 1992, *préc.*

80. Paris 11° Ch.A. 20 juin 1995, D.P., 1995, comm. n° 250, la Cour relève que ces faits constituent l'élément matériel des attentats à la pudeur de l'ancien art. 333 C.P. et des agressions sexuelles de l'art. 222-22 actuel.

81. Cass. crim., 15 avril 1992, *Dr. pénal* 1992, comm. n° 276.

prend la confiance naturelle de l'enfant envers l'adulte et aura des conséquences aussi, sinon plus, traumatisantes pour celui-ci que pour les autres catégories de victimes.

2°) Injuste pour les mineurs, la pratique de la ***correctionnalisation*** nous semble également ***juridiquement injustifiée***.

En effet, différents arguments sont généralement invoqués pour la légitimer : elle donnerait plus de certitude à la répression puisque le renvoi devant le tribunal correctionnel permet à la fois de confier l'affaire à des magistrats professionnels et d'éviter l'intervention du jury plus facilement influençable. Elle permettrait d'obtenir justice plus rapidement et à moindre frais. Elle présenterait l'avantage de réserver un deuxième degré de juridiction. Enfin, et surtout, elle s'expliquerait par l'impossibilité pour les magistrats de relever une véritable résistance de l'enfant. Or, l'absence de consentement de la victime, donc sa résistance aux actes est de l'essence même du viol qui ne saurait exister en l'absence de violences physiques ou morales.

Ces divers arguments ne nous semblent guère convaincants. Le professionnalisme des magistrats n'est pas nécessairement une garantie de la répression car, continuellement confrontés à la délinquance, ils peuvent être blasés et moins sensibles à l'horreur de ce type de comportement. De même l'argument de rapidité est contradictoire avec l'existence du double degré de juridiction.

Le dernier argument, plus juridique, nous semble encore moins déterminant et cela pour plusieurs raisons. Tout d'abord l'impossibilité de relever une résistance du mineur n'est pas dirimante puisque, nous l'avons vu, le viol est retenu en l'absence même de violence réelle envers la victime lorsque celle-ci est une personne vulnérable. Ensuite, on comprend mal pourquoi l'absence de résistance physique de l'enfant est considérée comme un acquiescement de sa part. Il ne faut pas oublier qu'un enfant se trouve, toujours, dans une situation d'infériorité, de dépendance, d'obéissance même à l'égard d'un adulte. Ceci est encore plus évident lorsqu'il s'agit d'un ascendant, d'un oncle ou d'un beau père. On apprend à l'enfant à obéir aux ordres donnés, comment pourrait-il penser, ou même oser, refuser et résister en fonction de ce qui lui est demandé ? De même qu'il ira se coiffer, se laver les mains avant le repas si sa mère le lui ordonne, il se prêtera aux désirs ou aux jeux sexuels que lui impose l'un ou l'autre membre de sa famille ou toute autre personne jouissant d'une certaine autorité sur lui.

Au demeurant, faut-il réellement considérer que le consentement de l'enfant, si consentement il y a, a valeur juridique ? Dans bien d'autres domaines l'accord de l'enfant est inefficace, dénué de valeur. Il suffit, à titre d'exemple, de rappeler l'article 227-8 du nouveau code condamnant l'enlèvement sans fraude ni violence du mineur (ancien rapt de séduction) pour lequel, on le remarque, le consentement donné par la victime est inefficace et n'empêche pas la condamnation de l'auteur, alors cependant qu'il s'agit de mineurs de dix huit ans et non de quinze ans.

Pourquoi, dans ces conditions, le consentement du jeune serait-il valable dans le domaine des infractions sexuelles ? On peut craindre que ce ne soit pour justifier l'adulte qui en profite, pour lui permettre - souvent - d'échapper à la répression, en tout état de cause pour lui donner bonne conscience. De même que le violeur de femme invoque souvent l'attitude provocatrice de celle-ci : « ... Elle m'a provoqué, elle l'a cherché » [82] ; le violeur d'enfant dit : « il était d'accord » [83].

Ne faut-il pas, plutôt, considérer que la relation d'autorité nécessairement établie entre l'adulte et l'enfant est constitutive de la violence morale permettant de caractériser le viol ? La contrainte visée par l'article 222-23 nouveau du C.P. n'est autre qu'une violence morale. Celle-ci est admise vis-à-vis de la victime adulte et elle doit, selon la Cour de Cassation, « s'apprécier de manière concrète en fonction de la capacité de résistance de la victime » [84]. C'est ainsi qu'est caractérisée la contrainte constitutive du viol par l'état de grande vulnérabilité d'une femme face à son médecin lors d'une consultation médicale [85]. Cette

82. Aix en Provence, 7 févr. 1986, *Juris-Data* n° 045743 ; Metz, 4 mai 1992, *Juris-Data* n° 045411.

83. Pour un consentement valablement donné par un enfant de 13 ans, C.A. Bourges, 18 juin 1987, *Juris-Data* n° 043545.

84. Cass. crim. 8 juin 1994, *Bull. crim.*, n° 226.

85. Cass. crim. 25 oct. 1994, *préc.*

contrainte morale qui s'exerce sur l'adulte n'est-elle pas encore plus évidente à l'égard de l'enfant, être faible par nature ?

Il semble que la Cour de Cassation soit prête à accepter ce type de raisonnement puisque dans quelques décisions récentes elle admet que soit retenue la qualification de viol à l'encontre d'un père qui, profitant du manque de discernement de son fils âgé de 13 ans, l'avait contraint à le sodomiser et a avoir des rapports sexuels avec sa mère pendant qu'à leur côté il se masturbait [86] ; ou, à l'égard d'une mère, les juges ayant relevé que celle-ci avait usé de la contrainte morale inhérente à son autorité maternelle pour obliger la mineure de quinze ans à accepter les actes sexuels et à se conformer à toutes ses exigences [87].

En définitive, tout est fonction de la manière dont les juges relèvent et soulignent les faits. Pour que puisse être retenue la qualification de viol, ils doivent mettre en évidence l'absence de liberté réelle de l'enfant, absence de liberté tenant à son immaturité et à sa situation de dépendance tant affective que matérielle ou financière vis-à-vis des adultes.

Enfin une dernière remarque doit être faite sur cette correctionnalisation. Disqualifier un viol en agression sexuelle au motif que les violences ne sont pas relevées, nous semble étonnant dans la mesure où cela revient à oublier que les agressions, comme le viol, impliquent l'existence de violence, seule la présence ou l'absence de pénétration sexuelle permettant de les distinguer.

La jurisprudence intervenue en ce domaine met ainsi en évidence la réticence des magistrats à condamner pour viols les auteurs de pénétrations sexuelles sur mineurs et le manque d'efficacité réelle de la protection instaurée. Elle permet également de constater les lacunes de celle-ci.

---

86. Cass. crim., 11 juin 1992, *Bull crim.*, n° 228 ; Cass. crim., 3 juill. 1991, *Dr. pénal* 1991, comm. n° 314.

87. Cass. crim., 27 avril 1994, *Dr. pénal* 1994. Comm. n° 180, il s'agissait dans cette espèce de sodomisation par l'ami de la mère, de pénétrations anales par le doigt et avec des carottes par la mère sur une mineure de 15 ans... dans un but d'initiation sexuelle.

B - Une protection encore incomplète

Bien que le législateur soit intervenu à différentes reprises pour accentuer et compléter la protection du mineur - de nouveaux textes sont d'ailleurs en projet mais qui tendent essentiellement à instaurer un suivi médical et psychologique du délinquant afin d'éviter les récidives [88] - des lacunes subsistent qui tiennent à l'ignorance, par le droit pénal, de l'inceste et à la dépénalisation de certaines incriminations.

1°) Le terme inceste peut être entendu de manière plus ou moins extensive ; néanmoins c'est dans un sens classique, assez strict, que nous l'envisagerons ici, c'est-à-dire l'existence de relations sexuelles entre un mineur et un membre de sa proche famille, ascendants, frères et soeurs, oncles ou tantes.

Même si dans l'histoire de l'humanité il existe, selon les époques et les civilisations, des variations quant au degré de prohibition, on trouve partout une constante de l'interdit. L'interdiction de l'inceste se retrouve au sein de toutes les sociétés, modernes et primitives, car il est considéré comme l'impureté par excellence. Il est toutefois une réalité permanente dans la plupart des pays et c'est sans aucun doute le plus fréquent des abus sexuels [89].

Pourtant, ni le Code Napoléon, ni le nouveau Code pénal ne font état de l'inceste comme crime spécifique. Le terme d'inceste n'est pas utilisé par le législateur, il n'apparaît même pas dans les index de droit pénal, comme si le sujet était tellement tabou, honteux qu'il n'était pas possible d'en parler [90].

Cependant, paradoxalement, il n'est pas considéré, semble-t-il, comme une infraction troublant l'ordre social et n'est donc pas systé-

---

88. V. sur ce point l'allocution de M. J. Toubon, Garde des Sceaux, lançant le thème de « la protection de l'enfance maltraitée » comme « grande cause nationale 1997 », *Semaine Juridique* 1997, n° 14, Actualités.

89. V. en ce sens M. Rouyer et D. Girodet, Abus sexuels, *In L'enfant maltraité*, P. Strauss, M. Manciaux (Dir.), Ed. Fleurus, Coll. psycho pédagogie 1993, p. 235.

90. V. sur ce point, D. Mayer, La pudeur du droit face à l'inceste, *D.*, 1988, Chr. 213 ; I. Corpart, L'inceste en droit français, *G.P.*, 1995.II.888.

matiquement condamné. C'est ainsi qu'au nom de la liberté sexuelle il est dénué de toute sanction lorsqu'il intervient, sans violence, entre deux majeurs [91].

Ce n'est que dans certains cas particuliers que la relation incestueuse est réprimée. Ainsi lorsque les relations sexuelles se réalisent avec violence, menace, etc... leur caractère incestueux constitue une circonstance aggravante de telle sorte que le viol est puni de 20 ans de réclusion criminelle [92] lorsqu'il est commis par un ascendant légitime naturel ou adoptif, tandis que les autres agressions sont punies de 7 ans d'emprisonnement [93] et de 10 ans de prison si un mineur de 15 ans en est victime [94].

Lorsqu'on se trouve en présence d'une simple atteinte sexuelle, commise donc en l'absence de toute violence, et dont la victime à moins de 15 ans, la qualité d'ascendant de l'auteur entraîne alors une forte aggravation de la peine qui passe à 10 ans d'emprisonnement [95].

On remarque que l'atteinte sexuelle incestueuse entraîne maintenant la même peine que l'agression lorsque la victime en est un mineur de 15 ans. Cet alignement des peines tendrait à démontrer que le législateur commence à admettre que l'enfant ne peut résister à un membre de sa famille et que le défaut de violences physiques n'est pas la preuve de l'acceptation réelle des relations incestueuses. Celles-ci, le plus souvent, se réalisent dans un contexte de séduction et de contrainte morale, affective. Des auteurs ont constaté que l'enfant victime est souvent très jeune au début de la relation incestueuse alors que son comportement, entre 3 et 5 ans, est normalement séducteur vis-à-vis du père ou de la mère. L'enfant ne peut, à l'origine, réaliser le caractère anormal des relations avec son père [96] et ce n'est que peu à peu en

---

91. Par exemple relations entre père et fille majeure ou mère et fils majeur.

92. Au lieu de 15 ans, art. 222-24 - 4° N.C.P.

93. Au lieu de 5 ans, art. 222-28 - 2° N.C.P.

94. Art. 222-30 - 2° N.C.P.

95. Alors que la peine de base est de 2 ans d'emprisonnement. C'est la loi du 4 févr. 1995 qui a ramené de 7 à 10 ans la peine de prison encourue dans cette hypothèse (art. 227-26 1° N.C.P.).

96. La relation incestueuse avec le père est la plus connue.

grandissant et devant les exigences de plus en plus contraignantes de celui-ci qu'il en prend conscience [97]. Mais il n'ose plus alors s'opposer à l'abuseur et continue parfois très longtemps, bien après sa majorité, à se soumettre à ses désirs [98].

C'est sans doute pour ces raisons que l'atteinte sexuelle sans violence commise sur un adolescent de 15 à 18 ans non émancipé par le mariage est réprimée de 2 ans d'emprisonnement lorsque l'auteur en est un ascendant légitime, naturel ou adoptif [99]. Il s'agit apparemment, ici, de la seule véritable hypothèse dans laquelle l'inceste, en tant que tel, est réprimé. Néanmoins, il n'est pas évident que tel ait été l'objectif du législateur. En effet, dans toutes les hypothèses pour lesquelles la peine est aggravée en raison de la qualité d'ascendant de l'auteur, la même aggravation est encourue lorsque l'auteur est une personne ayant autorité, ou qui abuse de l'autorité que lui confèrent ses fonctions [100].

Dès lors, on peut légitimement penser que le législateur n'a pas véritablement voulu réprimer des relations incestueuses mais plutôt un détournement du pouvoir d'autorité exercé sur le mineur. Les personnes visées par les textes sont toutes celles tenues d'un devoir d'éducation envers l'enfant. Ce devoir d'éducation corollaire du droit d'éducation, peut s'exercer de manière abusive lorsqu'il tend exclusivement, et sans bénéfice pour l'enfant, à profiter à son titulaire. L'abus sexuel [101] caractérise l'abus du droit de puissance paternelle lorsque l'auteur est un parent, et plus généralement l'abus d'autorité pour tout adulte impliquant un enfant dans ce type d'activité [102]. C'est ce que relève très justement une décision de la Cour de Pau pour un grand père cherchant à

97. Sur ces questions, V. M. Rouyer et D. Girodet, *préc.*

98. Très souvent l'auteur se livre à un chantage affectif envers la victime brandissant notamment le spectre de la douleur ressentie par la mère si elle apprenait les faits.

99. Art. 227-27 1er du C.P.

100. Art. 222.24- 5°, 222.28-3°, 222.30-3°, 227.26-2°, 227.27-2° du C.P.

101. Au sens de « participation d'un enfant ou d'un adolescent à des activités sexuelles qu'il n'est pas en mesure de comprendre, qui sont inappropriées à son âge et à son développement psycho-sexuel, qu'il subit sous la contrainte par violence ou séduction, ou qui transgressent les tabous sociaux », Pr. Kemp, *préc.*

102. V. en ce sens Cass. crim., 27 avril 1994, *Lexilaser Cassation.*

justifier des atteintes sexuelles envers sa petite fille par une attitude provocante de celle-ci. La Cour rappelle que, même s'il y avait provocation de l'enfant, le grand-père devait jouer son rôle d'aïeul donc d'éducateur envers ses petits enfants et ne pas céder à une telle incitation [103].

Le flou entretenu par le législateur relativement à l'inceste est particulièrement préjudiciable pour l'enfant. Il serait nécessaire nous semble-t-il d'incriminer spécialement en tant que viol toute pénétration sexuelle commise sur un mineur par un membre de sa proche famille et ce, même en l'absence de toute violence, menace contrainte ou surprise.

Pareillement, la répression de l'homosexualité envers les mineurs de 18 ans nous semblerait utile, du moins lorsque l'un des partenaires est adulte. La décriminalisation intervenue il y a une quinzaine d'année a très certainement contribué au développement de la prostitution masculine qui touche des adolescents de plus en plus jeunes et toujours plus nombreux.

2°) Le code Napoléon incriminait « quiconque aura commis un acte impudique ou contre nature avec un mineur de plus de 15 ans du même sexe ».

Sur ce texte, un débat parlementaire s'instaura en 1982 opposant deux opinions adverses. Pour les uns il devenait nécessaire de tenir compte de l'évolution des moeurs et de la liberté sexuelle des individus, d'adapter les mesures rétrogrades et pour cela il fallait dépénaliser l'homosexualité. Cette incrimination était, selon ses détracteurs, contraire à l'égalité des citoyens puisque les relations sexuelles commises sans violences avec un mineur de 15 à 18 ans étaient licites lorsqu'elles intervenaient entre deux partenaires de sexes différents et illicites lorsqu'elles avaient lieu avec un mineur du même sexe. Ce texte, ajoutaient-ils, est attentatoire à la liberté sexuelle laquelle suppose le libre choix du partenaire. Pour l'autre groupe, l'infraction devait être maintenue afin de protéger les adolescents durant une période de leur vie au

103. Pau, 8 nov. 1995, non publié.

cours de laquelle ils sont particulièrement vulnérables. Le premier groupe l'emporta et l'alinéa 2 de l'article 331 fut abrogé par une loi du 4 août 1982.

Lors des discussions relatives au nouveau Code pénal, ce problème fut remis à l'ordre du jour. La commission des lois, après avoir affirmé qu'il était hors de question de rétablir un délit général d'homosexualité, vraiment trop contraire aux moeurs actuelles, souhaita néanmoins protéger les mineurs pendant une période au cours de laquelle ils sont psychologiquement et affectivement fragiles. C'est ainsi que fut adopté à une forte majorité [104] un projet d'article réprimant les relations homosexuelles avec un mineur de 15 à 18 ans. Au cours des discussions, un amendement élargit la protection à toutes les atteintes sexuelles commises sans violences sur les mineurs de 18 ans. Ce texte adopté par le Sénat fut néanmoins rejeté par l'Assemblée, de telle sorte qu'actuellement le mineur de 15 à 18 ans ne bénéficie d'aucune protection particulière lorsque les relations, homosexuelles ou non, se réalisent sans violence ni contrainte. On peut le regretter car, même s'il est vrai que chacun est libre de sa vie sexuelle, encore faut-il que ce choix soit réel, accompli en toute conscience et liberté. Un jeune de 15 à 18 ans, en pleine adolescence, est souvent dans une période difficile de sa vie, il est influençable, souvent réactionnaire, révolté même, certainement vulnérable. Il serait donc nécessaire de le protéger contre l'influence d'adultes qui, sous le prétexte de liberté, auraient avec lui des relations homosexuelles. Cette protection apparaît d'autant plus nécessaire que le phénomène de la prostitution homosexuelle des jeunes gens se développe de manière inquiétante non seulement dans les pays du tiers monde mais aussi dans nos pays industrialisés.

En définitive, s'il est vrai que les mineurs bénéficient, en France, d'une certaine protection celle-ci nous semble très relative. Non seulement en raison de la réticence des magistrats à poursuivre et condamner comme tels les viols sur enfants, mais également du fait du silence du législateur à l'égard de l'inceste - et dans une moindre mesure de l'homosexualité. Contrairement au sentiment encore ancré dans de nombreuses mentalités, l'enfant n'est pas « la chose » des parents, un

104. 24 voix sur 30.

bien qu'ils peuvent utiliser comme bon leur semble, mais une véritable personne, sujet de droits envers qui les adultes, en général, et les parents, en particulier, ont beaucoup plus de devoirs que de droits.

2

L'abus sexuel commis sur des mineurs et sa preuve en droit pénal

par Marielle de Béchillon
et Jean-Jacques Choulot

L'enfant est diversement perçu au travers des époques [1]. Les historiens s'accordent en général pour considérer que la période moderne et contemporaine a vu naître et se développer une prise de conscience de l'enfance. Le discours officiel des hommes politiques, de même que celui des médias, témoigne de cette préoccupation que l'on ne cesse de présenter comme prioritaire ; surtout lorsqu'il s'agit de l'enfant victime. Dans cette logique on pourrait s'attendre à ce que la prise en charge de certains d'entre eux, et en particulier des mineurs victimes d'abus sexuels [2] soit satisfaisante. A ce titre, on pourrait espérer que le dis-

1. La société médiévale semble ne pas reconnaître l'enfant en tant que tel. D'ailleurs, dans le langage, on ne distingue pas l'enfant et l'adolescent. Les enfants participent aux mêmes travaux et aux mêmes jeux que les adultes. Les écrivains les ignorent, tandis que les peintres les représentent comme des adultes en miniatures. Certains estiment que ce n'est qu'au XVIIè siècle qu'apparaît un sentiment nouveau qui confère à l'enfant une spécificité quasiment ignorée jusque là. En ce sens V. notamment, P. Ariès, *L'enfant et la vie familiale sous l'ancien régime* (Seuil, Paris, 1973). Pour un tableau plus complet sur la question, V. C. Mignot, La place et le sort de l'enfant dans la société, de l'ancien régime à nos jours, *In L'enfant maltraité*, P. Strauss et alii, Ed. Fleurus, Coll. psycho-pédagogie, 1993, p. 27 et s.

2. Nous utiliserons par simple commodité, l'expression « abus sexuel » dans le cadre de cet article. Celle-ci, en effet, est très fréquemment reprise par la doctrine. Signalons cependant que certains ne manquent pas d'en critiquer l'usage.

positif répressif mis en place notamment par le nouveau Code pénal [3] traduise une bonne connaissance de cette forme de maltraitance et la prise en compte de la spécificité de certains problèmes qu'elle pose (comme celui de l'administration de la preuve). L'analyse du système pénal actuel tend à démontrer le contraire. La situation des enfants victimes d'abus sexuels n'est toujours pas satisfaisante, ceux-ci ne bénéficient pas encore de toute l'attention qu'ils mériteraient [4].

D'ailleurs, un rapide survol historique enseigne que le Droit s'intéresse d'abord à l'enfant délinquant pour lui consacrer petit à petit un traitement spécifique [5]. Il faut attendre 1889 avant que le législateur

---

Ainsi, l'historienne féministe F. Montreynaud soutient que « en français, un abus est un usage mauvais ou excessif de quelque chose ; abus d'alcool, abus d'autorité. Cela sous-entend qu'il existe un usage bon ou raisonnable de la chose en question, ce qui peut être le cas pour l'alcool ou l'autorité. Mais parler d'abus sexuel est absurde, car cela suppose qu'on peut user sexuellement de manière bonne ou raisonnable, d'un enfant. Or, il n'y a pas de pratique sexuelle entre adultes et enfants qui puisse s'établir à égalité, dans un rapport de liberté réciproque. Dans ce cas, l'enfant est considéré par l'adulte non comme une personne, mais comme une chose à sa disposition. En conservant l'expression d'abus sexuel, on continue implicitement à laisser accroire que des personnes sont « appropriables » notamment les enfants par le biais de la sexualité », cité par D. Welzer-Lang, L. Mathieu et M. Faure, *Sexualités et violences en prison*, Observatoire international des prisons et Aléas éditeur, 1996, p. 37.

3. Le Nouveau Code Pénal (N.C.P.) est entré en vigueur le 1er mars 1994 (L. n°92-1336 du 16 déc. 1992, art. 373, modifié par la L. n°93-913 du 19 juill. 1993).

4. Seul le dispositif pénal sera analysé dans le cadre de cet article. Il va sans dire que d'autres mesures protectrices pour les mineurs peuvent être prises, notamment l'assistance éducative en matière civile. Mais nous n'en aborderons pas l'étude ici.

5. Le Droit romain soumet déjà l'enfant mineur délinquant à un traitement particulier, distinct de celui que l'on impose aux majeurs. Les délinquants de moins de vingt cinq ans bénéficient de ce que l'on nommerait des circonstances atténuantes, mais ils ne sont pas jugés par des juridictions spécialisées. L'Ancien Régime semble reprendre les mêmes principes, à une réserve près : la protection spécifique disparaît lorsque l'enfant commet un crime particulièrement grave. Le Droit révolutionnaire tente de mettre en place une certaine unité du Droit de l'enfance, sans véritablement y parvenir. Il faut attendre le XIXè siècle pour voir apparaître une législation plus spécifique (ainsi, les lois du 25 juin 1824 et du 28 avril 1842 consacrent, dans une certaine mesure, le privilège de juridiction). Le mouvement s'in-

reconnaisse enfin l'enfant victime. Une loi de 1889 assure la protection des enfants maltraités et moralement abandonnés en introduisant la déchéance des droits de la puissance paternelle : pour la première fois, l'enfant bénéficie d'une protection contre ses parents. Cependant, si pour les romanciers du XIXè siècle l'enfant maltraité est une réalité dont ils n'hésitent pas à parler [6], les juristes ne lui consacreront pas de travaux spécifiques avant ces dernières décennies. De son côté, « l'histoire médicale » de la maltraitance débute à la fin du XIXème siècle. Ambroise Tardieu publie en 1857 et en 1879 des études médico-légales sur les sévices et les attentats aux moeurs. Avec près d'un siècle d'avance, ce professeur de médecine légale dévoile la réalité des mauvais traitements et des abus sexuels commis sur des enfants, mais ses travaux sont accueillis par une indifférence générale. Le rapport de P. Parisot et L. Caussade - l'un était juriste, l'autre pédiatre - exposé au quatorzième congrès de médecine légale à Paris en 1929 devait lui aussi rester sans suite [7]. Il fallut attendre la fin de la première guerre mondiale pour que se fasse une importante prise de conscience du problème de la maltraitance. De nombreux travaux émanant de l'école pédiatrique américaine traitent de la question. Certains mêmes auront un retentissement décisif [8]. Aux environs de 1970, des études portant sur les mauvais traite-

---

tensifie au XXème siècle, petit à petit, émerge un véritable Droit pénal des mineurs consacré par plusieurs textes : la loi du 12 avril 1906 retient l'idée qu'il convient de diminuer l'importance du régime répressif et d'augmenter celle du régime éducatif. La loi du 22 juill. 1912 crée une juridiction spécialisée, le tribunal pour enfants et adolescents. Enfin, l'ordonnance n° 45-174 du 2 févr. 1945 relative à l'enfance délinquante, récemment modifiée par la loi n° 96-585 du 1er juill. 1996 (*D.* 96, législ., p. 293), constitue actuellement la législation spécifique applicable. En effet, l'article 122-8 du N.C.P.dispose que : « Les mineurs reconnus coupables d'infractions pénales font l'objet de mesures de protection, d'assistance, de surveillance et d'éducation dans les conditions fixées par une loi particulière ». Aucune loi nouvelle n'étant intervenue, l'ordonnance précitée reste en vigueur.

6. Citons à titre indicatif, l'histoire de Cosette victime de ses parents nourriciers dans les *Misérables* de V. Hugo ; celle de la petite Lalie, enfant maltraitée par un père alcoolique dont E. Zola relate les souffrances dans *L'assommoir,* 1877.

7. P. Parisot et L. Caussade, Les sévices envers les enfants, *Annuaire de medecine légale et de Criminologie et police technique,* 1929, p. 398-426.

8. Ainsi, Le neurochirurgien F. D. Ingraham affirme en 1939 la nature traumatique des hématomes sous-duraux du nourrisson (F.D. Ingraham, L.H. Heyl, Subdural hematoma In Infancy and Childhood, *J.A.M.A.*, 1939, 112, p. 198-204. Les

ments seront réalisées dans de nombreux autres pays. En France, le premier travail pluridisciplinaire important sera effectué à Paris et à Nancy en 1972-1975 [9]. Mais, il faut attendre la parution en 1982 du livre « *L'enfant maltraité* », écrit par P. Strauss et M. Manciaux et leurs collaborateurs, pour que le thème de la maltraitance soit abordé de manière globale et surtout pour que soit envisagé *pour la première fois* le problème des sévices sexuels. Récemment, le 20 novembre 1990, l'Assemblée générale de l'Organisation des Nations Unies (O.N.U.) adopte la Convention internationale des droits de l'enfant. Cette Convention a été signée et ratifiée par la France (L. n°90-548 du 2 juill. 1990) et promulguée (Décr. 8 oct. 1990) : elle fait donc partie intégrante de notre Droit positif et comporte plusieurs dispositions prohibant toute forme de maltraitance ou de violence à l'égard des enfants [10]. En 1992, le premier rapport national sur l'enfance maltraitée est

---

radiopédiatres J. Caffey et F.N. Silverman, précisent en 1942, le caractère de lésions fracturaires pouvant faire évoquer des mauvais traitements, 1939-112, (J.C. Caffey, Multiple fractures, In the long bones of infants suffering from chronic subdural hematoma, *Amer J. Roentgen*, 1946-56, p. 163-173 ; F.N. Silverman, The roentgen manifestations of unrecognized skeletal trauma in Infants, *Amer J. Roentgen*, 1953-69, p. 413-426. Surtout, l'article publié en 1962 par H. Kempe, professeur de pédiatrie à Denver (Colorado), en collaboration avec F.N. Silverman et le pédopsychiatre B.F. Steel, intitulé « Le syndrome de l'enfant battu », aura des conséquences fondamentales. Les auteurs dénoncent la fréquence des cas et décrivent les signes cliniques permettant de parvenir au diagnostic, ils préconisent enfin la nécessité de réaliser des enquêtes sociales et des investigations psychologiques pour mieux connaître la personnalité des parents (H. Kempe, F.N. Silverman, B.F. Steel et coll., The battered Child syndrom, *J.A.M.A.*, 1962-181, p. 17-24).

9. P. Strauss, M. Manciaux, G. Deschamps et coll., *Les jeunes enfants victimes de mauvais traitements*, Centre Technique National d'Etudes et de Recherches sur les Handicaps et les Inadaptations (C.T.N.E.R.H.I.), Paris, 1978.

10. Ainsi, l'article 34 de la Convention dispose : « Les états parties s'engagent à protéger l'enfant contre toutes les formes d'exploitation et de violences sexuelles. A cette fin, les états prennent en particulier toutes les mesures appropriées sur les plans national, bilatéral, et multilatéral pour empêcher : a) que les enfants ne soient incités ou contraints à se livrer à une activité sexuelle illégale ; b) Que les enfants ne soient exploités à des fins de prostitution ou autres pratiques sexuelles illégales; c) Que des enfants ne soient exploités aux fins de la production de spectacle ou de matériel de caractère pornographique ». Rappelons toutefois que la Cour de cassation a jugé à plusieurs reprises que la Convention n'était pas directement invocable

présenté au Parlement. Un projet de loi et une série de mesures préventives sur l'enfance maltraitée sont actuellement à l'étude. Enfin, très récemment s'est tenu à Stockholm du 27 au 31 août 1996 un Congrès mondial contre l'exploitation sexuelle des enfants à des fins commerciales.

On le voit, l'intérêt pour les violence sexuelles commises sur des mineurs - si tant est que l'on puisse dissocier ce thème de celui plus général de la maltraitance - apparaît relativement récent et encore trop souvent superficiel. Pourtant, l'importance du phénomène et des désastres qu'il occasionne à plus ou moins long terme dans la vie des victimes constituent autant de raisons de s'y intéresser davantage.

Considérons d'abord l'ampleur du phénomène. Il est vrai que l'on ne peut actuellement l'évaluer avec précision (cette carence s'explique notamment par la difficulté à définir les violences étudiées, ou encore à concilier les sources d'information souvent multiples, statistiques judiciaires, enquêtes de victimisation, etc.). Sous réserve de ces imperfections, l'état des données épidémiologiques tend à démontrer que de très nombreux enfants sont victimes d'abus sexuels dans le monde [11]. En France, il est tout aussi difficile de parvenir à évaluer l'importance des abus sexuels. En fait, les statistiques du Ministère de la justice ne sont pas exploitables en l'état. D'abord, parce qu'elles ne tiennent compte que des condamnations effectivement prononcées. Ensuite, parce que toutes les catégories de délits et de crimes ne sont pas spécifiquement détaillées : à titre d'exemple, la notion de « viol par ascendant » n'apparaît pas. L'on ne dispose donc que de quelques investigations ponctuelles. Une étude effectuée en avril 1989 par l'Institut de sondage B.V.A. dans la région Rhône-Alpes auprès de 1511 personnes de 18 à 60 ans

---

par des particuliers (Cass. 1ère civ., 10 mars 1993, *Bull. Inf. Cass.*, 15 avril 1993, n° 365, p. 18.; *D.* 1993, *Inf. rap.*, p. 153 ; *D.* 1994, obs. Massip).

11. Au niveau mondial, des recherches effectuées en Amérique du Nord permettent de penser que 5 à 10 % des enfants ont été confrontés à un problème d'abus sexuel. Pour une vision panoramique de la fréquence du phénomène dans le monde V. Les abus sexuels à l'égard des enfants, comment en parler ?, *Dossier Technique, Ministère de la solidarité, de la santé et de la protection sociale*, M. Gabel (Coord.), p. 14 et s. On y apprend, notamment, que « selon certains pays, 1 fille sur 4 et 1 garçon sur 8 seront victimes d'abus sexuels avant 18 ans (congrès de Sydney, 1986) ».

laisse entrevoir que : 6,2% des personnes interrogées affirment avoir été victimes d'abus sexuels avant leur majorité (deux femmes pour un homme), 50% des abus sont perpétrés sur des enfants non pubères, 1/3 seulement des personnes abusées à réussi à signaler l'abus auprès de la police, de la justice ou du corps social. Dans les 2/3 des cas, l'abuseur était un familier de l'enfant [12]. Enfin, selon l'Observatoire national de l'action sociale décentralisée (O.D.A.S.), il y avait, en 1994, 4 000 enfants victimes d'abus sexuels en France [13]. Même s'il n'est pas possible de mieux quantifier l'ampleur de ces abus, on peut raisonnablement pressentir leur importance et reconnaître la nécessité de perfectionner les techniques d'évaluation dont on dispose.

Pour mesurer la nécessité de proposer des solutions aussi adaptées que possible, il suffit ensuite d'entendre les conséquences désastreuses que cette forme de maltraitance ne manque pas d'avoir sur la vie des victimes. La majorité des auteurs admettent que l'enfant victime d'abus sexuels court le risque d'une psychopathologie grave qui perturbe son évolution psychologique affective et sexuelle. D'après une étude réalisée par l'Unité de médecine pour adolescents, sous la direction du Professeur Courtecuisse (Hôpital du Kremlin-Bicêtre), sur une série de trente adolescentes victimes d'inceste, « 22 ont fait une tentative de suicide, 12 étaient franchement dépressives, 7 ont fait des fugues répétées, 6 avaient des difficultés scolaires majeures, 3 présentaient des symptômes d'anorexie, 2 étaient toxicopathes et une avait été au contact de la prostitution. 12 ont exhibé à plusieurs reprises des plaintes manifestement anorganiques mais parfois très invalidantes. Enfin 6

---

12. Les conclusions de l'étude de l'institut B.V.A. figurent dans le dossier Les abus sexuels à l'égard des enfants, comment en parler ?, *op. cit.* p. 12.

13. G. Raymond, *Droits de l'enfant et de l'adolescence. Le Droit français est-il conforme à la Convention Internationale des droits de l'enfant ?*, Litec, 1995, p. 214. Le nombre d'enfants maltraités serait en constante augmentation d'après le quatrième rapport de l'Observatoire national de l'action sociale décentralisée (O.D.A.S.) : 20 000 enfants auraient subi des mauvais traitements en 1995, soit 3 000 de plus que l'année précédente, 5 500 auraient été victimes d'abus sexuels. L'O.D.A.S. a recensé en outre 45 000 enfants «*en risque*», c'est-à-dire dont « les conditions d'existence risquent de mettre en danger la santé, la sécurité, la moralité, l'éducation ou l'entretien ». Ces enfants ne sont pas considérés comme véritablement maltraités. Pour un panorama plus détaillé, V. A. Dassonville, *Le nombre d'enfants maltraités est en constante augmentation*, Le Monde, 18 sept. 1996, p. 8.

adolescentes avaient de tels troubles du comportement qu'il était impossible de s'en charger sur place et elles ont justifié une prise en charge plus spécialisée, de type psychiatrique » [14]. Les effets des traumatismes subis ne semblent pas céder avec le temps, bien au contraire. Des recherches récentes commencent à mettre l'accent sur ceux qui peuvent survenir à l'âge adulte (troubles de la parentalité, troubles psychiatriques, troubles de la sexualité etc.) [15], d'autres s'attachent à démonter les mécanismes inconscients qui interviendraient dans la répétition transgénérationnelle d'abus sexuels [16].

La fréquence hautement vraisemblable des abus sexuels commis sur des mineurs et la gravité des séquelles laissées par cette forme de maltraitance constituent donc des raisons amplement suffisantes pour jus-

14. Les abus sexuels à l'égard des enfants comment en parler ?, *op. cit.*, p. 18. D'autres études rétrospectives ont été réalisées comme cette étude canadienne d'Ontario portant sur 125 enfants de moins de 6 ans hospitalisés pour abus sexuels. La proportion de filles est de 3,3 pour un garçon. 60% ont subi des violences sexuelles à l'intérieur de la famille, les deux tiers des enfants examinés présentaient des réactions psychosomatiques et des troubles du comportement : cauchemars, terreurs, angoisses. 18% avaient des anomalies du comportement sexuel : masturbation excessive, intromission d'objet dans le vagin et l'anus, comportement de séduction, demande de stimulation sexuelle, connaissance inadaptée à leur âge de la sexualité adulte. Étude citée par M. Rouyer, Les enfants victimes, conséquences à court et à moyen terme, in *Les enfants victimes d'abus sexuels*, M. Gabel (dir)., P.U.F., 1992, p. 79 et s. ; F. Gruyer, M. Fadier-Nisse, P. Sabourin, affirment que «*dans la majorité des cas, l'inceste est un assassinat psychique*», ils mentionnent au titre des «symptômes post-traumatiques» que l'on peut identifier chez les victimes d'abus sexuels : la prostitution, (selon une estimation Canadienne 80% des prostitués auraient été victimes d'abus sexuels dans leur enfance), les tentatives de suicides et les dépressions chroniques, la toxicomanie et l'alcoolisme, l'infanticide, la reproduction des abus sexuels sur la génération suivante, les troubles psychotiques (particulièrement fréquent semble-t-il lorsqu'il y a inceste mère-enfant), la délinquance et les comportements caractériels, l'échec scolaire, les troubles de la vie sexuelle à l'âge adulte, l'anorexie ou la boulimie, le nanisme psychosocial, *In La violence impensable, inceste et maltraitance*, Nathan, 1991, p. 25 et s.

15. Sur ce sujet, V. notamment M. Rouyer et C. Thouvenin, Ce qu'il peut advenir des femmes victimes d'inceste dans l'enfance, *Les cahiers du C.T.N.E.R.H.I.*, 1994, n°61, p. 13 et s.

16. B. Papazian, Bref essai d'analyse des mécanismes inconscients qui interviennent dans la répétition transgénérationnelle d'abus physiques ou sexuels, *Psychiatrie de l'enfant*, XXXVII, 2, 1994, p. 353 et s.

tifier que l'on s'y intéresse davantage. Même si l'attitude des professionnels (médecins, magistrats, assistantes sociales, éducateurs, psychiatres [17] semble avoir changé ces dernières années, il faut probablement améliorer encore notre système pénal. D'ailleurs certains professionnels dénoncent ouvertement ses carences et ses imperfections [18].

Le cadre restreint du présent article n'autorise pas l'énoncé argumenté de véritables propositions de réformes. Mais on souhaite attirer l'attention sur certains aspects problématiques de la situation des mineurs victimes d'infractions sexuelles. Les uns tiennent aux imperfections de la définition des abus sexuels en Droit pénal (I), les autres ont trait aux difficultés rencontrées lorsqu'il s'agit d'administrer la preuve de violences sexuelles commises sur des mineurs (II).

I - Les imperfections de la définition pénale de l'abus sexuel

Le nouveau Code pénal, entré en vigueur le 1er mars 1994, n'utilise pas la notion d'abus sexuels, mais plutôt les termes de viol, d'agressions ou d'atteintes sexuelles. Par cette nouvelle présentation, le législateur a entendu se démarquer de la philosophie précédente. La catégorie traditionnelle des « infractions contre les moeurs » n'existe donc plus [19].

---

17. Sur l'attitude de certains psychanalystes face au problème des abus sexuels, V. C. Balier, L'inceste un meurtre d'identité, *Psychiatrie de l'enfant*, XXXVII, 2, 1994, p. 333.

18. En ce sens, V. T. Cretin, La preuve impossible. De la difficulté d'administrer la preuve des infractions dont sont victimes les mineurs : attentats à la pudeur, violences et mauvais traitements, *R.S.C.*, 1992, p. 53 et s. L'auteur est procureur de la République près le tribunal de grande instance de Dôle.

19. Certains exégètes ont lu dans cette nouvelle manière de nommer les comportements sexuellement répréhensibles la volonté de se démarquer de la présentation antérieure. Ainsi, selon M.L. Rassat, « Historiquement les dispositions relatives aux infractions sexuelles manifestent une tendance à confondre exigence morale et ordre social (à titre d'exemple, la peine capitale était encourue en cas d'inceste spirituel entre un confesseur et sa pénitente regardé comme un sacrilège, Arrêt de la Tourelle, 28 juin 1673, Dictionnaire des Arrêts, let. C. V° Confesseur incestueux). Sauf quelques rares exceptions et depuis 1810, le Code pénal ne s'intéressait plus qu'aux comportements sexuels de nature à troubler l'ordre public. Du moins considérait-il qu'il y a une unité profonde dans tous ces comportements ce qu'il manifestait en les regroupant dans une section commune intitulée : Des atten-

Mais le Droit pénal des infractions sexuelles commises contre les mineurs mériterait d'être sérieusement réaménagé. En l'état, il donne prise à de nombreuses critiques . C'est ce que l'on s'efforcera de démontrer (B) après avoir décrit rapidement le dispositif mis en place (A).

A - L'état du Droit pénal

L'essentiel de la réglementation applicable aux infractions sexuelles figure dans le chapitre II relatif aux atteintes à l'intégrité physique ou psychique de la personne. Dans la section III (art. 222-22 à 222-33) intitulée « Des agressions sexuelles », se trouvent incriminés : le viol (§ 1), les autres agressions sexuelles (§ 2) et le harcèlement sexuel (§ 3). Nous étudierons ici seulement le mécanisme mis en place pour le « viol » et les « autres agressions sexuelles ». Ce dispositif est applicable *que la victime soit majeure ou mineure*.

Plus précisément, l'article 222-22 dispose que « Constitue une agression sexuelle toute atteinte sexuelle commise avec violence, contrainte, menace ou surprise ». Le viol se trouve défini à l'article 222-23, aux termes duquel « Tout acte de pénétration sexuelle, de quelque nature qu'il soit, commis sur la personne d'autrui par violence, contrainte, menace ou surprise est un viol. Le viol est puni de quinze ans de réclusion criminelle ». Lorsque le viol est commis sur « un mineur de 15 ans » ou par « un ascendant légitime, naturel ou adoptif ou tout autre personne ayant autorité sur la victime » l'auteur encourt une peine de vingt ans de réclusion criminelle (art 222-24). Enfin le viol est puni de trente ans de réclusion criminelle lorsqu'il a entraîné la mort de la victime (art. 222-25).

Par ailleurs, les articles 222-27 et s. incriminent les « autres agressions sexuelles ». En vertu de l'article 222-27, « Les agressions sexuelles autres que le viol sont punies de cinq ans d'emprisonnement et de

---

tats aux moeurs ». Dans cette section étaient incriminés : le viol, l'attentat à la pudeur, l'outrage public à la pudeur, le proxénétisme et l'excitation des mineurs à la débauche. « Par cette présentation, le Code pénal de 1810 dans son dernier état manifestait qu'il y a bien une sexualité normale et une sexualité déviante sinon sur le plan moral, qu'il s'interdisait désormais de juger, du moins sur le plan social ». *J.CL. Pénal*, art. 222-22 à 222-33, 1996, n°1 et s.

500 000 F. d'amende ». A nouveau des circonstances aggravantes peuvent augmenter la sanction. L'infraction prévue à l'article 227-27 est punie de sept ans d'emprisonnement et de 700 000 F. d'amende notamment « 3,° lorsqu'elle est commise par un ascendant légitime, naturel ou adoptif, ou par une personne ayant autorité sur la victime ». Par ailleurs, la peine est élevée à sept ans de prison et 700 000 F. d'amende lorsque les agressions sont imposées « à un mineur de quinze ans » (art. 222-29). Elle passe à dix ans d'emprisonnement et à 100 000 F d'amende « lorsqu'elle est commise par un ascendant légitime, naturel, ou adoptif, ou par toute autre personne ayant autorité sur la victime » (art. 222-30).

A côté de ce dispositif général, il existe quelques textes spécifiques qui ne reçoivent application que lorsque la victime est mineure. Ainsi, intégré au chapitre VII (« Des atteintes aux mineurs et à sa famille »), à l'intérieur de la section V (« De la mise en péril des mineurs »), l'article 227-25 précise que « Le fait, par un majeur, d'exercer sans violence, contrainte, menace ou surprise une atteinte sexuelle sur la personne d'un mineur de quinze ans est puni de deux ans d'emprisonnement et de 200 000 F. d'amende ». Aux termes de l'article 227-26, la même infraction est punie de dix ans d'emprisonnement et de 1 000 000 F. d'amende, notamment : « 1°) Lorsqu'elle est commise par un ascendant légitime, naturel ou adoptif, ou par toute autre personne ayant autorité sur la victime. (ou) 4°) lorsqu'elle s'accompagne de versement d'une rémunération » [20]. Enfin, l'article 227-27 dispose que « Les atteintes sexuelles sans violence, contrainte, menace ni surprise sur un mineur âgé de plus de quinze ans et non émancipé par le mariage sont punies de deux ans d'emprisonnement et de 200 000 F. d'amende [notamment] lorsqu'elles sont commises par un ascendant légitime, naturel ou adoptif, ou par toute autre personne ayant autorité sur la victime ».

---

20. L'article 227-26 a été modifié par la loi n°95-116 du 4 févr. 1995, art. 121 III. Dans son « ancienne » version, l'article 227-26 ne prévoyait que cinq ans d'emprisonnement et 500 000 F. d'amende. Par ailleurs, le quatrième point (la prise en compte du versement d'une rémunération) a été rajouté par la loi n° 94-89 du 1er févr. 1994.

D'autres infractions sexuelles auraient pu être mentionnées, nous nous limiterons à l'étude critique de ces dernières [21].

On peut résumer ainsi la situation du mineur victime de violences sexuelles au regard du Droit pénal actuel. En premier lieu, il se trouve dans la «même situation que le majeur lorsqu'il doit prouver qu'il a été victime d'un viol ou d'une « autre agression sexuelle ». A ce titre, il devra démontrer que l'acte de pénétration sexuelle, de quelque nature qu'il soit, a été commis avec violence, contrainte, menace ou surprise pour établir qu'il a subi un viol. Selon une logique identique, il lui faudra établir que les autres agressions sexuelles ont été accompagnées des mêmes circonstances (violence, etc.). Ces quatre circonstances constituent des éléments constitutifs de l'infraction. Si elles font défaut, par manque de preuve ou parce qu'elles ne se sont pas produites l'infraction n'est pas réalisée. Dans ce système, la qualité de mineur *de quinze ans* n'entre en ligne de compte qu'au titre des circonstances aggravantes, autrement dit l'abuseur sera plus sévèrement puni si la victime a moins de quinze ans (art 222-24 pour le viol, 222-29 pour les autres agressions sexuelles). La qualité de l'auteur de l'infraction constitue aussi une circonstance aggravante quand ce dernier est un ascendant ou une personne ayant autorité sur la victime (ici quel que soit son âge), en pareille hypothèse la peine encourue est majorée (art. 222-24 en ce qui concerne le viol, 222-28 et 222-30 pour les autres agressions sexuelles).

A côté de ce dispositif applicable aux majeurs comme aux mineurs, il existe quelques incriminations spécifiques aux mineurs. Les comportements sanctionnés et nommés atteintes sexuelles n'ont pas à être accompagnés de violence, contrainte, menace ou surprise, pour être punissables. Mais, des peines plus douces sont encourues sur ce fondement. Une fois encore, la qualité de l'auteur de l'acte (ascendant, ou personne ayant autorité sur la victime) aggrave la sanction (art 227-

21. Ainsi, par ailleurs, l'article 222-32 incrimine l'exhibition sexuelle, les articles 225-5 et s. « le proxénétisme et les infractions assimilées » (le proxénétisme commis sur un mineur est puni plus sévèrement, art. 225-7), l'exploitation à caractère pornographique de l'image d'un mineur, la diffusion de messages à caractère violent ou pornographique susceptibles d'être perçus par un mineur sont incriminés aux articles 227-23 et 227-24.

26). Enfin le même acte commis sur un mineur de quinze à dix huit ans, non émancipé par le mariage, est sanctionné à titre autonome s'il est commis par un ascendant ou une personne ayant autorité sur l'enfant. (art 227-27). En l'état, la législation ne nous paraît pas totalement satisfaisante.

B - Appréciation critique

Le système actuel souffre de plusieurs vices : il n'est pas toujours cohérent, la terminologie utilisée est souvent imprécise ou redondante, enfin il semble assez largement inadapté.

1°) Le système mis en place n'est pas toujours cohérent. Ceci se vérifie entre autre lorsque l'on considère la dernière réforme intervenue en la matière. Une loi du 4 février 1995 augmente les pénalités sanctionnant l'atteinte sexuelle réalisée sur un mineur de quinze ans lorsque l'auteur de l'acte est un ascendant ou une personne ayant autorité sur lui. Passible d'une peine d'emprisonnement de dix ans, l'atteinte sexuelle sans violence est désormais aussi sévèrement punie que l'agression sexuelle accompagnée de violence et perpétrée notamment par un ascendant ou avec d'autres circonstances aggravantes [22] (art 222-30). Dès lors, le clivage agressions /atteintes n'a plus vraiment lieu d'être. Il serait souhaitable d'éviter les réformes de circonstances, qui peuvent avoir un effet médiatique certain, mais ruinent trop souvent l'économie d'une législation.

2°) Ensuite, la terminologie utilisée est parfois peu précise ou redondante [23]. Nombreux sont ceux qui ont justifié l'adoption des termes

---

22. L'article 222-30 prévoit au titre des circonstances aggravantes le fait que l'agression ait entraînée une lésion ou une blessure, le fait qu'elle soit commise par une personne qui abuse de l'autorité que lui confèrent ses fonctions, ou encore le fait qu'elle soit commise par plusieurs personnes agissant en qualité d'auteur ou de complice.

23. Signalons en guise de préliminaire que le mot inceste n'apparaît toujours pas dans le Code pénal français. Alors qu'il fait l'objet d'une incrimination particu-

agressions et atteintes à la place d'attentat à la pudeur. A ce titre, l'extrait de la circulaire de la Direction des affaires criminelles et des grâces du 14 mai 1993 est révélateur : « le renouvellement du vocabulaire s'explique par la volonté de désigner les agissements concernés de manière plus claire et plus expressive » [24]. Cette idée est reprise notamment par P. Couvrat. Selon l'auteur, « Le vocabulaire est souvent à lui seul le signe de l'actualisation et du changement. A cet égard, les transformations du langage du droit pénal des personnes sont assez significatives. L'attentat à la pudeur disparaît pour être remplacé par l'agression sexuelle (autre que le viol) qu'il convient de distinguer des seules atteintes sexuelles commises sans violence sur mineur » [25].

La fonction pédagogique dont on crédite le Nouveau Code ne nous paraît pas véritablement remplie. On peut douter de la clarté des termes « agressions » et « atteintes ». Si l'on considère le sens courant de ces mots, c'est même une évidence. La consultation de dictionnaire enseigne que « l'agression est [notamment] une atteinte à l'intégrité psychologique ou physiologique des personnes » [26]. Certes, on objectera avec raison que les mots peuvent avoir un sens spécifiquement juridique. Restons alors sur ce terrain. Le législateur définit l'agression sexuelle

---

lière depuis le début du siècle en Droit anglais (*Punishment of Incest Act*, 1908). En Allemagne, l'infraction d'inceste, appelée « relation sexuelle entre personnes parentes », concerne les parents en ligne directe, les frères et soeurs, mais pas les alliés ; V. aussi, I. Coppart, l'inceste en Droit français, *Gazette du Palais*, 8 juill. 1995, p. 888.

24. Circulaire de la direction des affaires criminelles et des grâces (crim. 93 9/FI, 14 mai 1993) présentant le commentaire des dispositions de la partie législative du nouveau Code pénal (Livre I à V) et des dispositions de la loi 16 déc. 1992 relative à son entrée en vigueur (non publié au Journal Officiel.

25. P. Couvrat, Livre II, Les infractions contre les personnes dans le nouveau Code pénal, *R.S.C*, 1992, p. 469. Voici, par ailleurs, l'appréciation judiciaire du changement de vocabulaire : « Le code pénal entré en vigueur le 1er mars 1994 a supprimé la qualification d'attentat à la pudeur et crée celle d'agression sexuelle ; cette modification ne saurait être prise pour une simple modernisation du vocabulaire, ni l'expression d'attentat ni celle de pudeur n'étant tombée en désuétude; elle traduit la volonté du législateur de tenir compte de l'évolution des moeurs pour désigner avec précision les seuls agissements répréhensibles » ; Reims, 10 nov. 1994, *Bull. inf. C.Cass.*, 1995, 1241.

26. Petit Larousse illustré, 1990, p. 46.

comme « une atteinte commise avec violence, contrainte, menace ou surprise » (art 222-22). Autrement dit, il s'est gardé de définir les contours véritables de ces deux infractions en spécifiant notamment les actes susceptibles d'être incriminés au titre de l'une ou de l'autre [27].

---

27. Cette attitude, que l'on ne peut que regretter, semble de surcroît peu conforme à la jurisprudence du Conseil Constitutionnel et à la conception de la légalité retenue par la Cour européenne des droits de l'Homme et du citoyen. Le Conseil constitutionnel a précisé sans ambiguïté que le législateur a « *l'obligation de définir les infractions en termes suffisamment clairs et précis pour exclure l'arbitraire* » (176 DC, § 6). Le législateur doit donc entrer suffisamment dans le détail lorsqu'il incrimine un comportement. Autrement dit, il lui appartient de « *définir les éléments constitutifs de l'infraction* » (décision D.C. du 18 janv. 1985). C'est ce qu'il a fait à propos du viol (tout acte de pénétration sexuelle), L. Favoreu et L. Philip, *Les grandes décisions de Conseil constitutionnel*, Sirey, 7ème éd., p. 207. (Signalons au passage que le Conseil a déclaré inconstitutionnelles, faute de précision suffisante, les dispositions d'une loi relative au redressement et à la liquidation judiciaire des entreprises qui avait créé le « délit de malversation du syndic », Décision du 18 janvier 1985, *R.S.C.*, 1987, p. 54). L'absence de définition des agressions et des atteintes sexuelles est à ce titre regrettable. Mais, en raison de l'adoption consensuelle du nouveau Code pénal, ni la majorité, ni l'opposition n'ont saisi le Conseil Constitutionnel. Ce dernier n'a donc pas eu l'occasion de se prononcer sur la conformité du nouveau Code à la Constitution. La Cour européenne des droits de l'Homme a, quant à elle, précisé que la loi doit être « *accessible, précise et prévisible* ». L'exigence de précision ne nous semble pas non plus respectée. (V. notamment l'affaire Silver et autres rendue le 25 mars 1983 et l'arrêt *Barthold* en date du 25 mars 1985 ; V. Berger, *Jurisprudence de la Cour européenne des droits de l'Homme*, Sirey, 1991, p. 243 et s. et p. 267 et s.) En revanche, il semble que la Cour de cassation accepte de « *contrôler la qualité de la loi pénale et d'en refuser l'application éventuelle. En effet, ce qu'il lui est interdit de faire sur le fondement de l'article 56 de la Constitution devient possible, au regard de la jurisprudence la plus récente de la chambre criminelle, en vertu de l'article 55 de la Constitution* », J.P. Delmas Saint-Hilaire, *Premières leçons de Droit pénal*, 1ère année Deug Droit, 1995-1996, VI-38 ; ainsi, dans l'arrêt Huray (Crim. 3 mai 1994), la Cour de Cassation a examiné longuement le point de savoir si la loi d'incrimination servant de fondement à la poursuite et à la condamnation était ou non suffisamment précise au regard des exigences du principe de la légalité. (Une nouvelle illustration de cette démarche a été donnée dans un arrêt Boizeau en date du 13 juin 1995). Signalons enfin qu'il existe des définitions non spécifiquement juridiques des abus sexuels. Ainsi, d'après l'Organisation Mondiale de la Santé « l'exploitation sexuelle d'un enfant implique que celui-ci soit victime d'un adulte ou d'une personne sensiblement plus âgée que lui aux fins de la satisfaction sexuelle de celle-ci ».

Certes, il a été amplement souligné pendant les débats parlementaires que l'expression *agression sexuelle* devait être considérée comme étant rigoureusement synonyme de celle « d'attentat à la pudeur avec violence, contrainte ou surprise », sous la seule réserve que le mot « menace » a été ajouté à la liste des circonstances caractérisant l'absence de consentement de la victime [28]. Ainsi conçue, l'agression sexuelle serait « le fait d'obtenir de quelqu'un un comportement de nature sexuelle distinct d'un acte de pénétration auquel il ne consent pas (auquel cas il y aurait viol) ». Dans cette logique, les mêmes actes devraient être qualifiés de viol ou d'agression s'ils sont commis avec violence, menace, surprise ou contrainte ou « d'atteinte » lorsque la violence (etc.) fait défaut ou n'a pu être prouvée [29]. En l'absence de précisions véritables émanant du législateur, il reviendra à la jurisprudence de le spécifier, ce qu'elle a déjà commencé à faire [30].

En tout état de cause, il apparaît que « violence, contrainte, menace ou surprise » constituent *la summa divisio* entre les infractions sexuelles. Mais, une fois encore, la terminologie ne semble ni claire ni explicite. La violence désigne des pressions physiques exercées sur la victime pour obtenir d'elle un comportement sexuel. Or, on considère traditionnellement que la contrainte peut être physique ou morale. Il y a contrainte physique lorsque l'on exerce des pressions corporelles pour parvenir à ses fins. Autrement dit, dans ce cas, contrainte (physique) et violence se confondent. Par ailleurs, la contrainte morale consiste à menacer quelqu'un de lui faire du mal ou de s'en prendre à ses proches, ou à ses biens. Ici, par voie de conséquence, contrainte

28. En ce sens V. la Circulaire du 14 mai 1993, *op. cit.*

29. C.A. Bourges, 18 juin 1987, *Juris-Data* n°043545.

30. La jurisprudence a eu l'occasion de préciser cette notion. Constituent des actes d'agressions sexuelles : des attouchements ou des caresses du sexe, des fesses, des cuisses ou de la poitrine éventuellement accompagnés de baisers sur le corps ou sur la bouche (C.A Pau, 8 fév. 1992, *Juris-Data* n°041780 ; C.A. de Poitiers, 4 et 17 déc. 1992, *Juris-Data* n°051261 et 051259 ; C.A. de Limoges, 19 janv. 1994, *Juris-Data* n°040203 ; C.A. Pau, 4 mai 1994, *Juris-Data* n°042145). Ce à quoi on peut ajouter le fait de frotter son sexe sans pénétration sur celui de la victime (C.A Pau, 10 sept. 1991, *Juris-Data* n°148315 ; C.A. Limoges, 3 juin 1994, *Juris-Data* n°045019), ou encore le fait pour un professeur de frotter ses parties génitales sur les coudes des élèves dépassant le bureau (C.A. Grenoble, 7 avr. 1994, *Juris-Data*, n°042622).

morale et menace recouvrent la même réalité. La surprise consiste à obtenir des faveurs sexuelles en trompant la victime sur la situation réelle ou en abusant de sa difficulté à appréhender celle-ci. Au total et dans cette logique, un coït complet commis sans violence, contrainte, menace ou surprise (réelles ou prouvées) sur un mineur de 15 ans qui ne sera pas jugé inconscient de ses actes risque fort d'être considéré non pas comme un viol mais comme une simple atteinte sexuelle. On risque fort alors de s'enliser dans des débats souvent peu rationnels sur le seuil d'âge à partir duquel un enfant peu comprendre la portée de ses actes (à défaut de quoi on pourrait retenir la surprise).

3°) Le système mis en place paraît peu adapté. A ce titre, certaines décisions récentes rendues par la Cour de cassation dénotent une tendance regrettable à verser dans un excès de juridisme, au détriment du sort des victimes. L'arrêt de la Cour de cassation en date du 1er mars 1995 en témoigne. En l'espèce, la Chambre d'accusation de la Cour d'appel de Grenoble renvoie devant la Cour d'assises sous l'accusation de viol sur mineurs de 15 ans un individu après avoir énoncé « qu'aucun élément de violence ou de contrainte ne résulte de l'information ». Mais les juges avaient retenu « qu'en raison de leur jeune âge, les mineurs ne pouvaient apprécier l'anormalité des exigences de cet adulte et que, devant ce comportement, ils ont cédé sous l'effet de la surprise »[31]. La Cour de cassation casse l'arrêt de la Chambre d'accusation aux motifs que, « en déduisant la surprise malgré la répétition des faits, du seul âge des victimes, la Chambre d'accusation n'a pas donné de base légale à sa décision »[32]. La haute juridiction rappelle que le jeune âge d'un mineur ne saurait constituer un élément constitutif du viol. Certes, cette assertion s'inscrit dans la logique législative, puisque, nous l'avons souligné, l'âge de la victime n'est pris en compte qu'au titre des circonstances aggravantes. La lecture de l'arrêt de la Chambre d'accusation enseigne par ailleurs que les juges du fond estimaient à 14 ans le seuil d'âge au-delà duquel les enfants possèdent la capacité de mesurer la portée des actes commis (les mineurs dont il était question en

31. C.A. Grenoble, ch. acc., 12 oct. 1994, inédit.

32. Cass. crim., 1er mars 1995, *Juris-Data* n°001078.

l'espèce avaient moins de 14 ans). La décision de la haute juridiction conduit à douter de la pertinence du dispositif mis en place pour deux raisons. D'abord, la Cour affirme qu'il y a incompatibilité entre « répétition des faits » et surprise. C'est fort dommage, si l'on tient compte des résultats de certaines études qui attirent l'attention sur le fait que dans 65% des cas observés les actes s'étaient répétés sur plus d'un an, dans 21% la répétition des comportements incriminés s'étalait sur trois ans [33]. Certes, il s'agit là d'une étude ponctuelle, mais d'autres auraient pu être mentionnées qui tendent également à démontrer que la perpétration de nombreux abus sexuels commis sur des mineurs s'inscrit dans le temps. Ainsi, les mineurs qui auront subi des abus répétés ne seraient plus recevables à invoquer la surprise ? Cela est regrettable, surtout en ce qui concerne les plus jeunes d'entre eux. Mais il y a plus encore.

La lecture de l'arrêt de la Chambre d'accusation permet certainement de mieux comprendre la « tentative » des magistrats du fond qui ont retenu la « surprise » (à défaut d'avoir pu identifier des actes de violence ou de contrainte). En réalité, ces derniers se sont probablement trouvés face à une situation ignorée par le législateur : les manoeuvres de séduction. Les juges soulignent, en effet, que les victimes considéraient leur agresseur comme un grand frère, « qu'ils avaient confiance en cet adulte qui leur témoignait de l'affection ». L'adulte en question, précise la décision, leur offrait des cadeaux, leur permettait de regarder la télévision alors que les parents les élevaient de manière fort stricte. Les manoeuvres d'approche de l'agresseur constituent très vraisemblablement des actes de séduction. Or la séduction pure et simple n'a pas été retenue par le législateur comme élément constitutif des infractions. Certes beaucoup d'études mettent l'accent sur la violence physique ou verbale qui accompagne de nombreux abus. Mais, selon plusieurs auteurs, « Séduction et violence [constituent les] deux formes d'approche de l'enfant, en apparence opposées mais qui s'imbriquent et s'additionnent. Pour l'abuseur 'arriver à ses fins' semble être son seul objectif ». Les résultats de certaines enquêtes concernant les circonstances entourant les abus méritent à ce titre de retenir l'attention : dans 55% de cas il y aurait eu des approches séductrices de la part de l'agresseur, dans

33. A. Criville, M. Deschamps, C. Fernet et M.F. Sittler, *L'inceste : comprendre pour intervenir*, Dunod, Privat, 1994.

56% des violences physiques et/ou verbales [34]. On souligne par ailleurs que « Les mineurs semblent si habitués au non-respect de leur intégrité physique que les abus sexuels peuvent être ressentis comme une évolution logique de la situation ou encore perçus comme le premier témoignage d'une affection jamais reçue » [35]. Bien évidemment, il faut se garder de toute forme de généralisation abusive ou d'extrapolation à partir d'enquêtes isolées. Il ne serait pas sérieux de tirer des conclusions hâtives à partir de quelques renseignements, recueillis de surcroît sur des échantillons peu importants sur le plan quantitatif. Mais les résultats de ces enquêtes devraient au minimum nous conduire à réfléchir sur les situations dans lesquelles l'approche de l'adulte résulte essentiellement ou exclusivement de manoeuvres de séduction, et cela quand bien même la frontière peut être difficile à tracer entre le normal et l'inacceptable. A ce titre, il serait certainement opportun de ne pas tenir compte de l'éventuel consentement des enfants les plus jeunes et de réprimer les comportements abusivement séducteurs des adultes. Il semble d'ailleurs que le dispositif mis en place en Droit portugais aille dans ce sens. En effet, concernant les enfants âgés de moins de quatorze ans le Code pénal interdit tous les contacts de nature sexuelle. L'idée sous-jacente est la suivante : on considère qu'un mineur de quatorze ans n'est pas libre de se décider concernant ses relations sexuelles. Dès lors, il devient indifférent que les actes aient été pratiqués avec ou sans son adhésion, ils sont en tant que tels sanctionnables. En revanche, après quatorze ans, le mineur est en principe libre de décider de ses relations sexuelles.

Aux imperfections de la définition pénale des abus sexuels se surajoutent les difficultés liées à l'administration de la preuve.

---

34. En ce sens, V. notamment A. Criville, M. Deschamps, C. Fernet, M.F Sittler, *op.cit.*, p. 30. Il s'agissait de réponses données à partir des informations recueillies auprès de 63 enfants, 51 dévoilants et 27 abuseurs.

35. *op. cit.*, p. 31.

II - Les difficultés d'apporter la preuve des abus sexuels commis sur des mineurs

Il est extrêmement difficile d'apporter la preuve qu'un enfant a été victime d'abus sexuel. *A priori*, la preuve médicale semble constituer le moyen le plus fiable, à tout le moins le plus convaincant puisqu'elle doit permettre d'établir la matérialité des faits. Mais, à l'analyse, il s'avère que la preuve médicale « parfaite » est extrêmement rare (A). Et il importe de bien mesurer cela parce qu'en définitive l'essentiel repose alors sur la parole de l'enfant. Il n'est pas certain qu'en l'état du système juridique celle-ci soit correctement reçue (B).

A - Les difficultés tenant à l'administration de la preuve médicale

Il est rare qu'une preuve physique absolue puisse être apportée (1°). Aussi, la preuve de l'abus sexuel sera administrée par un faisceau d'indices tirés des motifs de l'examen clinique, du récit de l'enfant, de l'examen clinique et des examens de laboratoires. Mais à chacune de ces étapes le médecin peut rencontrer des obstacles qui rendent particulièrement délicate l'élaboration du diagnostic (2°).

1°) La preuve physique irréfutable n'est ni fréquente ni forcément nécessaire. Cela a été mis en évidence notamment dans une étude portant sur 236 enfants (dont 215 filles) victimes d'abus sexuels et dont l'abuseur avait été reconnu coupable par la justice, l'examen gynécologique était anormal dans 14% des cas, suspect dans 9% des cas [36]. Il est donc tout à fait fréquent que l'on ne puisse rien détecter à l'examen gynécologique et anal de l'enfant. Mais précisément, il faut se garder de tirer des conclusions hâtives, voire négatives de cet état de fait. L'absence de lésion ou de blessure ne permet pas d'affirmer qu'il n'y a pas eu d'abus. Cela ne devrait même pas être un élément de doute, puisque les blessures, ou lésions, ne constituent pas des éléments cons-

---

36. J. A. Adams, K. Harper, S. Knudson, J. Revilla, Examinations finding in legally confirmed child sexual abuse : it's normal to be normal, *Pediatrics*, 1991, 87, p. 254-60.

titutifs des infractions, mais « seulement » des circonstances aggravantes. A ce titre, les deux dispositions insérées dans les articles 222-24 et 222-28 du Code pénal sont exemplaires : en cas de « mutilation ou infirmité permanente » l'auteur du crime encourt une peine de vingt ans de réclusion au lieu de quinze ans. De même, lorsque l'agression a « entraîné une blessure ou une lésion » la peine prévue passe de cinq ans à sept ans et l'amende de 500 000 F. à 700 000 F. Il importe donc de ne pas attacher trop d'importance à l'absence de séquelles physiques.

2°) Les difficultés de l'examen médical à proprement parler. Celui-ci doit permettre de poser un diagnostic grâce à un faisceau de preuves. Les motifs de l'examen clinique sont extrêmement variés. L'enfant est examiné à la demande d'un ou des parents, d'un service social ou judiciaire. Les motivations des parents ne sont pas toujours très louables. Il arrive en effet que l'un des parents, souvent la mère, soit à l'origine d'une fausse allégation d'abus sexuel. Le mensonge se greffe généralement sur des problèmes de droit de visite et d'hébergement, après une séparation des parents. Ces fausses allégations souvent suggérées par la mère s'apparentent d'ailleurs à des mauvais traitements [37]. En tout état de cause, il n'est pas toujours évident de détecter ce genre de mensonge, aussi convient-il d'accueillir la parole des parents avec prudence.

L'interrogatoire de l'enfant présente un grand intérêt. Mais on n'insistera jamais assez sur le fait que celui qui écoutera le premier récit de l'enfant doit avoir *une bonne pratique* de ce genre d'entretien. Le té-

---

37. R. Meadow, False allegation of abuse and Münchausen syndrome by proxy, *Arch. Dis. Child*, 1993, 68, p. 444-7. L'auteur estime que ces fausses allégations s'apparentent à un véritable syndrome de Münchausen par procuration. Citons également l'article de H.Van Gijseghem, L'impact sur l'enfant d'une fausse allégation d'abus sexuel dans le contexte de divorce : Réflexions cliniques. L'auteur considère qu' « une telle allégation, même créée de bonne foi, peut avoir un impact psychologique sur l'enfant comparable à celui d'un abus véritable. On assiste, précise-t-il, à la même abolition de la distance intergénérationnelle, à la même destruction de la fonction paternelle et, par conséquent, à la même faillite du statut-enfant », *In* P.R.I.S.M.E., Automne 1992, vol 3, n°1, p. 115.

moignage de l'enfant est un élément essentiel du diagnostic, il doit faire foi. On doit le croire *a priori*. Il convient aussi d'éviter d'ajouter au préjudice déjà subi par l'enfant. Aussi l'entretien doit-il être conduit dans un climat sécurisant, suivant l'âge de l'enfant et les circonstances, les parents seront ou non présents. Mais la parole de l'enfant est souvent difficile à « décoder ». Alors, il peut être intéressant de faire dessiner les enfants les plus jeunes [38] (l'adjonction d'organes génitaux constitue un indice important pouvant signaler l'abus). Il appartient à l'examinateur de poser des questions sans suggérer les réponses : il pourra utiliser des formules comme « raconte moi plus », « et puis, qu'est-il arrivé ? », ou encore « est-ce que l'on t'a fait quelque chose que l'on aurait pas dû te faire, ou quelque chose que tu n'aimes pas » ? Le vocabulaire utilisé par l'enfant mérite enfin de retenir l'attention : l'emploi de termes crus ou orduriers ou de mots non habituellement connus à cet âge constitue un élément de valeur. En tout état de cause, il faut éviter de faire répéter son récit à l'enfant. Nous aurons l'occasion de revenir sur ce point.

L'examen clinique de l'enfant. Il ne doit pas conduire à un traumatisme psychique supplémentaire. Aussi, il convient de décider, en fonction des circonstances, s'il y a lieu de le réaliser en présence d'un adulte sécurisant pour l'enfant ou au contraire sous anesthésie générale. L'examen doit être aussi complet que possible. Cependant, l'établissement du diagnostic n'est pas toujours facile à réaliser. Quelques exemples illustrent les difficultés fréquemment rencontrées. D'abord, lorsque l'examen est réalisé précocement, il peut révéler l'existence d'ecchymoses, d'hématomes, de traces de griffures ou d'inflammation de la région génitale (vulvite). L'interprétation de ces lésions est parfois délicate. Lorsqu'elles sont discrètes, on ne peut éliminer une cause accidentelle ou infectieuse (résultant d'un défaut d'hygiène par exemple). Alors, il faudra conclure de manière nuancée, en écrivant notamment que ces lésions peuvent éventuellement être compatibles avec des attouchements sexuels, mais qu'elles peuvent aussi résulter d'autres causes. De même, l'existence d'un hymen « complaisant » se laissant facilement

38. On trouvera des exemples de dessins d'enfants victimes d'abus sexuels réalisés à l'occasion de séances de thérapies familiales dans l'ouvrage de F. Gruyer, M. Fadier-Nisse et P. Sabourin, *op. cit.*, p. 145 et s.

distendre en raison d'une élasticité particulière, permet un acte de pénétration sexuelle sans que cela n'implique une lésion traumatique particulière. Il faudra alors expliquer qu'un acte de pénétration sexuelle a pu être commis en raison de la perméabilité hyménéale et vaginale. Enfin, les modifications de l'hymen durant les trois premières années de la vie des petites filles rendent parfois le diagnostic encore plus délicat à réaliser. Il est indispensable de connaître les effets de l'âge sur l'apparence de l'hymen afin de différencier un développement normal de lésions post-traumatiques ou infectieuses [39].

En tant que tels, certains signes cliniques peuvent être évocateurs. Mais c'est à la condition que le médecin y pense. Les symptômes peuvent être peu spécifiques : douleurs abdominales, énurésie, encoprésie, troubles du sommeil (cauchemars), troubles alimentaires (anorexie, boulimie), autres sévices physiques. Ces signes prennent de la valeur si l'on a, par exemple, la notion d'abus sexuels précédents dans la famille. Certains éléments sont plus spécifiques. Ainsi, le développement précoce d'un comportement sexuel, la mise en évidence d'une maladie sexuellement transmissible, une tentative de suicide ou une dépression chez le grand enfant ou l'adolescent, de même dans certains cas une demande d'interruption de grossesse seront parfois des indices particulièrement pertinents. Au total, il convient d'effectuer un examen complet afin de rechercher tous les signes d'éventuels sévices. Cheveux, peau et cavité buccale seront examinés avec soin. Par ailleurs, certaines lésions chez la petite fille sont très évocatrices : érosions, ulcérations, contusions des faces internes des cuisses, plaies, déchirure de l'hymen (en se méfiant des nombreuses variantes physiologiques), disparition de

---

39. A.B. Berenson, A longitudinal Study of hymenal morphology in the first 3 years of life, *Pediatric*, Vol 95, n°4 April, 1995, p. 490 et s. L'auteur souligne que la période durant laquelle les modifications sont les plus importantes se situe entre la naissance et 12 mois (p. 496). Cette indication permet de penser combien le diagnostic du « *nursing pathologique* » peut être difficile à réaliser. Cette forme de maltraitance survient très tôt. « Le caractère sexuel des abus de maternage est rarement conscient. Ce type de satisfaction chez l'adulte est souvent obtenu au nom de l'hygiène, de la santé ou de l'éducation de l'enfant. En somme, c'est soi-disant pour son bien que l'on abuse de l'enfant à un âge si précoce que le souvenir de cette initiation sexuelle sera le plus souvent refoulé ». En ce sens, V. F. Gruyer, M. Fadier-Nisse, P. Sabourin, *op.cit.*, p. 43 ; V. également A. Miller, *C'est pour ton bien*, Aubier, 1984.

l'hymen, plaie ou cicatrices de la fourchette, des petites lèvres, de l'anus. Chez les garçons, les organes génitaux seront examinés soigneusement à la recherche d'hématomes, ecchymoses, cicatrices, traces de morsures. Dans les deux sexes, l'examen de l'anus doit être effectué avec minutie à la recherche d'un signe traumatique, cicatrices, dilatation anale, laxité du sphincter.

Les examens de laboratoire enfin. Ils peuvent constituer des preuves importantes. A ceci près qu'ils ne sont pas systématiques mais fonction du contexte clinique : certains ne peuvent être effectués que dans un laps de temps proche de l'abus. Ainsi, on effectuera sérologie de syphilis, hépatite B, sérologie H.I.V. Lors de l'examen gynécologique, il faut rechercher la présence de sperme, de phosphatase acide prostatique à condition que l'examen soit fait dans les soixante douze heures suivant l'abus, on recherchera systématiquement gonocoque ou chlamydiae. Des échantillons de sperme, s'ils sont présents, seront conservés pour les techniques de caractérisation de l'A.D.N. La présence de sperme et le diagnostic clinique ou biologique de syphilis (si l'on exclut la syphilis congénitale) constituent des preuves irréfutables qu'un abus a été commis. Le diagnostic de papillomatose accuminée, de trichomonas [40] rend l'abus sexuel très probable. La recherche et la prévention d'une grossesse seront bien sûr effectuées, en fonction des circonstances.

Au total, il faut bien admettre que la production d'une preuve médicale certaine est chose rare. La parole de l'enfant devient, dans un nombre important de cas, le seul élément sur lequel les magistrats pourront prendre appui [41]. C'est dire l'importance qu'il conviendrait de lui accorder.

---

40. Gonocoque, chlamydiae, papillomatose accuminée et trichomonas sont des maladies sexuellement transmissibles.

41. Il y a certes des hypothèses dans lesquelles des témoins extérieurs pourront venir corroborer les dires de l'enfant. Mais hélas, ces situations ne sont pas très courantes. Plus précisément ce ne sont pas les témoins qui manquent mais bien plus les témoignages. Le silence de l'entourage est fréquent en cas d'inceste. Il n'est pas rare que la mère se taise alors même qu'elle n'ignore pas la réalité des abus dont sa fille est victime.

B - Les difficultés tenant à la réception de la parole de l'enfant

La parole de l'enfant risque de ne pas toujours être bien reçue et entendue. Cela tient en partie à la teneur des règles de procédure pénale applicables en l'espèce. Deux exemples en témoignent. Le premier concerne la valeur juridique de la parole de l'enfant (1°), le second les techniques actuelles qui permettent de vérifier le bien fondé des accusations portées par l'enfant(2°).

1°) La valeur juridique de la parole de l'enfant

Notre Droit pénal impose à tout citoyen l'obligation de déposer lorsqu'il a personnellement constaté un fait ou eu connaissance d'une information intéressant la justice. Cependant, certaines personnes sont touchées par une incapacité d'être témoin, découlant d'une *inaptitude*. Cette inaptitude est « structurelle » pour les mineurs de seize ans qui ne peuvent être entendus qu'à titre de renseignement [42]. Certains magistrats n'hésitent pas à dénoncer cela : « L'enfant se trouve être un « témoin ». Tout d'abord, reprochable signifie l'inverse d'irréprochable. Cette définition se passe de commentaire, et juridiquement, reprochable a pour sens : que l'on peut contester. Nous constatons donc que dans les cas d'agressions sexuelles, sur mineurs, nous sommes presque toujours en situation de devoir suspecter les témoignages des enfants, et plus particulièrement lorsque l'hypothèse est celle d'un inceste » [43]. Cette méfiance qui entoure *a priori* la parole de l'enfant est excessive. De très nombreux médecins attirent l'attention sur le fait que les fausses allégations émanant d'enfants sont exceptionnelles [44]. Mais il y a

---

42. Art. 108, 335-7°, 447 et 536 du Code de procédure pénale. Certes, la loi du 8 janv. 1993 a introduit dans le Code civil un article 388-1 aux termes duquel « dans toute procédure le concernant » le mineur capable de discernement peut être entendu par le juge, y compris à sa demande.

43. T. Cretin, *op. cit.*, p. 54.

44. En ce sens, V. M. Rouyer et D. Girodet, Abus sexuels : l'enfant maltraité, P. Straus et alii, *op. cit.*, p. 257 ; J.Y. Hayez, Les abus sexuels commis sur des mineurs d'âge ; inceste et abus sexuels extra familiaux, *Psychiatr. enfant*, 1992, 14, p. 38 et s. Selon les statistiques policières, les cas d'affabulations sont très rares et ne représentent qu'environ 2%. Cela est certainement beaucoup plus rare que les situations dans lesquelles l'enfant préfère se taire.

plus encore : l'enfant, dans un nombre important de cas sera tenu de répéter plusieurs fois ses propos, souvent en présence de son agresseur.

2°) La vérification du bien fondé des accusations de l'enfant

Deux moyens principaux sont à la disposition du juge : le confrontation de l'enfant avec son agresseur et l'expertise de crédibilité.

a) La confrontation de l'enfant avec son agresseur. Si le juge détermine librement quel mode de preuve il souhaite utiliser, le recours à la confrontation sera presque toujours systématique à partir du moment ou deux thèses s'affrontent. Or, nul doute que l'enfant se trouve dans une position d'infériorité quand on le place en face de son agresseur, a fortiori lorsque celui-ci est un proche. Ce procédé somme toute fréquent est à son tour critiqué par des magistrats : « Inévitable donc [la confrontation] est lourde de conséquences majeures. La confrontation n'est pas, dans la matière qui nous occupe, une garantie, ni dans un sens ni dans l'autre. Il faut avoir connu l'atmosphère de ces confrontations dans le bureau du juge pour sentir à quel point tout peut basculer dans un sens ou dans un autre sans pour autant qu'il s'agisse de vérité. La confrontation d'une fillette avec un père ou un instituteur, personnage dont nous rappelions au début de notre propos qu'il est proche, respecté voire aimé, n'exclut pas les manipulations de la part de l'adulte. Il serait naïf de considérer que toute perversion est exclue du fait de la présence du magistrat. L'expérience enseigne que des enfants qui se sont rétractés pendant la confrontation sont revenus à leur propos après le départ de l'accusé » [45].

Il faut également prendre conscience de ce que l'on fait endurer à l'enfant. Il doit répéter son histoire particulièrement douloureuse, passer du rôle de victime et de « témoin » à celui d'accusateur. Or la parole de l'enfant généralement sous terreur est particulièrement fragile et rétractable. Souvent, l'enfant préférera se taire, car il est pris dans un conflit de loyauté extrêmement difficile à gérer pour lui. D'autant qu'il

---

45. T. Crétin, *op. cit.*, p. 56.

peut aussi ressentir la peur d'être abandonné. A ce titre, il n'est pas admissible que sa parole soit traitée comme celle d'un adulte, voire dans certains cas moins bien que celle d'un adulte. La pratique des policiers (brigade des mineurs) et des magistrats tend à prouver que, lorsque l'on fait confiance à l'enfant, les aveux de l'abuseur ainsi que les preuves matérielles de l'abus sont beaucoup plus faciles à recueillir [46]. Il y a matière à améliorer le dispositif actuel. Ainsi, certains préconisent que la personne à laquelle l'enfant se confie en premier enregistre sur magnétophone les déclarations de celui-ci (cet intervenant pourrait être le médecin, un travailleur social, un enseignant, ou une personne du service d'accueil téléphonique national par exemple) [47]. En tout état de cause, la présence d'avocats spécialisés s'impose afin que le mineur ne se retrouve pas totalement isolé.

b) L'expertise de crédibilité. Afin de vérifier le bien fondé des accusations portées, le magistrat peut également avoir recours à l'expertise de crédibilité. Dans cette occurrence, l'enfant sera examiné par un médecin qui devra évaluer le degré de crédibilité de sa parole [48]. Cette étape est souvent primordiale. Mais, là aussi, il importe que la personne qui entend l'enfant soit particulièrement compétente. « Elle doit savoir que l'enfant n'a pas les mêmes mots que l'adulte pour désigner son corps. Que certains gestes peuvent ne pas paraître répréhensibles mais banals, ou au contraire d'autres sont ressentis comme honteux, défen-

---

46. En ce sens, V. F. Gruyer et alii, *op. cit.*, p. 236.

47. En ce sens, V. F. Gruyer, *op. cit.*, p. 237. En Angleterre des dispositions spécifiques sont prises pour auditionner les enfants victimes de cette forme de maltraitance. « Le regard a un tel pouvoir de fascination qu'en Angleterre un paravent sépare le père et la fille lorsque celle-ci vient déposer pour une affaire d'inceste ; car on sait bien que d'un regard il peut prendre possession d'elle et lui faire modifier ses déclarations. Les femmes de sos-Inceste, qui pourtant savent se défendre de l'emprise paternelle, redoutent la rencontre avec leur père et parlent d'envoûtement. Obscurément elles ont saisi que l'appel à la justice constituait un tiers protecteur nécessaire », C. Ballier, L'inceste : un meurtre d'identité, *op. cit.*, p. 345.

48. Pour une description plus précise des expertises que peuvent demander les magistrats, V. R. Ropert, Expertise pénale, psychiatrique et médico-psychologique des victimes d'agressions sexuelles, *Médecine et Droit*, n°5, Mars/Avril 1994, p. 43 et s.

dus, en fonction des tabous de l'entourage ou de difficultés propres à l'enfant quant à ses représentations personnelles de la sexualité. « Il m'embête » peut vouloir dire : il se livre à des attouchements sexuels ou il plaisante sur mon corps sexué. L'utilisation de poupées sexuées, qui permet à l'enfant de désigner et de montrer plutôt que de parler, peut aider quand on a affaire à de jeunes enfants ou à des adolescents déficients intellectuels » [49].

Au total, il ne faut pas oublier que l'enfant à droit à réparation. A ce titre, le rôle du médecin est triple : prouver quand cela est possible les abus sexuels, protéger l'enfant contre la répétition des actes et réparer la victime [50]. Dans cette logique, le Droit peut aussi jouer un rôle important. « Le processus judiciaire, malgré sa lourdeur et ses inconvénients, peut être dans un grand nombre de cas un rituel contribuant à un début de réparation des dommages subis par l'enfant victime ». D'ailleurs, les victimes demandent souvent que les auteurs d'abus plaident coupable [51]. Il importe aussi de souligner que « Le recours à la loi est un préalable à la thérapie. Une thérapie familiale qui commencerait alors que l'abus sexuel se poursuit est inadmissible, et constitue une forme de complicité inconsciente des thérapeutes et des abuseurs. Sur le plan symbolique, une des fonctions de la loi est de remettre chacun à sa place » [52]. Mais, les juristes ne peuvent certainement pas perfectionner le dispositif actuel en travaillant de manière isolée. Il leur appartient de tenir compte des études réalisées par d'autres professionnels de l'enfance, ce que certains d'entre eux acceptent aujourd'hui de faire. Seules des recherches pluridisciplinaires permettront de mieux appréhender cette forme de maltraitance. La personnalité des délinquants

---

49. En ce sens, V. A. Wolf, La parole et la souffrance de l'enfant victime d'abus sexuels, *In Droit de l'enfance et de la famille*, Vaucresson, n° 30, 1990/2, p. 221. L'auteur propose à la fin de son article un tableau « d'évaluation de la crédibilité » de la parole de l'enfant, p. 222.

50. Il est par ailleurs tout à fait possible que cette démarche participe aussi à la réparation du délinquant sexuel.

51. L. Deltaglia, La réparation des abus sexuels envers les enfants, *Arch. F. Pediatr.*, 1993, p. 459 et s.

52. F. Gruyer et alii, *op. cit.*, p. 149.

sexuels de même que celle de leurs petites victimes, la manière dont ils abordent les enfants, les modalités de leur passage à l'acte constituent autant de sujets de recherches dont on ne peut faire l'économie si l'on souhaite véritablement apporter des réponses appropriées [53]. Mais cela implique aussi que l'on se tienne éloigné des feux de l'actualité.

---

53. A ce titre certaines études américaines publiées récemment et portant sur le discours des abuseurs concernant la perpétration des abus sexuels s'avèrent particulièrement intéressantes. On peut mentionner celle de Conte, Wolf et Smith (1989). Les auteurs ont étudié un échantillon de vingt adultes ayant commis des abus sexuels sur des enfants et les ont interrogé sur la manière dont ils choisissent leurs victimes. Leurs réponses sont très instructives. Il semble, notamment, que les agresseurs d'enfants se montrent capables d'identifier des victimes particulièrement vulnérables (des enfants qui se tiennent à l'écart des autres, dont on se moque, ou qui semblent plus particulièrement amicaux à l'égard des adultes). Pour une vision plus détaillée des résultats de cette enquête, V. M. Lamour, Les abus sexuels à l'égard des jeunes enfants : séduction, culpabilité, secret, *In* M. Gabel (dir.) *Les enfants victimes d'abus sexuels*, P.U.F, Psychiatrie de l'enfant, 1992, p. 71 et s.

3

L'effectivité de la protection pénale du mineur victime d'abus sexuels

par Jocelyne Castaignède

Si le juste est l'expression naturelle du droit comme l'écrivait Aristote, le droit pourra remplir une fonction essentielle dans la protection du mineur victime d'abus sexuels et plus particulièrement le droit pénal si l'on veut bien accepter que la mission de ce dernier s'exerce à trois niveaux, prévention, répression, réparation ; trois volets complémentaires au regard de l'auteur de la transgression de la loi pénale, trois volets interdépendants au regard de la victime de l'acte répréhensible, *a fortiori* si elle est mineure. Un être en devenir ne mérite-t-il pas la plus grande attention de la part du législateur, celui qui fait la loi, et de la part du juge, celui qui applique la loi ? Mais si l'arsenal juridique constitué par les règles pénales de fond, bien qu'incomplet, renferme des potentialités certaines pour protéger le mineur victime d'abus sexuels, force est de reconnaître que c'est par le biais de la procédure pénale que cette protection pourra se révéler effective au sens littéral du terme, c'est-à-dire produire l'effet attendu. La finalité de la procédure pénale ne se limite pas à la recherche et au jugement des délinquants ; elle a également pour objet de permettre la réparation des conséquences du manquement à la loi au moyen de l'action civile ouverte à « tous ceux qui ont personnellement souffert du dommage directement causé par l'infraction » comme le stipule l'article 2 du Code de procédure pénale.

Toutefois, prendre pour objet d'étude le mineur victime d'abus sexuels semble sacrifier à l'actualité, tant ce thème fait aujourd'hui l'objet de débats. Une telle démarche s'inscrit dans un courant plus large, celui de la prise en compte de la victime. La victime, qui fut longtemps « l'oubliée du procès pénal » [1] a progressivement trouvé la place qui doit être la sienne si l'on veut que le droit permette à la justice de s'exercer. Parallèlement, bien que plus tardivement, l'enfant faisait l'objet d'une certaine sollicitude, la Convention internationale des droits de l'enfant adoptée par l'Assemblée des Nations-Unies le 20 novembre 1989, ratifiée par la France le 2 juillet 1990, en constituant le point d'orgue. Nécessité de prendre en compte les victimes, tant au plan matériel qu'au plan psychologique, volonté de reconnaître les droits des enfants et des adolescents, mais également souhait du respect de l'intimité de l'individu : les deux dernières décennies attestent la détermination du législateur et du juge de sanctionner les infractions de nature sexuelle, ce type de comportement étant d'autant plus grave que la victime est un mineur et d'autant plus intolérable que l'auteur est l'un de ses parents ou l'un de ses proches.

Le législateur est intervenu ainsi à deux reprises, soucieux de la nécessité de protéger le mineur : la loi n° 89-487 du 10 juillet 1989 - relative à la prévention des mauvais traitements à l'égard des mineurs et à la protection de l'enfance - comporte un volet pénal qui retiendra particulièrement notre attention notamment en ce qui concerne la prescription des crimes commis sur des mineurs, mais elle s'attache également à parfaire la connaissance de la maltraitance dans une visée de traitement et de prévention du phénomène. Est privilégiée la prévention administrative de la maltraitance par la mise en place d'un service placé sous la responsabilité du Président du Conseil général afin de centraliser les renseignements recueillis par les différents services ou établissements susceptibles d'avoir connaissance de situations de maltraitance. Le fameux numéro vert fut également mis en place par cette loi. Dans

1. J.P. Delmas Saint Hilaire, *Rapport introductif* lors de la Journée d'étude organisée à Pau le 7 avril 1994 par l'Association paloise d'aide aux victimes d'infractions (A.P.A.V.I.), l'Association Régionale de Criminologie d'Aquitaine (A.R.C.A.) et le Centre de Sciences Criminelles de la Faculté de Droit de Pau ; R. Cario, *Pour une approche globale et intégrée du phénomène criminel*, Ed. l'Harmattan, 1996, pp. 136-140.

un second temps, le législateur est ponctuellement intervenu, en ce qui concerne la prescription, par la loi n° 95-116 du 4 février 1995.

Le cadre législatif existant est-il opérationnel ? La protection pénale du mineur victime d'abus sexuels est-elle réalisée ? Telle est la problématique qui fondera la présente réflexion dont le fil conducteur sera l'effectivité de la règle de droit ; l'exigence de l'effectivité des textes protecteurs des droits du mineur ne peut être jugée excessive si l'on se situe du côté de la victime [2], le mineur. Dès lors, le constat de l'effectivité partielle de la loi, inacceptable s'agissant d'enfants ou d'adolescents victimes de leur entourage, invite à s'interroger sur un préalable fondamental en la matière : l'accès au droit. Une chose est de prévoir des incriminations assurant une protection théorique du mineur, une autre est de permettre au mineur d'accéder au droit, processus à l'évidence délicat dans l'hypothèse envisagée, qu'il s'agisse de l'accès au droit contemporain des faits (I) ou de l'accès au droit postérieur aux faits (II), notre droit écrit prévoyant ces deux possibilités.

I - L'effectivité de l'accès au droit contemporain des faits

Le droit du mineur victime d'abus sexuels à être pris en considération par la justice apparaît une volonté affirmée du législateur à la lecture des textes de droit pénal spécial : les incriminations sont larges, les sanctions sévères. La fonction répressive que revêt le droit pénal transparaît des règles mises en place : de tels comportements ne peuvent être tolérés car ils portent atteinte à la vie la plus intime d'un être en devenir, un enfant. Et le législateur sera d'autant plus sévère que les auteurs seront des proches de l'enfant, voire ses propres parents, ceux qui ont pour mission de l'élever, de le protéger et non pas de l'agresser ou d'abuser de sa personne, de son corps. Mais les règles de droit ne se mettent pas d'elles-mêmes, en mouvement [3], il importe qu'elles soient mobilisées par les sujets, la force symbolique d'une norme n'étant pas toujours efficiente. Dès lors, s'il y a eu passage à l'acte, les mauvais traitements caractérisés par des abus sexuels sortiront de la clandestini-

2. J. Carbonnier, *Flexible droit*, L.G.D.J., 6° éd., 1988.

3. A. Jeammaud, La règle de droit comme modèle, *Dalloz* 1990, Chron. XXXIV, p. 199.

té lorsqu'ils seront dévoilés. Et quand on se souvient du caractère occulte de ce type d'infractions, souvent perpétrées dans le creuset familial, les difficultés de mise en oeuvre du droit sont certaines. Dans un tel contexte, la prise en compte des faits se révèle une démarche essentielle (A) susceptible de présenter plusieurs facettes complémentaires afin de faciliter son caractère opérationnel : elle sera une condition nécessaire mais non pas suffisante à l'accès au droit du mineur. Un second problème transparaît alors : une fois les problèmes repérés, dans quelle mesure la représentation du mineur permet-elle à ce dernier d'être défendu par le droit et cet accès au droit n'est-il pas perfectible (B) ? Les rapports entre droit pénal de fond - l'ensemble des incriminations et des sanctions - et droit pénal de forme - les règles de procédure pénale - apparaissent au moment de la mise en oeuvre du droit, attestant la complémentarité de ces disciplines à l'heure de considérer la souffrance du mineur victime d'abus sexuels.

A - La nécessaire prise en compte des faits

L'efficacité du droit pénal ne peut se situer, lorsque la prévention a échoué, hors du cadre de la reconnaissance des faits objets de la transgression de la loi pénale. Un tel constat, aux allures d'axiome, implique une analyse afin de fonder une réflexion sur la protection pénale du mineur victime d'abus sexuels. Il importe en effet, au cours d'une telle démarche, de considérer d'une part le problème du report des faits, d'autre part celui de leur caractérisation par les magistrats informés de ces mêmes faits.

Dans quelle mesure les abus sexuels sur mineurs seront-ils portés à la connaissance de la justice ? Les personnes au courant de faits d'une telle gravité, susceptibles de troubler la « paix des familles », les dénonceront-elles ? S'il n'est pas question dans ces développements d'évoquer les blocages ou l'indifférence pouvant paralyser un tel processus et dont les effets peuvent être considérables, il importe en revanche d'étudier le cadre juridique afférent à la lumière des apports du nouveau Code pénal. L'invitation à dénoncer des faits de ce type semble plus ferme qu'elle n'était, étant entendu qu'il s'agit de dénoncer des comportements et non pas des personnes, la différence étant notable :

le citoyen n'est pas invité à la délation mais à faire connaître des attitudes fort préjudiciables pour une jeune victime afin que le dommage causé puisse être traité. A cet égard, plusieurs articles du nouveau Code pénal méritent d'être mentionnés dans la mesure où certaines incriminations de l'ancien Code pénal font l'objet de scission, mais également de clarification. La non-dénonciation de faits graves, considérée en tant qu'entrave à la saisine de la justice, incriminée autrefois à l'article 62 de l'ancien Code pénal, a été modifiée de manière sensible. En ce qui concerne notre objet d'étude, deux points doivent être précisés. Tout d'abord la non-dénonciation de crime, dont les causes familiales d'exemption ne s'appliquent pas aux crimes commis sur des mineurs de 15 ans, est distinguée de la non-dénonciation de mauvais traitements : l'article 434-1 reprend la substance de l'article 62 alinéa 1 tandis que l'article 434-3 reconnaît une autonomie à la non dénonciation de mauvais traitements autrefois visée à l'article 62 alinéa 2, autonomie renforcée par le fait que l'expression « mauvais traitements » remplace le terme « sévices » au contenu plus restrictif. La logique de la loi du 10 juillet 1989 a influencé une nouvelle fois le législateur, le problème des abus sexuels relevant sans ambiguïté possible de ce champ, qu'il s'agisse de faits de nature criminelle ou de faits de nature délictuelle : les atteintes sexuelles relèvent de l'article 434-3 comme l'a indiqué la Chambre criminelle dans un arrêt du 17 novembre 1993 [4]. Cet arrêt est d'autant plus intéressant qu'il rappelle que « la loi du 10 juillet 1989 fait obligation à l'ensemble des services et établissements publics et privés, susceptibles de connaître des situations de mineurs maltraités, de signaler de tels cas dès qu'ils en ont connaissance ».

On voit bien, à la lecture de l'article 434-3 du nouveau Code pénal, la volonté du législateur d'aller dans un sens d'une plus grande transparence en la matière : l'infraction sera constituée lorsque la personne au courant des faits s'abstiendra d'en informer les autorités judiciaires ou administratives. Et le champ de l'incrimination est élargi de façon notable dans la mesure où son libellé ne fait plus référence à la visée préventive de la dénonciation à la différence de l'ancien article 62 alinéa 2 qui renvoyait aux circonstances entourant la non-dénonciation de crime : possibilité de prévenir ou de limiter les effets du crime, prévenir

4. Cass. crim. 17 nov. 1993, *Bull. crim.*, n° 347.

sa réitération. La non-dénonciation de mauvais traitements sur mineur de quinze ans n'exige plus, pour être sanctionnée, que la dénonciation ait été utile pour éviter la continuation des faits ou leur éventuel renouvellement ; même des faits qui ont cessé doivent être dénoncés : « peu importe, désormais, que l'information ne prévienne pas les mauvais traitements ou qu'elle n'en limite pas les effets, elle doit être faite » [5]. A l'évidence, le législateur prend en compte la souffrance consécutive à l'infraction, souffrance qui pourra s'étaler sur de longues années, de même que la gravité de tels actes qui implique une information des autorités compétentes. Et il importe de constater que le même texte vise non seulement les mineurs de quinze ans mais également les personnes vulnérables, c'est-à-dire toute personne qui n'est pas en mesure de se protéger notamment en raison de son âge : le mineur de plus de quinze ans pourra, au cas par cas, rentrer dans cette catégorie, l'adolescence pouvant dans certaines hypothèses favoriser la vulnérabilité. C'est au demeurant cette option qu'a privilégiée le législateur lorsqu'il a donné la possibilité à l'individu atteignant la majorité de porter à la connaissance de la justice les mauvais traitements dont il avait fait l'objet au cours de sa minorité, la barre de quinze ans n'étant pas mentionnée.

Un point aurait pu poser problème en matière de non-dénonciation de sévices dans la mesure où l'article 62 alinéa 2, repris par l'article 434-3, stipulait que devaient être averties les autorités administratives et judiciaires : qu'advient-il lorsque l'autorité administrative n'avertit pas l'autorité judiciaire ? Le délit de non-dénonciation de sévices sera constitué « dès lors que le prévenu, qui était chargé de l'exécution d'une mesure de placement décidée par le juge des enfants dans une procédure d'assistance éducative, avait l'obligation de dénoncer à l'autorité judiciaire qui lui avait confié la mineure les sévices et privations, subis par celle-ci, dont il était informé dans l'exécution de sa mission ». Telle fut la motivation d'un arrêt rendu par la Chambre criminelle le 24 janvier 1995 [6] qui rejeta le pouvoir formé par le responsable d'un ser-

---

5. C. Chomienne et C. Guery, Secret, révélation, abstention, ou les limites de la liberté de conscience du professionnel dans le nouveau Code Pénal, *Actualités législatives Dalloz*, Chron. p. 85.

6. Cass. crim. 24 janv. 1995, *Bull. crim.*, n° 32.

vice social alléguant qu'il avait la qualité d'autorité administrative. Si l'autorité administrative agit dans le cadre d'un mandat judiciaire, elle doit en référer à l'autorité judiciaire. Le rôle protecteur du juge apparaît nettement.

Si « quiconque » doit dénoncer les mauvais traitements, des difficultés pourront se poser lorsque les personnes au courant des faits sont astreintes au secret professionnel et le second alinéa de l'article 434-3 stipule : « Sauf lorsque la loi en dispose autrement, sont exceptées des dispositions qui précèdent les personnes astreintes au secret dans les conditions prévues à l'article 226-13 ». Si le nouveau Code pénal n'évoque plus certaines professions tenues spécialement au secret, préférant une référence plus opérationnelle, la fonction et la mission, il élargit par là-même la liste des professionnels astreints au secret ; quant au champ de la délivrance du secret, il est également étendu et le problème de la révélation du secret fait l'objet d'un article spécifique, l'article 226-14. On constate que les exemptions s'appliquent aux personnes qui dénoncent aux autorités judiciaires, médicales ou administratives les sévices ou privations infligés à un mineur de moins de quinze ans ou à une personne vulnérable. Par rapport à l'ancien article 378, on peut remarquer qu'outre les autorités médicales et administratives, le législateur mentionne les autorités judiciaires : la révélation pourrait être effectuée, comme l'indique la circulaire d'application du nouveau Code pénal du 14 mai 1993, au cours d'un procès lorsque la personne sera entendue comme témoin. Néanmoins, on peut regretter que le terme « sévices » n'ait pas été remplacé par l'expression « mauvais traitements » comme cela fut à plusieurs reprises réalisé.

Si l'on se souvient que l'article 226-14 du nouveau Code pénal rappelle que les dispositions relatives au secret professionnel ne sont pas applicables « dans le cas où la loi impose ou autorise la révélation du secret », on mesure combien les possibilités de révélation sont étendues. Quand la loi autorise la révélation du secret, le professionnel sera face à sa conscience ; en revanche quand la loi impose le signalement, la large marge de manoeuvre qui est consentie n'aura plus cours. Un exemple tout à fait significatif en matière d'abus sexuels peut être fourni pour l'article 80 du Code de la famille qui contraint les personnes participant aux missions du service de l'Aide sociale à l'enfance d'un département à transmettre des informations relatives à des mauvais traitements sur mineurs au président du Conseil général. L'autorisation de la loi fait ici place à l'ordre de la loi, fait justificatif incontestable. On constate ainsi que le domaine tracé par la loi du 10 juillet 1989, précisant notamment les rapports des professionnels et de l' A.S.E. en la matière, a été élargi par une extension des possibilités et des obligations de révélation. La mauvaise coordination que la doctrine avait dénoncée [7] entre les anciens articles 62 et 378 a été supprimée et aucun obstacle, en théorie, ne peut empêcher la dénonciation d'abus sexuels sur mineurs aux autorités compétentes, c'est-à-dire les « autorités judiciaires, médicales ou administratives ».

Quant aux médecins, ils sont invités en outre par l'article 44 alinéa 2 du Code de déontologie médicale [8], lorsqu'ils constatent des sévices sur des mineurs de quinze ans, à alerter les autorités judiciaires, médicales ou administratives, « sauf circonstances particulières qu'ils apprécient en conscience ». La clause de conscience s'applique ici mais ne les délie pas des articles du Code pénal concernant les professionnels, quels qu'ils soient.

On doit enfin remarquer que si l'abstention facilite une aggravation de la situation, le professionnel, qui a pourtant agi en conscience, pourra être poursuivi pour non assistance à personne en péril, aux termes de l'article 223-6 du nouveau Code pénal, des atteintes sexuelles pouvant, avec le temps, se muer en agressions sexuelles, les transmissions trop tardives d'informations pouvant se révéler fort préjudiciables. La dénonciation des faits revêtira ici manifestement un effet préventif.

Mais si les professionnels, et notamment les travailleurs sociaux, peuvent constater des faits, ils peuvent également recueillir des confidences d'enfants ou d'adolescents. Se pose, incidemment, le problème de la crédibilité ou de la véracité des faits en cause même si les cas d'enfants affabulateurs, peu courants au total, existent. Les magistrats devront alors, avec l'aide de psychologues ou de psychiatres, déceler

---

7. A. Prothais, note sous C.A. Agen 1er mars 1991, *Dalloz* 1992, Som. Comm., p. 71.

8. Décret n° 95-1000 du 6 sept. 1995 portant réforme du Code de déontologie médicale, Journal Officiel 8 sept. 1995.

les situations où les faits se révéleront faux et dès lors les accusations infondées, étant entendu que de telles hypothèses sont révélatrices de difficultés à ne pas négliger. Si des tendances à la mythomanie ne peuvent être décelées, les poursuites pourront s'exercer, comme l'a rappelé la Chambre criminelle dans un arrêt du 19 juin 1996 [9], « les charges résultent des déclarations précises de la victime, laquelle ne présente pas de tendance à la mythomanie ». Une fois les faits révélés, le rôle du juge s'avère essentiel en vue d'une véritable prise en compte de ces faits. Plusieurs points en sont l'illustration en matière d'abus sexuels commis par des proches du mineur.

La qualification des faits, oeuvre du juge, s'inscrit dans un cadre législatif élargi, particulièrement en matière de viol depuis la loi n° 80-1041 du 23 décembre 1980 relative à la répression du viol et de certains attentats à la pudeur, la formulation nouvelle faisant référence à « tout acte de pénétration sexuelle, de quelque nature qu'il soit » est reprise à l'article 222-23 du nouveau Code pénal. La Chambre criminelle a été conduite à préciser cette notion en différenciant du viol des actes relevant plutôt de la barbarie [10]. Ce qui importe, c'est la connotation sexuelle des actes : le mobile, la plupart du temps inopérant en droit pénal, pourra être pris en compte au moment de la qualification des faits [11]. Le champ ainsi défini permet de sanctionner des comportements pervers ayant pour objet, selon leurs auteurs, l'initiation sexuelle des enfants : un arrêt de la Chambre criminelle du 27 avril 1994 [12] est particulièrement significatif de la sévérité récente des juges suprêmes relativement à des actes commis par un ascendant naturel, la mère en l'occurrence. Et les jeunes victimes pourront être tout autant des garçons [13] que des filles.

---

9. Cass. crim. 19 juin 1996, *Juris Data* n° 003201.

10. Cass. crim. 9 déc. 1993, *Revue Dr. pénal*, août-sept. 1994, Chron. n° 26, J.L. Nivose.

11. Cass. crim. 6 déc. 1995, *Revue Dr. pénal*, mai 1996, Comm. n° 101, obs. M. Véron.

12. Cass. crim. 27 avril 1994, *Revue Dr. pénal*, sept. 1994, Comm. n° 180, obs. M. Véron.

13. Cass. crim. 3 juill. 1991, *Revue Dr. pénal*, déc. 1991, Comm. n° 314, obs. M. Véron.

Toutefois les circonstances permettant la qualification criminelle - violence, contrainte, menace ou surprise -, qui ont le mérite de la précision terminologique, se révèlent parfois difficiles à caractériser au vu des motivations retenues par les juges, ce qui étonne d'autant plus que la victime est un mineur, voire un jeune enfant. La démarche de qualification des faits témoigne d'une relative frilosité des juges dans la mesure où certaines décisions font état d'exigences très élevées : nombreuses sont les décisions qui révèlent combien les juges du fond retiennent peu les conditions de violence [14]. Or l'abus de droit dont peuvent faire preuve des parents ou des familiers de l'enfant ne participe-t-il pas d'une violence morale ou d'une contrainte morale qui devraient être retenues comme élément constitutif de l'infraction [15] ? La menace, hypothèse ajoutée par le nouveau Code pénal, pourrait être certainement souvent prise en compte s'agissant de mineurs victimes d'abus sexuels de la part de leurs proches. Quant à la surprise, elle ne peut être directement rattachée à l'âge de la victime comme l'a rappelé la Chambre criminelle dans un arrêt du 1er mars 1995 [16] alors que la décision soumise à l'appréciation des juges suprêmes faisait état de comportements émanant d'un adulte en qui les enfants avaient confiance et qui lui témoignaient de l'affection. La surprise serait incompatible avec la répétition des faits, appréciation tout à fait regrettable dans la mesure où l'on sait que de tels comportements ont tendance à s'installer dans la durée [17]. En revanche, la surprise ou la contrainte pourront être retenues lorsque l'adulte aura profité du manque de discernement de l'enfant pour abuser de son autorité [18].

La sévérité des juges apparaît ainsi relativisée dans de nombreux cas, alors qu'en ce qui concerne les majeurs - et la situation apparaît dès lors paradoxale - la tendance serait plutôt au durcissement, c'est-à-

---

14. S. Lorvellec, Le juge et l'inceste, *Revue Internationale de Criminologie et de police technique (R.I.C.P.T.)*, 1990-1, p. 76.

15. R. Nérac-Croisier, note sous C.A. Pau, 9 nov. 1994, *Cahiers de Jurisprudence d'Aquitaine*, 1995-2, p. 245.

16. E. Malbrancq-Decourcelle, note sous Cass. crim. 1er mars 1995, *Dalloz* 1996, Somm. comm., p. 241.

17. S. Lorvellec, *op. cit.*, p. 69.

18. Cass. crim. 11 juin 1992, *Bull. crim.*, n° 228.

dire à l'exacte qualification : la menace sera aisément caractérisée [19], un comportement équivoque ne saurait équivaloir à un consentement [20] et la passivité d'une victime de viol « peut s'expliquer par la surprise née d'un événement imprévisible » [21], situation qui, à l'évidence, peut s'appliquer à notre objet d'étude dans de nombreuses circonstances. Une juste qualification sera de plus nécessaire, voire indispensable, au regard de la prescription, celle-ci n'ayant qu'une durée de trois ans en matière de délit.

En revanche, il semble que la Haute juridiction ait assoupli les conditions de définition des « personnes ayant autorité sur la victime » dans la mesure où n'est plus exigée la condition d'habitation commune [22]. La preuve de cette autorité sera plus facilement rapportée que par le passé, en matière d'autorité de fait, les circonstances étant dûment prises en compte comme l'a souligné un arrêt de la Chambre criminelle du 24 septembre 1996 où, en l'espèce, les enfants appelaient l'individu mis en cause « papa » [23], alors qu'ils avaient été confiés à son épouse, assistante maternelle. Une véritable protection pénale du mineur victime d'abus sexuels implique une juste qualification des faits et une correcte caractérisation du statut des auteurs. A défaut d'une telle position de la part des juges chargés d'appliquer la loi, les textes seraient en partie vidés de leur substance, au préjudice des jeunes victimes qui semblent en outre insuffisamment considérées par la procédure pénale.

---

19. Cass. crim. 11 févr. 1992, *Revue Dr. Pénal*, juill.1992, Comm. n° 174, obs. M. Véron.

20. Cass. crim. 4 mai 1993, *Revue Dr. Pénal*, août-sept. 1993, Comm. n° 179, obs. M. Véron.

21. Cass. crim. 25 oct. 1994, *Revue Dr. Pénal*, mars 1995, Comm. n° 63, obs. M. Véron.

22. Cass. crim. 2 mai 1990, *Revue Dr. Pénal*, nov. 1990, Comm. n° 297, obs. M. Véron ; *Revue de Science criminelle et de Droit pénal comparé*, 1991.1, p. 82, note G. Levasseur.

23. Cass. crim. 24 sept. 1996, *Dalloz* 1997, Informations rapides, p. 2.

B - La perfectibilité de la représentation du mineur

L'accès au droit passe nécessairement par la présence de l'individu victime au cours de la procédure. Mais le mineur, incapable juridiquement, sera en théorie exclu de la procédure pénale qui le concernera au premier chef en tant que victime, à moins d'être représenté. Le législateur est intervenu en la matière, mais il semble que son action mériterait d'être poursuivie.

Si l'objectif principal de la loi du 10 juillet 1989 était de mettre en place un dispositif destiné à faciliter la connaissance des situations de mauvais traitements, cette loi comportait des dispositions d'ordre pénal tout à fait novatrices allant dans le sens d'un meilleur accès à la justice du mineur victime d'abus sexuels, plus particulièrement lorsque les auteurs des faits sont les titulaires de l'autorité parentale : il s'agissait d'améliorer la défense du mineur victime d'inceste, bien que ce terme soit inconnu du Code pénal. Le mineur, frappé d'une incapacité d'exercice, ne possède pas l'aptitude à faire valoir lui-même ses droits en justice : il ne peut donc exercer l'action civile, c'est-à-dire l'action en réparation du dommage causé par l'infraction ; cette action ne peut être intentée que par les titulaires de l'autorité parentale. Dans un tel contexte, la situation du mineur était parfois insoutenable : le mineur pouvait être victime de faits odieux de la part de l'un de ses parents, faits que l'autre parent souhaitait cacher, voire niait, refusant d'être le représentant de l'enfant dans la procédure qui pouvait être engagée. Dès lors, le mineur n'était pas partie au procès pénal, il était simple témoin [24], situation très peu protectrice de ses intérêts dans la mesure où elle lui interdisait tout accès à la procédure et donc toute possibilité d'être représenté par un avocat.

Un article 87-1 fut rajouté au Code de procédure pénale dans la section « De la constitution de partie civile et de ses effets » qui en théorie pallie les carences repérées : « Le juge d'instruction saisi de faits commis volontairement à l'encontre d'un enfant mineur par les titulaires de l'exercice de l'autorité parentale ou par l'un d'entre eux peut procéder à la désignation d'un administrateur *ad'hoc* pour exercer,

---

24. C. Neirinck, De Charybdc en Scylla : l'administrateur *ad'hoc* du mineur, *La Semaine Juridique*, 1991-I, n° 3496.

s'il y a lieu, au nom de l'enfant les droits reconnus à la partie civile. En cas de constitution de partie civile, le juge fait désigner un avocat d'office pour le mineur s'il n'en a pas déjà été choisi un. Les dispositions qui précèdent sont applicables à la juridiction de jugement ». Les débats parlementaires qui ont précédé le vote de ce texte montrent que ce sont les violences sexuelles qui étaient visées, bien que son libellé parle de simples « faits ». Quant à la procédure prévue, elle était calquée sur celle existant en matière civile et qui donne pouvoir au juge des tutelles, en vertu de l'article 389-3 du Code civil, de nommer un administrateur *ad'hoc* lorsqu'existe une opposition d'intérêts entre le mineur et les titulaires de l'autorité parentale dans le cadre de l'administration légale des biens du mineur.

Ainsi, dans les hypothèses où l'enfant ou l'adolescent n'est pas représenté par ses parents ou l'un d'eux au cours d'une procédure relative à des abus sexuels commis sur sa personne, un administrateur *ad'hoc* pourra être désigné dont la mission sera d'exercer au nom de l'enfant victime les droits reconnus à la partie civile, disposition qui a connu un regain d'intérêt avec les lois n° 93-2 du 4 janvier 1993 et n° 93-1013 du 24 août 1993 portant réforme de la procédure pénale par un élargissement considérable du droit des parties privées à participer à l'instruction, comme en témoigne notamment l'article 82-1 du Code de procédure pénale. Lors de l'instruction, phase de préparation du procès pénal permettant la mise en état de l'affaire afin qu'elle soit jugée, la constitution de partie civile par le biais de l'administrateur *ad'hoc* pourra présenter un caractère opérationnel dans la perspective d'une protection des intérêts du mineur victime. Et si le juge d'instruction n'en a pas nommé, la juridiction de jugement pourra remédier à cette situation, bien que parfois la représentation s'avèrera tardive.

L'article 87-1 du Code de procédure pénale semblait, à première vue, un texte satisfaisant qui comblait une lacune difficilement acceptable dans une logique de protection de l'enfant victime au sein de sa famille, d'autant plus que l'âge de quinze ans n'est pas ici mentionné : l'article 87-1 s'applique à tous les mineurs. De plus, la constitution de partie civile entraîne la présence de l'avocat, garantie d'une défense effective du mineur. Mais très vite les limites de ce texte sont apparues, limites tenant d'une part à sa mise en oeuvre - et l'on rejoint le problème de l'effectivité du droit -, d'autre part au caractère trop restreint de son champ d'application.

Tout d'abord, la marge de manoeuvre accordée au juge est étendue à la lecture du libellé de l'article 87-1 du Code de procédure pénale : le juge, et notamment le juge d'instruction, « peut procéder » à la désignation d'un administrateur *ad'hoc* et il est totalement libre pour apprécier l'opportunité d'une constitution de partie civile, « s'il y a lieu ». Dès lors, l'inertie éventuelle du juge ne peut être contrecarrée : « l'administrateur *ad'hoc* ne relève que du bon vouloir du juge » [25]. La disposition qui, à l'origine, est un droit pour l'enfant, est en réalité un pouvoir discrétionnaire pour le juge [26]. Une telle liberté d'action peut aboutir à priver un enfant mineur victime d'inceste d'accès à la justice : si la constitution de partie civile n'a pas été effectuée par le titulaire de l'autorité parentale ou par un administrateur *ad'hoc* en application de l'article 87-1 du Code de procédure pénale, cette jeune victime sera totalement absente du procès pénal, situation tout à fait intolérable et pouvant conduire à des aberrations que la doctrine a soulignées : « violée trop jeune pour être recevable » [27]. Et face à une telle situation de carence, le ministère public, dont on pourrait penser que la mission serait susceptible ici de s'exercer, ne peut intervenir : si la constitution de partie civile peut être contestée aux termes de l'article 87 du Code de procédure pénale, il n'en est pas de même de l'absence de constitution ; le ministère public peut solliciter du juge d'instruction des actes d'investigation afin de parvenir à la manifestation de la vérité, mais pas une constitution de partie civile. Quant au juge d'instruction, il n'a pas à rendre une ordonnance motivée à l'appui de sa décision de non désignation d'un administrateur *ad'hoc* dans la mesure où il exerce un pouvoir d'appréciation en opportunité et si tant est qu'il en rende une, elle serait insusceptible d'appel [28].

---

25. C. Neirinck, *op. cit.*, p. 103.

26. A. Prothais, note sous C.A. Douai 18 déc. 1991 et Cass. crim. 16 juin 1992 (*Bull. crim.* n° 236) ; *Dalloz* 1993, J.P., p. 75.

27. A. Prothais, *op. cit.*, p. 75.

28. C. Neirinck, note sous Tribunal de Grande Instance, Saintes, 16 oct. 1990 et C.A. Poitiers, 18 déc. 1990, *J.C.P.* 1992-II- n° 21826.

Le refus de désignation d'un administrateur *ad'hoc* en cours d'instruction entraînera par ricochet l'absence d'avocat aux côtés de l'enfant : non représenté, non défendu. Et si la juridiction de jugement peut procéder à la désignation que le juge d'instruction a refusée, elle agit également en toute liberté, jouissant de la même marge de manoeuvre : non représenté lors de l'audience de jugement, le mineur victime ne sera pas défendu. Ne serait-il pas concevable que tout mineur victime soit assisté d'un avocat ? Alors que - et l'on ne peut que se féliciter de cette disposition introduite par la loi du 4 janvier 1993 à l'article 4-1 de l'Ordonnance du 2 février 1945 relative à l'enfance délinquante - « le mineur poursuivi doit être assisté d'un avocat ». A l'évidence, notre droit présente à cet égard une carence tout à fait regrettable.

La survenance de la situation de blocage suite à une absence de mise en oeuvre de l'article 87-1 du Code de procédure pénale, fort préjudiciable pour l'enfant victime, ne peut être corrigée par un éventuel retour au droit commun, ce qui apparaît fort injuste car contraire à l'équité. En effet, l'article 87-1 du Code de procédure pénale est appelé à régir une situation spécifique et ce texte spécial abroge ainsi la règle générale déduite de l'article 389-3 du Code civil en ce qui concerne le domaine particulier des abus sexuels commis sur le mineur par les titulaires de l'autorité parentale : il s'agit de l'application de la fameuse règle *specilia generalibus derogant*, les règles spéciales dérogent aux règles générales. Lorsqu'une règle exceptionnelle est prévue pour régir une situation donnée, il ne peut être tranché par le recours à la règle générale, ce qui est à l'origine logique, la règle spécifique ayant vocation à être plus opérationnelle et donc ici plus protectrice. Mais un effet pervers peut réduire la protection souhaitée du justiciable, en l'espèce le mineur, à néant.

Une deuxième situation de blocage pouvait se manifester, situation qui était loin d'être exceptionnelle : que se passait-il lorsque les faits étaient commis non pas par le titulaire de l'autorité parentale mais par son compagnon ? Comment permettre, par exemple, qu'une mineure violée par le concubin de sa mère puisse se constituer partie civile lorsque la mère n'intervenait pas, soucieuse de ne pas mettre en cause son compagnon. Cette situation avait été souvent dénoncée et il semble que la loi n° 93-22 du 8 janvier 1993 relative à l'état-civil, à la famille et aux droits de l'enfant ait porté une solution à ce douloureux problème. Par cette loi, le législateur, entre autres apports notamment l'institution du juge aux affaires familiales et l'extension de l'audition de l'enfant, a mis en place un système de représentation *ad'hoc* du mineur plus large que ce qui existait jusqu'alors. La représentation des intérêts du mineur fait désormais l'objet en droit interne d'un texte spécifique, l'article 388-2 du Code civil : « Lorsque, dans une procédure, les intérêts du mineur apparaissent en opposition avec ceux de ses représentants légaux, le juge des tutelles dans les conditions prévues à l'article 389-3 ou, à défaut, le juge saisi de l'instance lui désigne un administrateur *ad'hoc* chargé de le représenter ».

L'analyse de cet article met à jour deux éléments intéressants au regard de la présente réflexion, qui se réfèrent aux modalités de sa mise en oeuvre et à son cadre juridictionnel. Le renvoi à l'article 389-3, applicable tant lorsque le juge saisi de l'instance que le juge des tutelles souhaitent une représentation du mineur dans la procédure, précise l'identité de l'initiateur du processus : cette désignation peut être effectuée « à la demande du ministère public, du mineur lui-même ou d'office ». Dès lors, l'inertie éventuelle du juge saisi de l'instance qui ne désignerait pas d'office un administrateur *ad'hoc* au mineur peut être contrée dans la mesure où la possibilité de demander la désignation d'un administrateur *ad'hoc* est offerte au ministère public et au mineur lui-même. Le nouveau texte rappelle incidemment l'un des rôles dévolus au ministère public, défendre les intérêts du mineur pour lequel il exerce une mission générale de protection et innove en permettant au mineur de « participer personnellement à la protection de ses intérêts par la faculté de solliciter la nomination d'un administrateur *ad'hoc* » [29]. La participation d'un mineur victime, à sa propre demande, à une procédure relative aux faits qu'il a subis semble aujourd'hui possible.

Le constat précédent trouve un second fondement dans le cadre juridictionnel envisagé par le législateur du 8 janvier 1993 qui vise une procédure, quelle qu'elle soit, et le juge saisi de l'instance, quel qu'il soit : c'est non seulement le domaine civil qui est concerné, mais également le domaine administratif et le domaine pénal. Et en matière pé-

29. A. Gouttenoire, L'administrateur *ad'hoc* dans le cadre de la loi n° 93-22 du 8 janv. 1993, *Les petites affiches*, 3 mai 1995, n° 53.

nale, il pourra s'agir d'une procédure engagée devant une juridiction d'instruction ou devant une juridiction de jugement, le « juge saisi de l'instance » pouvant dès lors être tout autant le juge d'instruction que le juge de jugement. Quant au caractère facultatif nettement marqué de la désignation de l'administrateur *ad'hoc*, il disparaît dans la mesure où l'article 388-2 stipule que « le juge saisi de l'instance lui désigne un administrateur *ad'hoc* ». La lettre de la loi semble claire, même si les termes de la circulaire d'application du 3 mars 1993 [30] indiquent que ces dispositions « généralisent la *possibilité*, en cas de conflit d'intérêt avec ses représentants légaux, de lui désigner un administrateur *ad' hoc* ». A notre sens, le juge est beaucoup plus lié par la formulation de l'article 388-2 du Code civil qu'il ne l'était par celle de l'article 87-1 du Code de procédure pénale. En revanche, la condition préalable à la désignation de l'administrateur *ad'hoc* est la constatation par le juge d'une opposition d'intérêt entre le mineur et ses représentants légaux, constatation que n'avait pas bien entendu à effectuer le juge saisi d'une procédure relative à des abus sexuels commis sur un mineur par les titulaires de l'autorité parentale, l'opposition d'intérêt étant ici manifeste.

Il semble ainsi que les dispositions de l'article 388-2 permettent de prendre en compte des situations douloureuses par une représentation effective du mineur victime [31], d'autant plus que si des doutes subsistaient quant au champ d'application de l'article 388-2 du Code civil, ils ont été levés par un arrêt de la Chambre criminelle du 28 février 1996 [32] qui reconnut la possibilité pour une Cour d'assises de nommer un administrateur *ad'hoc* à un mineur lors du procès relatif à l'assassinat de sa soeur, leurs parents étant poursuivis comme complices. L'ouverture est intéressante mais fait, une nouvelle fois, ressortir les insuffisances de la protection du mineur lorsqu'il est victime de ses propres parents : si les faits rentrent dans le cadre de l'article 87-1 du Code de

30. Circulaire du 3 mars 1993 relative à l'état civil, à la famille et aux droits de l'enfant, *J.O.* du 24 mars 1993 ; *J.C.P.* 1993 III, n° 66 093.

31. J. Rubellin-Devichi, Une importante réforme en droit de la famille : la loi n° 93-22 du 8 janv. 1993, *J.C.P.* 1993 I, n° 3659.

32. Cass. Crim. 28 fév. 1996, *Bull. crim.*, n° 98 ; G. Raymond, *J.C.P.* 1996 II, n° 22707.

procédure pénale, abus sexuels commis par l'un des titulaires de l'autorité parentale, il n'est pas possible de recourir à l'article 388-2 du Code civil en vertu du principe *specilia generalibus derogant*. C'est au demeurant ce que rappelle la circulaire d'application du 3 mars 1993 en indiquant que « les dispositions de l'article 87-1 du Code du procédure pénale demeurent inchangées ».

Le récent projet de loi renforçant la prévention et la répression des atteintes sexuelles sur les mineurs présenté au Gouvernement le 29 janvier 1997 prévoit d'étendre le champ de l'article 87-1 aux hypothèses où les faits auront été commis par le concubin ou le nouveau conjoint d'un des parents. Cette disposition serait une bonne chose si l'on veut bien admettre qu'un problème d'une telle gravité doit relever du droit pénal et non du droit civil ; ceci étant, les imperfections du texte préalablement repérées seront toujours présentes. Il importerait, en conséquence, que le texte nouveau de l'article s'apparente dans son contenu à celui de l'article 388-2 du Code civil. A défaut, pourront se produire des situations tout à fait paradoxales où un mineur en danger potentiel sera davantage protégé par le droit qu'un mineur en danger effectif puisque l'enfant en danger a la possibilité, aux termes de l'article 375 du Code civil, de saisir lui-même le juge des enfants. A titre exceptionnel, le droit reconnaît au mineur la capacité d'agir en justice dans le cadre de l'assistance éducative « si sa santé, sa sécurité ou sa moralité sont en danger ou si les conditions de son éducation sont gravement compromises ». Le fondement de cette disposition est clair : une procédure d'assistance éducative a pour objet de pallier de graves carences parentales et la représentation du mineur par les parents est dans cette hypothèse exclue [33]. Le législateur a considéré que le mineur était tout à fait à même de signaler aux autorités judiciaires le danger qu'il encourrait et donne la possibilité au juge des enfants d'ordonner une mesure d'assistance éducative à la requête du mineur lui-même, sans qu'aucune condition d'âge ne soit posée. Ainsi, en matière d'assistance éducative, le mineur a une capacité processuelle et devient une partie à la procédure à qui l'on reconnaît ensuite le droit de choisir un

---

33. L'article 410 du Code civil reconnaît également une capacité processuelle au mineur âgé de plus de seize ans pour provoquer la convocation du conseil de famille dans le cadre de la tutelle.

avocat, certes après information de ce droit par le juge, aux termes de l'article 1186 du nouveau Code de procédure civile, ou d'interjeter appel, aux termes de l'article 1191 du même code. La seule condition posée par la jurisprudence aux juges du fond est de « vérifier que le mineur possède un discernement suffisant pour exercer ces prérogatives » comme l'a rappelé un arrêt de la première Chambre civile de la Cour de cassation le 21 novembre 1995 [34]. Lorsqu'une action judiciaire présente un « caractère personnel particulièrement marqué » [35] le droit civil reconnaît une capacité exceptionnelle au mineur, une prémajorité étant en quelque sorte prise en compte.

Si la capacité processuelle est reconnue au mineur dans les hypothèses de danger ou de procédures éminemment personnelles, ne pourrait-on, *a fortiori*, l'accorder au mineur victime d'abus sexuels capable de discernement, étant entendu que des faits aussi graves mûrissent précocement l'enfant ? Est-il impensable que le droit de saisir personnellement la justice soit reconnu au mineur [36], les faits en cause correspondant bien au préjudice direct et personnel évoqué à l'article 2 du Code de procédure pénale relatif à l'exercice de l'action civile ? Dès lors, il s'agirait pour le moins de permettre au mineur d'agir lui-même par voie d'intervention lorsqu'une procédure est en cours, ce que ne lui permet pas l'article 87-1 du Code de procédure pénale. Mais ne faudrait-il pas être plus audacieux et lui permettre d'agir par voie d'action dans les hypothèses où l'action publique n'est pas encore mise en mouvement [37] ? N'y a-t-il pas effectivement en matière pénale de « tristes spécificités qui justifient des réformes plus hardies sur la représentation de l'enfant » [38] ? Quant au risque de voir des enfants affabulateurs mettre facilement en cause leurs parents ou des proches, il semble limité aux dires des psychologues et des psychiatres. Et il est possible d'ima-

---

34. A. Gouttenoire, *Dalloz* 1996 II, p. 420, note sous Cass. 1ère Civ. 21 nov. 1995.

35. A. Gouttenoire, *op. cit.* p. 422.

36. F. Alt-Maes, Le discernement et la parole de l'enfant en justice, *J.C.P.* 1996 I, n° 3913.

37. F. Dekeuwer-Defossez, *Les droits de l'enfant*, P.U.F., coll. Que sais-je ?, n° 852, 2° éd. 1993, p. 109.

38. J. Hauser, *Revue trimestrielle de Droit civil*, 1993-2, p. 342.

giner l'intervention d'un juge afin de vérifier que l'affaire n'est pas dénuée de tout fondement dans le cadre d'un examen de la recevabilité de l'action. La crainte mentionnée ne peut servir d'argument en faveur d'un *statu quo* dont les effets pervers ont été dénoncés.

En ce qui concerne le problème du huis-clos lors de l'audience de jugement, l'article 306 alinéa 3 indique qu'il est de droit, en matière d'agressions sexuelles, lorsque la victime partie civile le demande. Ainsi le représentant légal d'un mineur ou d'une mineure victime d'un viol, constitué partie civile au nom de celle-ci, a qualité pour demander l'application de l'article 306 alinéa 3. Le représentant d'un mineur est investi du droit d'exercer la prérogative prévue à cet article, qu'il s'agisse de la mère de la victime comme l'énonce un arrêt rendu par la Chambre criminelle le 22 mars 1989 ou du directeur départemental de l'Éducation Surveillée - aujourd'hui Protection Judiciaire de la jeunesse - agissant en qualité de tuteur *ad'hoc* d'une mineure aux termes d'un arrêt du 30 octobre 1989. Le souci de préserver le mineur trouve là un point d'application supplémentaire, la solution relative au représentant légal étant étendue à l'administrateur *ad'hoc*.

Une réflexion sur le thème de l'accès au droit du mineur ne peut passer sous silence les aspects de droit supranational. On sait combien le législateur du 8 janvier 1993 a été influencé par la Convention internationale des droits de l'enfant en matière d'audition du mineur : l'article 12 de ce texte imprègne largement l'article 388-1 du Code civil ; la situation du mineur dans certaines procédures l'intéressant, notamment lors du divorce de ses parents, méritait fortement d'être révisée [39]. Reconnaître des droits est important et la Convention internationale des droits de l'enfant est à cet égard capitale, mais permettre l'exercice de ces droits est indispensable et il importe d'en faciliter les modalités : l'effectivité du droit est à ce prix. Peut-être la Convention européenne sur l'exercice des droits des enfants préparée par le Conseil de l'Europe et dont le texte a été publié le 10 novembre 1994 [40], signée - sans

---

39. J. Castaignède, L'avis de l'enfant mineur dans le divorce de ses parents, *Dalloz* 1992, Chron. XXIV, p. 121.

40. L. Pettiti, Le projet de Convention européenne sur l'exercice des droits des enfants, *Les petites affiches*, 3 mai 1995, n° 53, p. 31 ; Y. Benhamou, Aperçu criti-

grande publicité - par la France le 4 juin 1996, servira-t-elle d'aiguillon au législateur français ? A l'évidence, cette convention touche le coeur du problème, s'inscrivant davantage dans la forme que dans le fond. L'article 4 traite plus particulièrement du problème de la représentation de l'enfant lorsqu'un conflit d'intérêt oppose les parents et l'enfant : la nomination d'un représentant spécial peut être demandée par l'enfant ou par un intermédiaire. Il est certain qu'une telle disposition peut trouver application dans le cadre du traitement judiciaire d'abus sexuels commis par les titulaires de l'autorité parentale. Quant à l'article 5 d, on ne peut que le trouver, en l'état actuel du droit, révolutionnaire : dans les procédures intéressant les enfants, l'opportunité de reconnaître à l'enfant « le droit d'exercer tout ou partie des prérogatives d'une partie à de telles procédures » doit être examinée. Mais l'on peut néanmoins regretter que l'assistance d'un avocat ne soit pas impérative : droit d'être entendu, droit d'être représenté, droit d'être défendu. Si la loi du 8 janvier a reconnu le premier par l'article 388-1 du Code civil et admis le deuxième à l'article 388-2, droit qu'il importe de parfaire, il est impératif de prévoir le troisième : la présence d'un avocat auprès de l'enfant victime devrait être obligatoire. La défense de l'enfant victime est un thème qui mérite d'être développé, un véritable accès au droit contemporain des faits passe par cette exigence.

Il apparaît ainsi que, malgré des avancées notables, le chemin qui conduit à la prise en compte des intérêts du mineur victime peut être poursuivi. Car faut-il attendre la majorité du mineur pour lui permettre de participer activement à la procédure ou pour lui donner la possibilité de susciter des poursuites ? Cette éventualité présente des difficultés, même si la suspension de la prescription préserve les intérêts du mineur qui bénéficie ainsi d'un accès au droit postérieur aux faits.

II - L'effectivité de l'accès au droit postérieur aux faits

Si la logique générale de la loi du 10 juillet 1989 était de briser la loi du silence en matière de maltraitance et particulièrement en ce qui concerne les abus sexuels perpétrés dans le cadre familial, la disposition la

---

que du projet de Convention européenne sur l'exercice des droits des enfants, *Gazette du Palais*, 7-8 juill. 1995, Doctrine, p. 5.

plus novatrice de ce texte fut certainement le report, à la majorité de la victime, du début du délai de la prescription des faits de nature criminelle. Le silence de l'enfant victime, qu'il soit motivé par l'incapacité à mesurer leur gravité ou par la peur que la révélation de tels faits, dont il peut avoir honte, ne détruise la cellule familiale, n'anihile en aucun cas les faits. Ne pas en parler ne les fait pas disparaître, c'est même l'option inverse qui est avancée : seule la parole, même tardive, pourrait permettre à l'enfant devenu adulte de dépasser son traumatisme. C'est dès lors l'individu en devenir qui est pris en compte par le législateur du 10 juillet 1989. Mais, à l'évidence, une disposition aussi révolutionnaire, tant au plan du droit que des mentalités, présente des difficultés certaines de concrétisation. On constate ainsi aujourd'hui que face à un cadre législatif ouvert (A) dans la mesure où le législateur est de nouveau intervenu, la mise en oeuvre de cette disposition s'avère délicate (B), attestant, une nouvelle fois, le caractère complexe de l'effectivité du droit dans le cadre des abus sexuels commis sur des mineurs.

A - Un cadre législatif ouvert

A la lecture de l'actuel article 7 alinéa 3 du Code de procédure pénale, la situation de la jeune victime d'abus sexuels semble ne pas poser problème tant sa rédaction est limpide. Mais la mobilisation de la règle de droit par les acteurs n'est pas toujours chose aisée, surtout lorsque la règle touche l'action publique, c'est-à-dire l'action pour l'application des peines. Il importe dès lors de saisir quelle était la volonté du législateur, ce qui, en l'occurrence, conduit à retracer la genèse de ce texte.

Les modifications du régime de la prescription apportées par la loi du 10 juillet 1989 avaient une finalité précise : permettre à un individu, lorsqu'il a été victime de mauvais traitements d'une particulière gravité de la part de son entourage au cours de son enfance ou de son adolescence, de saisir la justice pendant une période de dix ans une fois parvenu à l'âge de la majorité, si ces faits étaient de nature criminelle ; sans être nommé, l'inceste était visé. En effet, en matière de crime, le délai de prescription, c'est-à-dire le temps qui doit être écoulé pour que l'infraction ne puisse plus être portée à la connaissance de la justice, est de dix ans. La philosophie de ce texte semblait claire : ne pas opposer la prescription, avec pour conséquence l'irrecevabilité de la demande, à une personne qui était dans l'impossibilité d'agir au moment où les faits se sont déroulés et permettre ainsi à la victime qui n'a pas oublié des faits particulièrement odieux et traumatisants d'évacuer sa souffrance.

La lecture des débats parlementaires [41] qui ont précédé le vote de cette loi est particulièrement significative de la volonté de ses rapporteurs. L'accent fut mis sur la fragilité de la victime dans un contexte familial perturbé. Parvenir à verbaliser une telle souffrance prend parfois beaucoup de temps, « le temps de maturation nécessaire à la parole est très long. Or la parole est nécessaire à l'enfant et à l'adulte futur pour pouvoir survivre et surmonter son traumatisme » [42]. Le parti pris est résolument celui de la victime, l'accent est mis sur l'aspect thérapeutique de la possibilité de saisir la justice. L'idée majeure n'est pas de réprimer davantage les coupables mais de protéger les victimes : réparer surtout, sanctionner éventuellement. Et si un consensus se dégagea sur les justifications de ce texte, ce sont ses implications qui furent source de débat et de polémique : le remède ne sera-t-il pas pire que le mal objectèrent certains, quels éléments de preuve pourra-t-on réunir de longues années après les faits ?

Au-delà de l'aspect humanitaire d'un tel texte pointé par certains députés, ce sont les aspects juridiques qui entraînèrent des dissensions lorsque l'un d'entre eux rappela vivement : « le droit, c'est nous qui le faisons ». Remarque certainement juste : le législateur fait la loi, le juge applique la loi. Ce dernier point montrera combien la volonté du législateur, bien que nette et clairement exprimée, est source de compromis possibles au détriment, en l'espèce, de la victime. La loi du 10 juillet 1989 rajouta à l'article 7 du Code de procédure pénale - article qui traite de la prescription en matière pénale - un alinéa 3 ainsi rédigé : « Lorsque la victime est mineure et que le crime a été commis par un ascendant légitime, naturel ou adoptif ou par une personne ayant autorité sur elle, le délai de prescription est réouvert ou court à nouveau à son profit, pour la même durée à partir de sa majorité ». La mise en

41. *J.O. Assemblée nationale*, Séance du 3 juill. 1989, p. 2893.

42. J.O., *op. cit.*, p. 2893, Intervention de Madame Frédérique Bredin.

oeuvre de ce texte montra que les objections soulevées, au plan juridique, par certains parlementaires n'étaient pas dénuées de fondement. Par un arrêt de la Chambre criminelle du 3 novembre 1994 [43] qui fit grand bruit, la Cour de cassation précisa son champ d'application : « une loi modifiant un délai de prescription ne peut avoir d'effet rétroactif et ne peut donc s'appliquer aux faits dont la prescription était acquise lors de son entrée en vigueur ». Dès lors, en application des principes de droit pénal, si les faits sont couverts par la prescription - en d'autres termes si le délai de dix ans est écoulé - le délai de prescription ne peut être réouvert au profit de la victime à compter de sa majorité ; en l'espèce, les faits remontaient à plus de dix ans avant l'entrée en vigueur de la loi du 10 juillet 1989 et « la prescription était définitivement acquise ». Les limites de l'article 7 alinéa 3 se trouvent ici mises en lumière. « Oubli forcé pour les victimes de l'inceste » titrait le journal Le Monde le 22 novembre 1994.

Suite à la décision de la Chambre criminelle du 3 novembre 1994, un projet de loi modifiant le texte en vigueur fut déposé et débattu dans le cadre du vote de la loi n° 95116 du 4 février 1995 portant diverses dispositions d'ordre social, l'amendement n° 307 proposant que la loi s'applique « aux faits d'inceste commis avant 1979 dès lors que le recours a lieu dans les dix ans suivant l'accession à la majorité ». Un débat [44] d'une brièveté qui témoigne de l'intérêt pour le moins mesuré que les parlementaires portent au mineur victime fut engagé sur le thème de la non-rétroactivité de la loi pénale. Le texte fut néanmoins adopté dans la plus grande rapidité après que son libellé eût été modifié par la commission mixte paritaire, dans les termes suivants : « Lorsque la victime est mineure et que le délit a été commis par un ascendant légitime, naturel ou adoptif ou par une personne ayant autorité sur elle, le délai de prescription ne commence à courir qu'à partir de sa majorité ».

Le changement de terminologie est notable : la formule « le délai de prescription est réouvert ou court à nouveau » est en effet remplacée par une expression à notre sens plus claire, « le délai de prescription ne commence à courir » qu'à partir de la majorité de la victime. La majori-

---

43. Cass. crim. 3 nov. 1994, *Bull. crim.*, n° 349.

44. *J.O. Assemblée nationale*, Séance du 11 déc. 1994, p. 8850 ; *J.O. Sénat*, Séance du 21 déc. 1994, p. 7947.

té n'est plus une cause d'interruption de la prescription ou l'origine d'une nouvelle période, elle devient le point de départ de ce délai. La règle semblait désormais plus claire, la « renaissance d'un nouveau délai » pouvant poser problème comme la doctrine l'avait parfois indiqué, optant plutôt pour la suspension du cours de la prescription pendant la minorité de l'individu [45]. Le nouveau texte paraissait avoir gommé les difficultés précédentes et permettre « la réouverture des délais des prescriptions déjà acquises lors de l'entrée en vigueur de la loi du 10 juillet 1989 » [46].

La loi du 4 février 1995 donnait d'autant plus satisfaction qu'elle prévoyait en matière de délit des dispositions similaires par le rajout d'un alinéa 2 à l'article 8 du Code de procédure pénale : « Lorsque la victime est mineure et que le délit a été commis par un ascendant légitime, naturel ou adoptif ou par une personne ayant autorité sur elle, le délai de prescription ne commence à courir qu'à partir de sa majorité ». En matière d'atteintes sexuelles sans violence, un nouveau délai d'une durée de trois ans était ainsi ouvert. Dans un arrêt rendu le 8 février 1994 [47], la Chambre criminelle avait du reste admis cette possibilité, bien qu'en l'espèce elle eût constaté un épuisement du délai : « les dispositions de la loi du 10 juillet 1989 qui ont modifié l'article 7 du Code de procédure pénale, auquel se réfère l'article 8 dudit Code, et qui prévoient que, lorsque la victime est mineure, le délai de prescription est ouvert ou court à nouveau à son profit à compter de sa majorité, sont sans effet en l'espèce, dès lors que plus de trois ans s'étaient écoulés depuis la majorité de la victime avant l'entrée en vigueur de cette loi ». On constate que les juges de la Haute juridiction font montre d'une ouverture allant dans le sens de la philosophie de la loi du 10 juillet 1989, mais qu'ils prennent en compte l'acquisition de la prescription, démarche adoptée de nouveau dans l'arrêt précité du 3 novembre 1994.

La même position en ce qui concerne la prescription des délits fut adoptée dans un arrêt du 30 novembre 1994 [48] qui apporta en outre des

45. M.L. Rassat, *Procédure pénale*, P.U.F., 1995, n° 296.

46. M. Véron, *Revue Dr. pénal*, juin 1993, n° 143.

47. Cass. crim. 8 févr. 1994, *Bull. crim.*, n° 57 ; *Revue Dr. Pénal*, juill. 1994, n° 156, obs. M. Véron.

48. Cass. crim. 30 nov. 1994, *Bull. crim.*, n° 389.

précisions tout à fait intéressantes quant aux conditions de mise en oeuvre des articles 7 alinéa 3 et 8 du Code de procédure pénale : la mise en mouvement de l'action publique n'exige pas le dépôt préalable d'une plainte avec constitution de partie civile. La Haute juridiction précise à l'appui de son argumentation que les textes visés « ont pour objet de permettre la poursuite de faits commis sur des mineurs par un ascendant ou par une personne ayant autorité et il suffit que la victime les ait révélés aux autorités compétentes pour y donner suite ». Un formalisme excessif ne peut être accepté, sous peine de vider le texte de loi d'une partie de sa substance. Cette position est au demeurant renforcée dans la mesure où les juges suprêmes précisent que la réouverture de la prescription à la majorité n'implique pas la nécessité d'attendre cette échéance pour agir. C'est donc la souplesse qui est privilégiée aux termes de cet arrêt afin de permettre au texte de loi de s'exprimer pleinement et de protéger au mieux la victime ; cette logique fut adoptée au plan législatif dans les semaines qui suivirent.

Mais si les dispositions nouvelles et les modifications apportées par la loi du 4 février 1995 concrétisaient de manière nette l'esprit de la loi du 10 juillet 1989, les conditions de son vote et de sa promulgation tendent à faire penser que le mineur victime présente, finalement, pour le législateur un intérêt limité. N'est-il pas surprenant qu'un texte aussi important ait suscité aussi peu de débats ? Est-il cohérent que quelques mois seulement après une réponse négative de la part du Garde des Sceaux à une question écrite posée par un sénateur [49] quant à l'extension des dispositions prévues en matière de crime aux délits, un projet de loi incluant ce point soit déposé par le Gouvernement ? Est-il enfin logique qu'un texte modifiant deux articles du Code de procédure pénale ne porte pas la signature du Garde des Sceaux alors qu'il a été signé par dix-sept ministres ! Il est vrai qu'il était inclus dans une « loi portant diverses dispositions d'ordre social », relégué à l'avant-dernière place dans un titre III « dispositions diverses » et noyé dans une multitude de modifications traitant, entre autres thèmes, du Code général des impôts, du statut des militaires, du règlement amiable des difficultés des entreprises ou de l'ordre des experts-comptables. Ce texte au-

49. *J.O. Sénat* 17 mars 1994, Question écrite n° 4267 ; *Revue Dr. pénal*, juill. 1994, Chron. n° 49.

rait été certainement davantage à sa place dans la loi n° 95-125 du 8 février 1995, votée quatre jours plus tard, « relative à l'organisation des juridictions et à la procédure civile, pénale et administrative » [50], loi qui a notamment considérablement allongé le délai de prescription en matière d'infractions terroristes (art. 706-25-1 C.P.P.) et de trafic de stupéfiants (art. 706-31 du même code) : vingt ans pour les délits, trente ans pour les crimes. Et la même loi, par une extension du domaine de compétence du juge unique (art. 398-1 du C.P.P), a en quelque sorte opéré une distinction entre « petits délits » et « grands délits » [51], excluant de l'unicité de magistrat les atteintes sexuelles, résolument considérées comme des infractions graves.

Malgré les carences de conception du texte relevées, son contenu donnait en théorie pleine satisfaction. Sa traduction dans la pratique judiciaire allait très rapidement montrer combien sa mise en oeuvre pouvait poser problème.

B - Une mise en oeuvre délicate

Dans un arrêt rendu le 28 février 1995 [52], soit trois semaines après la promulgation de la loi du 4 février 1995 portant réforme de l'article 7 alinéa 3 du Code de procédure pénale, la Chambre criminelle de la Cour de cassation rejeta un pourvoi effectué pour des faits similaires à ceux ayant donné lieu à l'arrêt du 3 novembre 1994. Elle rappelle dans un attendu lapidaire que « les lois nouvelles sont sans effet sur les prescriptions déjà acquises lors de leur entrée en vigueur » et statue *ultra petita* en précisant que « tel est le cas, non seulement de la loi précitée - la loi du 10 juillet 1989 - mais encore de celle du 4 février 1995 ». Ainsi, quelques jours seulement après la promulgation d'un texte qui semblait une ouverture en ce qui concerne la prise en compte des victimes d'infractions sexuelles, la Haute juridiction trace les limites du champ d'application de la loi. En statuant au-delà de la demande qui lui

50. *J.O.* 9 févr. 1995. p. 2175.

51. F. Le Gunehec, Commentaire des dispositions pénales de la loi du 8 février 1995, *J.C.P.*, 1995-I, n° 3864 (n° 18).

52. J. Castaignède, note sous Cass. crim. 28 févr. 1995, *Dalloz* 1996, J.P., p. 238.

était faite, elle affirme un principe fondamental de notre droit : une loi nouvelle ne peut remettre en cause une prescription déjà acquise.

Les espoirs suscités par la loi du 4 février 1995 [53] sont balayés par un respect des règles procédurales dont il est difficile de faire grief aux juges suprêmes, leur mission étant de veiller à une correcte application du droit. La prescription s'apprécie au dernier jour du délai considéré, *dies ad quem,* ce qui semble réaliste si l'on se souvient de la finalité de la prescription : au bout d'un certain temps, les conséquences de l'infraction se sont estompées et il serait inopportun de lancer l'action pour l'application des peines. Dès lors, les lois relatives à la prescription, étant des lois de forme, reçoivent une application immédiate à condition que la situation ne soit pas définitivement acquise : une loi nouvelle accentuant la répression, et tel est bien le cas des lois en cause, ne peut recevoir une application immédiate. Mais cette application stricte des principes ne conduit-elle pas à une interprétation restrictive des textes ? « La loi pénale est d'interprétation stricte » stipule l'article 111-4, article le plus bref du nouveau Code pénal. Il semblerait que l'on soit plutôt en présence d'une interprétation restrictive, c'est-à-dire qui rétrécit la portée des lois du 10 juillet 1989 et du 4 février 1995 et l'érosion de l'esprit de ces textes est évidente à la lecture de l'arrêt du 28 février 1995 lorsque l'on se souvient de leur objectif : permettre à des victimes qui n'avaient pu parler au moment des faits, le plus souvent par peur, de saisir la justice à l'âge adulte pour dénoncer les mauvais traitements dont elles ont été victimes, notamment dans l'entourage familial.

La position de la Chambre criminelle étonne d'autant plus que la doctrine est dans l'ensemble hostile à la prescription et que la jurisprudence a multiplié les causes d'interruption et de suspension de la prescription afin de pouvoir poursuivre un délinquant au-delà du délai fixé par la loi, et ce pour chaque type d'infraction. La situation réservée au mineur victime d'abus sexuels de la part de ses parents n'en est que plus surprenante, d'autant plus que le temps a déjà été préjudiciable au mi-

---

53. I. Corpart, L'inceste en droit français, *Gazette du Palais* 1995.2, Doctrine, p. 888, note 84 bis, et M. Véron, *Revue Dr. pénal*, juin 1995, n° 143 ; R. Cario, *Jeunes délinquants. A la recherche de la socialisation perdue*, Ed. l'Harmattan, 1996, p. 139.

neur, ce type d'infraction ayant tendance « à s'installer dans la durée » [54]. Et l'écoulement du temps, malgré les meurtrissures qu'il a occasionnées, jouera une nouvelle fois en sa défaveur : le mineur parvenu à l'âge adulte, une fois surmonté l'empêchement psychologique, peut se heurter à l'empêchement juridique. Lorsque l'individu acquiert la possibilité de parler, il a perdu le droit d'être écouté.

Mais l'interprétation restrictive des textes effectuée par la Chambre criminelle aujourd'hui légitimée, bien qu'elle soit défavorable à la victime, ne posera plus demain le même type de problème dans la mesure où les délais de prescription ne seront pas épuisés à la date de mise en vigueur de ces lois ; nous serons en présence de faits non encore prescrits, ce qui permettra la mise en oeuvre de poursuites afférentes à ces faits. Le mineur victime sera effectivement protégé par le droit et un autre principe fondamental de notre droit sera alors respecté : *contra non valentem agere non currit prescriptio*, la prescription ne court pas contre celui qui ne peut valablement agir. A l'évidence, le mineur victime doit bénéficier pleinement de cette protection, l'incapacité d'exercer ses droits ne peut profiter à l'auteur des faits, « le délai de prescription ne commence à courir » qu'à la majorité de la victime. De plus, au plan procédural, et plus particulièrement en ce qui concerne le choix effectué par le parquet, une remarque afférente au classement sans suite doit être formulée : on sait qu' « aussi longtemps que la prescription n'est pas acquise, la décision de classement reste provisoire » [55] car elle n'est pas un acte juridictionnel. Le ministère public pourra ainsi « revenir sur son appréciation première » [56], situation susceptible de recevoir application en matière d'infractions de nature sexuelle dont peuvent être victimes des mineurs.

Quant à l'interrogation que l'on pouvait se poser suite à la mise en vigueur du nouveau Code pénal le 1er mars 1994, elle n'a plus lieu d'être. L'article 112-2 qui mentionne les catégories de lois dont l'application est immédiate stipule que font partie de son champ les lois rela-

54. S. Lorvellec, *op. cit.*, p. 69.

55. J. Pradel, *Procédure pénale*, Cujas 1997, n° 370.

56. Cass. crim. 5 déc. 1972, *Bull. crim.* n° 375 ; R.S.C., 1973, p. 716, obs. J. Robert.

tives à la prescription de l'action publique, lorsque les prescriptions ne sont pas acquises, « sauf quand elles auraient pour résultat d'aggraver la situation de l'intéressé ». Ainsi, des faits dénoncés sous l'empire du nouveau Code pénal mais commis avant sa mise en vigueur pourraient-ils ne pas être poursuivis bien que remplissant les conditions prévues par les articles 7 alinéa 3 et 8 alinéa 2 du Code de procédure pénale ? La Chambre criminelle a répondu par la négative dans un arrêt rendu le 29 mai 1996 [57] en approuvant la décision contestée rendue par la Chambre d'accusation de la Cour d'appel d'Aix-en-Provence le 7 février 1996 dont l'un des motifs se fondait sur le fait que « l'article 112-2-4° du Code pénal était un texte édictant un principe général et ne pouvait remettre en cause les effets des lois particulières passées avant son entrée en vigueur et ayant argumenté la durée des prescriptions ». Les lois de prescription promulguées avant l'entrée en vigueur du nouveau Code pénal ne sont aucunement concernées par l'article 112-2-4° ; cette règle s'applique bien à la loi du 10 juillet 1989 puisqu'« aucune disposition nouvelle n'a modifié les modalités de cette prescription, avant l'engagement des poursuites, dans un sens favorable aux auteurs de ces infractions » précise la Chambre criminelle. Il eût été tout à fait contraire à la justice que l'auteur d'abus sexuels sur un mineur, parent ou proche de ce mineur, puisse échapper aux poursuites sous prétexte que la loi ayant pour but de protéger le mineur aggrave sa situation.

Certes, la paix sociale implique que l'on oublie les infractions trop anciennes, la prescription de l'action publique est essentiellement fondée sur des raisons d'intérêt social. Mais force est de constater que pour le thème qui nous retient cette option est bénéfique à l'auteur des faits et dommageable pour la victime marquée à jamais par ces faits. Et l'on ne peut se satisfaire de ce que « l'énormité du fait entraîne le recul du droit » [58]. Il importe donc qu'elle ait la possibilité d'exprimer sa souffrance et la verbalisation sera précieuse pour l'aider à se resituer dans un lignage, processus indispensable au moment où l'individu parvient à l'âge adulte et où il passera du statut d'enfant à celui de parent. « L'intervention pénale, en confrontant certains agissements familiaux à

57. Cass. crim. 29 mai 1996, *Bull. crim.*, n° 219.

58. D. Mayer, La pudeur du droit face à l'inceste, *Dalloz*, 1988, Chron., p. 213.

la loi et à l'interdit, donne du sens et des limites » [59] et l'expression « déposer plainte » revêt alors tout son sens : en s'adressant à la justice, l'individu dépose sa souffrance et demande que justice lui soit rendue, qu'il soit rétabli dans son bon droit, celui d'être respecté même si ce processus intervient de longues années après les faits : on ne peut oublier la fonction cathartique - purificatrice au sens étymologique du terme - que revêt le fait de saisir la justice. Si, traditionnellement, la procédure pénale remplit une fonction réparatrice à l'égard de la victime par le biais de l'action civile, elle peut faire davantage en l'aidant à se réparer.

Néanmoins un problème important ne peut être passé sous silence : la victime ne se heurtera-t-elle pas à la difficulté à rapporter la preuve [60] de l'infraction longtemps après la commission des faits ? Certainement dans de nombreux cas. Mais le fait qu'une condamnation ne puisse être prononcée par absence de preuve judiciaire ou même qu'un procès ne puisse avoir lieu par absence de charges suffisantes, ne signifie pas que la victime n'ait rien subi ; une décision de relaxe ou une décision de non-lieu peuvent être expliquées au plaignant, même si la tâche est difficile pour le magistrat.

On ne peut non plus ignorer les conséquences néfastes d'une absence de lieu de parole pour évacuer la souffrance endurée : la reproduction sociale de l'inadaptation [61] jouera avec une regrettable acuité dans le domaine des mauvais traitements et notamment des abus sexuels. Dès lors, il importe de rompre la chaîne de la reproduction des phénomènes, la violence ayant des « effets néfastes sur l'adulte que l'enfant va devenir », ces effets néfastes pouvant avoir des « conséquences sur sa propre descendance, voire sur la collectivité tout en-

---

59. C. Eliacheff, *Vies privées : de l'enfoit roi à l'enfant victime*, Ed. O. Jacob, 1996.

60. T. Crétin, La preuve impossible ? De la difficulté d'administrer la preuve des infractions dont sont victimes les mineurs : attentats à la pudeur, violences et mauvais traitements, *R.S.C.*, 1992.1, p. 53.

61. J. Castaignède-Rives, *La reproduction sociale de l'inadaptation dans le système familial*, Thèse Pau 1985.

tière »[62]. C'est donc une perspective préventive qui doit guider l'action, une nouvelle fois. Il n'est pas possible de méconnaître la ligne tracée par la Convention internationale des droits de l'enfant et plus particulièrement son article 39 qui préconise aux États signataires de « faciliter la réadaptation psychologique » de l'enfant victime, réadaptation susceptible d'éviter que de victime, l'individu ne devienne auteur. De même, le droit européen n'est pas opposé à une écoute, même tardive, de la victime ; la position prise par la Commission européenne des droits de l'homme [63] témoigne de la volonté des juges européens de prendre en compte ce type de victimisation : a été déclarée recevable une requête en violation des articles 6 § 1 (droit à un procès équitable) et 14 (droit à la non-discrimination) suite au « refus allégué d'accès à un tribunal en raison des règles de prescription appliquées aux demandes de réparation des requérantes, concernant des préjudices psychologiques résultant de sévices qui leur ont été infligés durant leur enfance ». Le droit supranational considère ainsi non seulement le passé de l'individu mais également son devenir : l'être humain est un tout, même si sa vie se déroule selon des séquences parfois ponctuées par le droit : enfance, adolescence, âge mûr ; minorité, majorité.

Au moment où s'achève la rédaction du présent écrit, le Parlement s'apprête à débattre du projet de loi présenté au Gouvernement par le Garde des Sceaux le 29 janvier 1997, projet de loi « renforçant la prévention et la répression des atteintes sexuelles sur les mineurs et des infractions portant atteinte à la dignité de la personne ». Il est à souhaiter qu'un véritable débat s'instaure au Parlement et non pas un simulacre de discussion, notamment en ce qui concerne les dispositions relatives au mineur qui seront, selon les termes du projet, regroupées dans un nouveau titre inséré dans le livre IV du Code de procédure pénale relatif aux procédures particulières et intitulé « De la procédure applicable aux infractions de nature sexuelle ou commises contre les mineurs ». L'idée de regrouper dans un même titre les règles en question

---

62. C. Mariage-Cornali, Pénalisation de la maltraitance : opportunité et limites, *In L'enfant maltraité*, P. Strauss, M. Manciaux, M. Gabel, D. Girodet, Fleurus 1993, Coll. Psychopédagogie, 708 p.

63. Requête n° 22083-93 févr. 1995, Leslie Stubbings c/ Royaume-Uni, Commission Européenne des Droits de l'Homme (C.E.D.H.), note d'information n° 125.

est pertinente compte-tenu de la spécificité de ces actes et de la spécificité des victimes. L'aspect opérationnel se double d'une dimension symbolique qui ne peut qu'être approuvée.

De même, l'accompagnement du mineur au cours de la procédure par la présence d'un psychologue aux côtés de l'enfant lors des auditions et des confrontations est un point important susceptible d'être renforcé par le souci d'éviter la multiplication des actes de procédure impliquant la présence du mineur, objectif qui peut notamment être concrétisé par l'enregistrement de ces phases procédurales. Il importe de ne jamais omettre que lorsqu'il s'agit de mineur victime, il est indispensable de protéger la victime sans oublier l'enfant.

Néanmoins, le projet de loi ne prévoit pas la présence obligatoire d'un avocat ; peut-on véritablement parler de prise en compte de l'intérêt de l'enfant et de défense de ses droits si cette jeune victime est privée de l'assistance d'un avocat ? Certainement pas, *a fortiori* lorsqu'elle est victime d'abus sexuels. Nous rejoignons ici le coeur de notre réflexion sur le caractère opérationnel de la règle de droit : si le droit est un « système de potentialités » [64], ces dernières doivent être suffisamment complètes afin de permettre la mobilisation des règles par les acteurs. Usager du droit malgré lui, le mineur victime d'abus sexuels doit bénéficier de sa protection, qui doit dès lors être assurée de manière effective.

---

64. P. Lascoumes, Normes juridiques et mise en oeuvre des politiques publiques, *L'année sociologique*, 1990, p. 43.

4

Le Droit Portugais et les crimes sexuels contre les enfants.

Le droit pénal portugais à la lumière des résolutions du Congrès de Stockholm contre l'exploitation sexuelle des enfants à des fins commerciales

par Eliana Gersão

1. Le Code pénal portugais de 1982, qui a remplacé le vieux code de 1888 (en vigueur jusqu'à cette date, bien que soumis à de nombreux changements parcellaires), a fait l'objet d'une révision en 1995 qui, sans modifier les principes essentiels et la philosophie de base du texte (il s'agit « d'un code aux racines démocratiques qui s'insère dans les paramètres d'un Etat de droit ») [1] a introduit des changements très significatifs notamment concernant les cadres pénaux prévus pour les différents crimes. Une des raisons justificatives de la réforme avait trait à la nécessité de corriger le déséquilibre punitif du code pénal de 1982 dont l'application menait à punir les crimes contre les biens presqu'aussi sévèrement que les crimes contre les personnes. L'atténuation des peines relatives aux crimes contre les biens ne se justifiant pas, comme le dit le préambule du décret-loi n°48/95 - ou cela n'étant pas politiquement possible, étant donné que la réforme s'est faite dans un climat quelque peu émotionnel, dans lequel le sentiment d'insécurité des citoyens a été

1. Préambule du décret-loi n°48/95, du 15 mars, qui adopte la réforme.

exacerbé et utilisé pour exiger une plus grande sévérité punitive [2]- on a opté pour une nette aggravation des crimes contre les personnes.

Les crimes sexuels ont constitué l'un des aspects les plus touchés par la réforme, non seulement en ce qui concerne leur punition, mais aussi concernant leur définition et leur encadrement systématique [3]. Pour l'aspect punitif, la réforme a conduit, d'une manière générale, à une plus grande sévérité, notamment pour les crimes contre les enfants.

En aggravant de manière significative les peines relatives aux crimes contre les enfants, le législateur se ralliait à l'opinion publique qui, depuis longtemps, réclamait une meilleure protection contre ces violences [4]. Les abus contre les enfants ont constitué un thème général de préoccupation au cours de la dernière décennie. Le problème, dont on ne parlait que peu auparavant, est tombé sous les feux de la rampe et est même devenu l'un des thèmes sociaux les plus débattus, aussi bien dans les milieux professionnels que dans l'opinion publique. Les médias ont également commencé à donner une plus grande importance aux affaires en cours et à diffuser fréquemment des informations sur ce sujet. La préoccupation généralisée concernant la situation des enfants victimes a mené à la création de nouvelles institutions publiques et privées destinées spécifiquement à les aider [5] et a eu une telle répercussion que l'Assemblée de la République a ordonné la réalisation

---

2. Lourenço et Lisboa, 1996 ; Gersão, 1995 ; T. Beleza, p. 162, qui considère que, « ces dernières années, le thème de *law and order* a été - et continue d'être - utilisé comme un des thèmes privilégiés dans la conquête d'espaces électoraux ».

3. Voir *infra*, n°2.

4. Peu de temps auparavant, dans une affaire d'abus sexuel d'un enfant très jeune, la peine appliquée - bien qu'elle fût aussi lourde que ce que le code pénal d'alors permettait - a été considérée insuffisante par la population locale au regard de la gravité des faits, ce qui a généré un tumulte considérable aux abords du tribunal.

5. C'est le cas du « Projet d'aide à la famille et à l'enfant », créé en 1992 par le Conseil des ministres et impliquant plus spécialement les ministères de la santé, de la sécurité sociale et de la justice, qui permet les dénonciations de situations d'urgence et assure une intervention immédiate dans ces cas.

d'une étude sur les situations de violence et d'abandon sur les enfants nés ou résidant au Portugal [6].

Dans ce contexte, il n'est pas étonnant que la révision du code pénal ait conduit à un renforcement de la sévérité dans la punition des crimes contre les enfants, notamment les infractions de nature sexuelle [7].

2. Depuis la révision du code de 1995, les crimes sexuels, autrefois considérés comme des « atteintes aux bonnes moeurs » (code pénal de 1886) ou des « crimes contre les valeurs et les intérêts de la vie en société » (code pénal de 1982) font partie des crimes contre les personnes, constituant un chapitre autonome dont le titre est « crimes contre la liberté et l'autodétermination sexuelle ». La protection ne se rapporte plus aux *bonnes moeurs* ou à un sentiment de *moralité* de la société, mais à la liberté et à l'autodétermination sexuelle, considérées « comme un des vecteurs qui compose la liberté humaine, droit fondamental reconnu par la Constitution » [8]. Un tel droit, quand il s'agit de mineur d'un âge inférieur à certaines limites, dont la liberté en général (également dans le domaine sexuel) est encore en voie de structuration, doit être considéré comme un droit à grandir à l'abri des agressions sexuelles, l'objectif de l'incrimination pouvant être défini comme « la protection du mineur en tant que tel » [9].

La réforme consacre un droit pénal sexuel aux contours libéraux, orienté par le principe qu'une « activité sexuelle (quelle qu'elle soit) pratiquée en privé entre adultes - c'est-à-dire entre des personnes considérées comme capables de donner leur consentement - consentants

6. A. Almeida, H. Almeida, et I. André, 1995 ; Malgré les mesures prises, le Comité des droits de l'enfant des Nations Unies a considéré, dans ses observations finales sur le rapport relatif à l'application au Portugal de la Convention sur les droits de l'enfant, comme l'un de ses principaux thèmes de préoccupation, « le caractère insuffisant des mesures prises pour prévenir et combattre les sévices et les châtiments corporels, notamment au sein de la famille » (*Infância e Juventude*, n° 96.2, p. 11).

7. Pas seulement celles-ci. Par exemple, la définition du crime de mauvais traitements sur des mineurs a été élargie et sa punition aggravée (art. 152).

8. Ramos, 1993, p. 54.

9. G. Figueiredo Dias, *Actes*, p. 247.

ne constitue pas un crime »[10]. En d'autres termes, on considère que le droit pénal ne possède pas de légitimité pour s'immiscer dans la vie sexuelle des personnes, dès lors que celles-ci agissent librement et sans préjudice pour les tiers. Ainsi, quand il s'agit d'adultes (dans le sens vu ci-dessus), seules sont pénalement condamnables les activités sexuelles obtenues par des moyens qui affectent le libre consentement de la victime (notamment quand l'agent agit « par violence, menace grave ou après avoir rendu la victime inconsciente ou incapable de résister », comme par exemple les crimes de viol et de contrainte sexuelle, ou quand les activités sexuelles sont pratiquées avec des personnes qui, du fait de leur relation avec l'agent, ne sont pas en position d'exercer leur libre consentement (comme par exemple le crime d'abus sexuel sur des personnes internées) ou celles qui sont imposées aux tiers (comme pour le crime d'exhibitionnisme, tel que la réforme le prévoit, qui met l'accent sur le fait d'importuner autrui par la pratique des actes d'exhibitionnisme et non sur les actes eux-mêmes).

Conformément à son attitude libérale pour les crimes sexuels, la révision du code pénal a maintenu et même renforcé l'idée de non pénalisation des actes éventuellement condamnés par certains secteurs de l'opinion pour des raisons morales ou idéologiques (comme la prostitution, la pornographie ou l'homosexualité), dès lors qu'ils sont pratiqués sans atteinte à la liberté sexuelle des personnes. Ainsi, la prostitution ne constitue pas en soi un crime. La loi pénale punit, cependant, par l'intermédiaire des crimes de proxénétisme et de traite des êtres humains, toute personne qui favorise la prostitution d'autrui, au Portugal ou à l'étranger, contre sa libre volonté. Pour que le proxénétisme - c'est-à-dire le fait de favoriser ou de faciliter l'exercice de la prostitution par une autre personne - soit punissable, il est nécessaire que l'agent agisse « professionnellement ou avec une intention lucrative » et exploite « des situations d'abandon ou de nécessité économique » (art. 170). Concernant le crime de traite des êtres humains[11], on exige, outre cette dernière circonstance, que l'agent agisse « par violence, menace grave, astuce ou manoeuvre frauduleuse » (ce dernier élément

10. G. Figueiredo Dias, *Actes*, p. 247.

11. Pour ce crime, on punit le fait de conduire ou d'inciter une autre personne à pratiquer, à l'étranger, la prostitution ou des actes sexuels relevants (art. 169).

constitue, vis-à-vis du proxénétisme, une circonstance aggravante). L'homosexualité et la pornographie (soit la production de matériels pornographiques, soit la participation à ces documents, soit encore leur exploitation commerciale ou consommation), entre majeurs consentants, ne constituent jamais un crime.

3. Les normes relatives aux crimes contre la liberté sexuelle s'appliquent aux mineurs à titre subsidiaire (c'est-à-dire dès lors qu'elles ne sont pas écartées par l'application des normes spécifiques aux mineurs qui composent la section intitulée « crimes contre l'autodétermination sexuelle »). Concernant ces crimes (plus concrètement les crimes de contrainte sexuelle, de viol et de traite des êtres humains), la minorité de 14 ans de la victime constitue une circonstance aggravante (art. 177, n°4) [12].

Pour les « crimes contre l'autodétermination sexuelle », certains faits, qui ne sont des crimes que parce qu'ils sont commis avec des enfants, sont pris en considération. Un élément essentiel dans la définition de ces crimes est l'âge du mineur et, plus particulièrement, le fait que celui-ci ait plus ou moins de 14 ans. Concernant les enfants d'un âge inférieur à 14 ans, le code pénal interdit tous les contacts de nature sexuelle (consacrant une « obligation de chasteté et de virginité quand ces mineurs sont en cause ») [13]. On part de l'idée de base que, en dessous de cet âge, un enfant « n'est pas libre de se décider concernant ses relations sexuelles » [14], ce qui implique qu'il est indifférent que les actes aient été pratiqués avec ou sans son adhésion. Jusqu'à 14 ans, le code pénal punit également les activités qui peuvent causer des troubles dans la sphère sexuelle, c'est-à-dire qui peuvent léser l'innocence dont les enfants sont censés être dotés [15].

---

12. Quant au proxénétisme, voir *infra*, n° 4.

13. G. Figueiredo Dias, *Actes*, p. 261.

14. T. Beleza, 1996, p. 169.

15. L'image d'innocence des enfants comme fondement de leur protection pour les crimes sexuels (et non pour les autres) est discutée par T. Beleza (1996, p. 25), qui se demande si le fondement de l'aggravation de la peine ne devrait pas être plutôt la particulière vulnérabilité de la victime, cette circonstance devant permettre également d'ériger en crimes qualifiés d'autres crimes commis contre les enfants

Ainsi, est passible du crime d'abus sexuel sur enfants toute personne qui pratique un acte sexuel caractérisé sur, ou avec, un mineur de 14 ans, ou qui le conduit à pratiquer un acte de cette nature. Le crime est puni d'une peine d'emprisonnement [16] de 1 à 8 ans, sauf dans les cas où l'acte sexuel caractérisé correspond à la copulation ou au coït anal pour lesquels la peine est de 3 à 10 ans (art. 172, n°1 et 2).

Est également passible de crime d'abus sexuel sur enfants toute personne qui pratique un acte exhibitionniste devant un mineur de 14 ans, ou qui agit sur lui « par le biais de conversations obscènes ou d'écrits, de spectacles ou d'objets pornographiques, ou qui l'utilise pour des photographies, des films ou des enregistrements pornographiques » (art. 172, n°3). Ces fait sont punissables d'une peine d'emprisonnement pouvant aller jusqu'à 3 ans, ou de 6 mois à 5 ans s'ils sont commis avec une intention lucrative (art. 172, n° 3 et 4).

A partir de 14 ans, la loi pénale considère qu'une personne est, en principe, libre de décider de ses relations sexuelles, n'intervenant que dans les cas où l'agent se trouve, vis-à-vis du mineur, dans une position d'autorité susceptible d'affecter la capacité de décision de celui-ci. Ainsi, les faits constitutifs du crime d'abus sexuel sur enfants ne constituent un crime d'abus sexuel sur adolescents, puni d'une peine d'emprisonnement de 1 à 8 ans, quand il s'agit d'actes décrits aux n° 1 et 2 de l'article 172, ou d'une peine d'emprisonnement pouvant aller jusqu'à 1 an, quand il s'agit d'actes décrits au n°3 de l'article 172 (jusqu'à 3 ans si les actes sont pratiqués avec une intention lucrative), que lorsqu'ils sont commis sur (art. 173) : a) des mineurs entre 14 et 16 ans qui ont été confiés à l'agent à des fins éducatives ou d'assistance ; b) des mineurs entre 16 et 18 ans qui ont été confiés à l'agent à des fins éducatives ou d'assistance, celui-ci abusant de sa fonction ou de sa position pour pratiquer le crime.

La réforme du code pénal prévoit deux autres limitations au principe selon lequel le mineur ayant atteint 14 ans est libre de décider de

---

(ou d'autres groupes spécialement vulnérables, comme les personnes âgées), notamment l'homicide.

16. Le droit pénal portugais ne connaît pas la distinction entre *emprisonnement* et *réclusion*.

ses relations sexuelles. La première a trait aux relations homosexuelles pour lesquelles le mineur ne peut exprimer son consentement de manière efficace qu'à partir de 16 ans (art. 175) [17]. L'incrimination autonome de l'homosexualité avec les mineurs (en dehors du cadre du crime d'abus sexuel sur adolescents) a été discutée par la commission de révision du code, où il a été reconnu que cela signifiait « une dévalorisation spéciale relative à l'homosexualité » [18]. Elle a fini par être admise, mais à présent la disposition est mise en cause notamment en ce qui concerne sa légitimité constitutionnelle [19].

La seconde exception a trait au crime de séduction. Le code pénal a maintenu l'incrimination de la copulation avec mineur de 14 à 16 ans, quand celle-ci est obtenue par « l'abus de son inexpérience ». Il est clair que, de nos jours, l'objectif de cette incrimination est de protéger le mineur contre les procédés trompeurs destinés à obtenir son consentement en vue de relations sexuelles. Cette affirmation a pour objet de signaler les profonds changements légaux et sociologiques que ce crime a connu au cours des vingt dernières années. Dans le code pénal de 1886, la séduction protégeait essentiellement la virginité de la femme [20]. Du fait des contours d'incrimination élargis, dans la loi et surtout dans l'interprétation qu'en faisait la jurisprudence, le crime était sévèrement puni [21] et conduisait, encore au début des années soixante-dix, à un grand nombre de condamnations [22]. A partir du milieu des années soixante dix, du fait des transformations sociales de la société

---

17. L'âge était même fixé à 18 ans dans le texte adopté par la commission de révision.

18. G. Figueiredo Dias, *Actes*, p. 264.

19. T. Beleza, 1996, p. 181.

20. Etait passible de ce crime l'homme qui, par la « séduction, avait des rapports sexuels avec une femme vierge de plus de 12 ans et de moins de 18 ans ». Le concept de séduction était interprété très largement par la jurisprudence, puisqu'il comprenait le fait de faire la « cour » et tout contact physique.

21. D'une peine d'emprisonnement de 2 à 8 ans, équivalente à celle prévue pour le viol.

22. Au cours des années 1970 et 1971, on a enregistré respectivement 196 et 165 condamnations (alors que pour les mêmes années le nombre de condamnations pour viol s'élevait respectivement à 77 et 45).

portugaise [23], qui ont profondément modifié la position de la femme et les habitudes sexuelles des jeunes, ce crime a commencé à perdre sa signification sociologique [24] et à être considéré dépassé et même incompatible avec le principe constitutionnel d'égalité entre homme et femme [25]. Ainsi, la reformulation du crime dans le code pénal de 1982 a été admise sans heurts par la société portugaise [26]. Abaissant à 16 ans l'âge limite pour l'incrimination et cessant de supposer la virginité de la victime [27], elle a limité la définition aux cas dans lesquels le consentement est obtenu par abus de l'inexpérience ou promesse sérieuse de mariage [28] et, surtout, a puni le crime moins gravement que le viol [29].

4. Pour les crimes que nous venons d'analyser - abus sexuel sur enfants et sur adolescents, actes homosexuels sur mineurs et séduction - les faits pratiqués, comme nous l'avons dit, sont considérés comme un crime seulement parce qu'ils sont commis sur un mineur, ou plus exactement sur une personne d'un âge inférieur à 14/16 ans.

La situation est différente concernant le proxénétisme sur mineur, dès lors que le proxénétisme constitue un crime puni également pour les adultes. Cependant, sur ce point, le législateur a considéré que la simple extension aux mineurs du crime commun, la minorité de 14 ans fonctionnant comme circonstance aggravante aux termes de l'art. 177,

---

23. Du fait de la révolution de 1974 qui a rétabli la démocratie dans le pays, mais du fait aussi d'autres facteurs, comme l'émigration (qui a eu de profondes conséquences sur la mentalité et les habitudes des populations rurales de l'intérieur du pays) et l'augmentation de la scolarisation des jeunes, surtout des jeunes filles.

24. Au cours des deux années qui ont précédé la publication du code pénal de 1982, le nombre de condamnations avait baissé à 73 (1980) et à 64 (1981). Aujourd'hui ce crime a pratiquement disparu devant les tribunaux.

25. J. Beleza, 1982.

26. Gonçalves, 1996, p. 645.

27. En outre, il est théoriquement possible que le crime se déroule avec une femme comme auteur et un jeune homme comme victime (Leal-Henriques et Simas Santos, 1996, p. 301).

28. La promesse sérieuse de mariage comme facteur susceptible de fausser le consentement a été écartée par la révision du code pénal de 1995, et ce même si elle figurait dans le projet de révision.

29. Alors que le viol continue à être puni d'une peine d'emprisonnement de 2 à 8 ans, pour la séduction la peine prévue va jusqu'à deux ans.

n°4, n'assurerait pas une protection suffisante. Il a donc opté pour la création d'une norme spécifique. D'après cette disposition (art. 176), celui qui « incite, favorise ou facilite » l'exercice de la prostitution ou la pratique « d'actes sexuels caractérisés » de la part de mineur de 16 ans sera puni d'une peine d'emprisonnement de 6 mois à 5 ans, ou de 2 à 10 ans si la victime est un mineur de 14 ans.

Concernant la peine, le crime de proxénétisme sur mineur se différencie du crime commun de proxénétisme seulement quand il s'agit d'un mineur de 14 ans. C'est au niveau de la définition que l'on vérifie les différences les plus sensibles entre les deux crimes. Ainsi, quand les victimes sont des mineurs de 16 ans, pour que le crime soit commis il n'est pas exigé - comme c'est le cas pour les majeurs - que l'agent agisse « professionnellement ou avec une intention lucrative » ou qu'il exploite « des situations d'abandon ou de nécessité économique ». Il suffit que les actes aient lieu, la protection des mineurs de 16 ans étant sur ce point absolue [30]. Le fait que l'agent agisse professionnellement ou avec une intention lucrative devient une circonstance aggravante, qui le rend punissable d'une peine de 2 à 10 ans d'emprisonnement. Il en est de même pour le fait d'utiliser la violence, des menaces, astuces, des manoeuvres frauduleuses ou encore de tirer profit de l'incapacité psychique de la victime. La même aggravation aura lieu si la victime a moins de 14 ans (art. 176, n°1).

5. Concernant la traite des êtres humains, le législateur n'a pas choisi de créer une règle spécifique pour les cas où le crime est commis contre un mineur. Ceux-ci ne sont donc protégés que par le biais du crime commun - qui exige que l'agent use de violence, menace grave, astuce ou manoeuvre frauduleuse, ou explore la situation d'abandon et de nécessité de la victime - aggravé, aux termes de l'article 177 n°3, dans les cas où l'âge du mineur est inférieur à 14 ans.

6. En se basant, dans le domaine des crimes sexuels contre les mineurs, sur le principe qu'à partir de 14 ans le mineur a une maturité suffisante pour prendre des décisions efficaces concernant les relations sexuelles et en considérant que cette idée fait l'objet dans la société portugaise d'un consensus assez large pour retirer toute légitimité à

---

30. G. Figueiredo Dias, *Actes*, p. 265.

l'intervention du droit pénal après cette limite (sauf dans certaines situations de protection spéciale) [31], le code confirme le caractère libéral que prend la majeure partie de ses options en matière sexuelle.

Nous pensons, comme le législateur, que le droit pénal ne doit pas s'immiscer dans les actes sexuels des adolescents, quand ils sont pratiqués avec des partenaires qui n'abusent pas d'eux, notamment quand les actes mêlent des partenaires d'un âge proche. Dans ces situations, on doit reconnaître aux adolescents le droit à l'autodétermination en matière sexuelle. Ce droit doit leur être reconnu de manière claire et honnête, c'est-à-dire en leur donnant les moyens de gérer leur sexualité en toute liberté et en toute sécurité. Malheureusement, dans les comportements sociaux et même dans certaines options législatives, les conséquences d'un tel droit ne sont pas toujours prises en compte. Ainsi, par exemple, l'éducation sexuelle dans les écoles, annoncée il y a une vingtaine d'années, ne s'est jamais concrétisée du fait des énormes résistances rencontrées. Le droit des adolescents d'avoir accès aux consultations du planning familial, sans le consentement exprès des parents ou du représentant légal, leur était refusé. Aujourd'hui ce droit leur est reconnu [32], mais les consultations du planning familial, outre qu'elles sont peu nombreuses dans le pays, ne sont pas aussi accessibles aux jeunes que leur âge et leur mode de vie particulier l'exigeraient. De même, la loi pénale n'a pas admis comme cause d'impunité de l'interruption volontaire de grossesse le fait que la mère soit trop jeune pour assumer la maternité [33].

---

31. Comme l'affirme le préambule du décret qui adopte le code pénal, celui-ci, « en tant que cadre juridico-pénal d'une société ouverte et d'un Etat démocratiquement légitime », « circonscrit les matières punies criminellement à un minimum qui tend à coïncider avec le domaine consensuel inhérent à toute société démocratique ».

32. Le droit des jeunes en âge de procréer d'avoir accès aux consultations du planning familial leur est reconnu par la loi n°3/84 du 24 mars (loi sur l'éducation sexuelle et le planning familial). Critiquant le refus antérieur d'accorder un tel droit, Guimarães, 1982, p. 193.

33. Selon un sondage réalisé par l'hebdomadaire l'Expresso (dont les résultats ont été publiés dans le n°1252 du 26.10.1996) sur une éventuelle révision de la législation relative à l'avortement, seuls 33% de portugais sont en faveur de l'interruption de grossesse du fait de la jeunesse de la mère.

C'est certainement parce que l'ouverture de la société concernant la sexualité des adolescents est plus apparente que réelle, qu'au Portugal le taux de fertilité chez les adolescentes est élevé. En 1995, 2789 enfants sont nés de mères dont l'âge était inférieur à 18 ans (2,5% du total), dont 407 de mères de moins de 16 ans et 20 de moins de 14 ans.

Malgré certaines ambiguïtés, nous pensons qu'en matière d'abus sexuels non commerciaux sur des mineurs, la législation pénale, en attribuant aux jeunes - avec des seuils successifs fixés à 14, 16 et 18 ans - la capacité de décider de leur vie sexuelle, consacre des solutions adaptées à notre temps. En principe, par le biais des crimes d'abus sexuels d'enfants et d'adolescents, de séduction et d'actes homosexuels sur mineurs, on confère aux enfants et aux adolescents un degré de protection acceptable et conforme à l'idée de restriction du domaine de l'interdit au « minimum correspondant au consensus inhérent » à la société [34]. Des cas problématiques seront, à notre avis, les situations où il existe entre les partenaires un déséquilibre évident de pouvoir susceptible de restreindre la liberté de décision du mineur. Dans certaines relations avec des personnes plus âgées qui n'entrent pas dans le champ d'application des articles 173 (abus sexuel sur adolescents) et 174 (séduction), la protection pénale accordée aux adolescents pourra s'avérer insuffisante [35].

Il est vrai que le fait de reconnaître assez tôt aux jeunes un droit à l'autodétermination sexuelle ne constitue pas, comme on l'affirme, un thème consensuel et comporte certains risques. Il est également certain que d'éventuelles décisions moins heureuses peuvent causer des souffrances et perturber le développement de l'adolescent. Mais il s'agit de risques inévitables, inhérents à la vie et au fait de grandir. Sauf dans les relations inégales auxquelles nous avons fait référence, le domaine de l'interdit prévu par le code pénal nous semble adéquat. En effet, dans les cas non incriminés, sont visés des faits pour lesquels l'adolescent a

---

34. V. *supra* note 32.

35. Une disposition du type de celle de l'art. 181, n°3 du récent code pénal espagnol, qui comprend dans les crimes d'abus sexuels les cas dans lesquels le consentement est obtenu par « l'agent se prévalant d'une situation de supériorité manifeste qui restreint la liberté de la victime », constituerait une réponse adéquate à cette préoccupation.

une maturité suffisante pour évaluer la situation dans laquelle il se trouve et pour conserver sur elle une maîtrise suffisante pour y mettre fin quand elle ne correspond plus à sa volonté. Il faut ajouter que s'il est vrai que des décisions erronées peuvent, dans ces circonstances, avoir des conséquences douloureuses, elles ne conduisent pas en principe à une marginalisation ou à une asociabilité.

Dans le domaine de l'exploitation sexuelle des mineurs à des fins commerciales - ou, plus concrètement, dans les crimes de proxénétisme ou de traite de mineurs, de même que pour leur utilisation dans la production de matériel pornographique destiné à être commercialisé - nous considérons que la protection conférée par le droit pénal au mineur est insuffisante. Nous pensons qu'il s'agit de situations dont les caractéristiques exigeraient une incrimination plus large que celle prévue par la loi, qu'il s'agisse de l'âge à partir duquel le consentement est valable ou qu'il s'agisse des comportements incriminés.

Cette affirmation se justifie par le fait que, dans les situations en cause, on est en présence de comportements sexuels qui se déroulent dans des circonstances particulièrement complexes (circonstances que l'adolescent ne peut évaluer correctement du fait de son immaturité), qui signifient l'entrée dans un monde que l'adolescent ne maîtrise pas (de quel poids peut être sa volonté face à ceux qui très souvent utilisent de puissants réseaux) et qui se traduisent par des comportements particulièrement destructeurs de la personnalité entraînant des risques d'asociabilité. Face à des activités comme la prostitution et la pornographie commerciale, nous considérons que la protection des mineurs doit être absolue. Nous pensons que, dans un pays, comme le nôtre, où la Constitution (art. 69) affirme que « les enfants ont le droit à la protection de la société et de l'Etat en vue de leur plein épanouissement » et à une « protection spéciale (...) contre toutes les formes de discrimination et d'oppression », il n'est pas logique d'exiger, pour punir la traite d'un mineur, que l'agent agisse « par violence, menace grave, astuce ou manoeuvre frauduleuse » et exploite la situation « d'abandon ou de nécessité » dans laquelle il se trouve. Il est également insuffisant de limiter aux mineurs de 16 ans la protection inconditionnelle face à ceux qui les incitent à la prostitution [36] et de restreindre aux mineurs de 14 ans la protection contre ceux qui les utilisent dans la production commerciale de matériel pornographique [37].

7. La question de l'exploitation sexuelle des mineurs à des fins commerciales est aujourd'hui au centre des attentions, en raison non seulement des événements dramatiques liés à l'affaire Dutroux en Belgique, mais aussi de l'impact du Congrès mondial contre l'exploitation sexuelle des enfants à des fins commerciales, réalisé à Stockholm du 27 au 31 août 1996, à l'initiative de *End Child Prostitution in Asian Tourism (E.C.P.A.C.)*, pour l'arrêt de la prostitution enfantine dans le tourisme asiatique) et du gouvernement suédois.

Ce congrès, de grande dimension [38], s'est développé autour de deux documents - la déclaration et le programme d'action (que les Etats doivent mettre en oeuvre avant l'an 2 000) - documents qui avant d'être présentés au congrès, ont été envoyés formellement aux gouvernements souhaitant y participer pour qu'ils les apprécient, les commentent et introduisent d'éventuels changements, puis ont été l'objet de débats dans des rencontres régionales [39]. Ainsi, même s'il n'y a pas eu de vote formel au cours du congrès, les pays participants ont au moins souscrit un engagement moral pour respecter ces documents, d'autant plus que tous les chefs de délégation sont intervenus et ont fermement approuvé leur contenu [40].

---

36. Dans le même sens, Ramos, 1994, p. 49. Dans le texte adopté par la commission de révision, l'article 176 ne parlait que de *mineur* et s'appliquait donc jusqu'à 18 ans.

37. Excepté dans les cas où l'utilisateur est quelqu'un à qui le mineur est confié à des fins éducatives ou d'assistance, dans les termes prévus par l'art. 173.

38. Ont participé au congrès des délégations officielles de 110 pays, des représentants des organisations internationales et intergouvernementales les plus significatives dans le domaine de la protection des droits de l'Homme, de même que des représentants de dizaines d'O.N.G. liées à la protection de l'enfant, pour un total d'environ 1 300 personnes.

39. V. concernant l'Europe, *Consultation Européenne, Strasbourg, 25-26 avril 1966*, organisée par le Conseil de l'Europe et l'U.N.I.C.E.F., documentation du Congrès de Stockholm.

40. Seuls deux pays ont émis des réserves ponctuelles (Cuba et la Colombie) concernant les documents, sans toutefois les remettre en cause.

Outre le compromis moral assumé, les pays devront donner des preuves de leur action dans ce domaine aux organismes qui vont veiller à l'application des documents du congrès. Il est possible que soit créé un organisme à cet effet, comme cela a été suggéré durant le congrès. Même si cela ne se concrétise pas, le Comité des droits de l'enfant, dans le cadre de son rôle de supervision et de contrôle de l'exécution de la Convention sur les droits de l'enfant au sein des pays l'ayant ratifiée, sera certainement très attentif à l'exécution des dispositions relatives aux abus sexuels [41]. Le Conseil de l'Europe devra également faire des démarches en vue d'inciter à l'application effective de la Recommandation n° R 11 du Conseil des ministres (91) relative à l'exploitation sexuelle, la pornographie, la prostitution et le trafic d'enfants et de jeunes adultes [42].

Ainsi, le Portugal devra probablement introduire dans sa législation des changements encore plus significatifs que ceux que nous proposions plus haut.

En réalité, dans la déclaration finale du congrès de Stockholm, il est affirmé que celui-ci invite tous les gouvernements à « criminaliser l'exploitation sexuelle des enfants à des fins commerciales, ainsi que les autres formes d'exploitation sexuelle des enfants et condamner et sanctionner tous ceux qui y prennent part que ce soit dans le pays même ou à l'étranger, tout en s'assurant que les enfants victimes de cette pratique ne seront pas sanctionnés ». D'une manière encore plus spécifique, le programme d'action établit que, dans les mesures à adopter pour la protection des enfants contre l'exploitation sexuelle, soit incluse celle qui vise à « élaborer ou renforcer et mettre en oeuvre des lois nationales afin d'établir la responsabilité pénale des prestataires de services,

---

41. Notamment l'article 34 qui oblige les Etats « à protéger l'enfant contre toutes les formes d'exploitation et de violence sexuelle », interdisant, concrètement, que l'enfant soit incité ou contraint à une activité sexuelle illicite ou exploité à des fins de prostitution ou dans la production de spectacles ou de matériel de nature pornographique. Un protocole additionnel à la Convention sur les droits de l'enfant visant expressément l'exploitation sexuelle est d'ailleurs en préparation.

42. Comme cela a été suggéré lors de la Consultation régionale européenne, au cour de laquelle il a été proposé que le Conseil de l'Europe fixe un calendrier pour la présentation par les Etats membres de rapports sur les progrès réalisés dans l'application des dispositions de la Recommandation citée.

des clients et des intermédiaires impliqués dans la prostitution des enfants, la traite d'enfants, la pornographie enfantine, y compris la possession de matériel pornographique mettant en scène des enfants, et toute autre activité sexuelle illégale ». La décision concerne aussi le « tourisme sexuel » pour lequel il importe « d'élaborer ou renforcer et mettre en oeuvre des lois qui pénalisent les actes commis par des ressortissants du pays d'origine à l'encontre d'enfants du pays de destination ».

Il est vrai qu'il existe une certaine indétermination en ce qui concerne la portée des incriminations proposées, étant donné que la notion d'enfant n'est pas clairement définie. Toutefois, pour les pays qui ont ratifié la Convention sur les droits de l'enfant [43], il paraît clair que le terme enfant doit être entendu dans le sens consacré par l'article 1er du texte, c'est-à-dire qu'il doit englober « tout être humain mineur de 18 ans ». Ce fut d'ailleurs l'orientation défendue par le congrès. Ainsi, il faut analyser les changements qu'il sera nécessaire d'introduire dans la législation portugaise, outre l'élargissement jusqu'à 18 ans de la protection conférée aux mineurs concernant les crimes de traite, proxénétisme et utilisation dans la production de matériels pornographiques, pour assurer sa conformité avec la Convention sur les droits de l'enfant et avec les documents adoptés au congrès de Stockholm.

8. Voyons, de manière succincte, les aspects sur lesquels la législation portugaise ne respecte pas les documents mentionnés ci-dessus. Dans le domaine de la prostitution, seul le proxénétisme (le fait d'inciter, favoriser ou faciliter l'exercice de la prostitution ou la pratique d'actes sexuels caractérisés) est punissable. Ne sont pas punissables tous ceux qui participent au crime, notamment les clients (sauf si la victime a moins de 14 ans, cas dans lequel ils encourent des poursuites pour crime d'abus sexuel sur enfants) [44]. Egalement dans la traite de

43. C'est le cas du Portugal, pionnier dans ce domaine, puisqu'il a déposé l'instrument de ratification de la convention le 21 septembre 1990, celle-ci étant entrée en vigueur dans l'ordre juridique interne le 21 octobre 1990. Aucune réserve n'a été formulée concernant ce texte (Gersão, Lopes, Andrade et Clemente, 1994, p. 11).

44. N'est également pas prévue la punition de ceux qui retirent un profit du crime, comme cela est prévu par la Recommandation n° R (91) 11 du Conseil de l'Europe (C.3).

mineurs, ne sont pas punissables tous ceux qui participent au crime ; notamment la punition de ceux qui en retirent un profit n'est pas prévue [45].

La loi portugaise ne s'applique aux faits commis en dehors du territoire national que dans des cas très restreints (prévus à l'art. 5 du code pénal). Parmi ceux-ci n'est pas incluse la situation de ceux qui, à l'étranger, abusent d'enfants étrangers, notamment par la pratique du « tourisme sexuel ». Concernant la pornographie, l'utilisation d'enfants dans la production de matériel pornographique n'est punissable, en principe, que lorsqu'il s'agit de mineurs de 14 ans (art. 172, n°3, al. b), dès lors que l'utilisation des adolescents de 14-16 et 16-18 ans n'est incriminée que dans les circonstances très limitées prévues aux n° 2 et 3 de l'article 173, c'est-à-dire quand l'agent est quelqu'un à qui l'enfant a été confié pour des raison d'éducation ou d'assistance (14-16 ans) et, par ailleurs, agit en abusant de la fonction qu'il exerce ou de la position qu'il occupe (16-18 ans) [46]. La criminalisation n'englobe pas la commercialisation, la consommation ou la détention de matériel pornographique où figurent des enfants.

Le Portugal changera-t-il sa législation pour se mettre en conformité avec les documents internationaux auxquels il est, d'une certaine manière, lié ? Nous considérons que la révision, dans certains domaines, sera confrontée à des difficultés. Ce n'est pas un hasard si l'exploitation sexuelle commerciale des enfants ne suscite pas l'intérêt de l'opinion publique, pas plus que ne s'élèvent sur ce problème les voix qui, de manière cyclique et conformément aux intérêts politiques, pro-

---

45. Le décret-loi n° 325/95 du 2 déc. qui établit des mesures de nature préventive et répressive pour combattre le « blanchiment de capitaux » provenant du crime (autrefois prévues seulement dans les cas de trafic de drogue), y inclut le proxénétisme, mais omet la traite des personnes. Cet oubli est d'autant plus inexplicable, que dans le préambule du texte il est fait mention précisément à la traite de femmes et d'enfants comme un des crimes pour lesquels la répression du blanchiment de capitaux provenant du crime se justifie le plus. Selon des données fournies lors du congrès de Stockholm, ce crime constitue aujourd'hui le troisième négoce illicite au niveau mondial, après le trafic de drogue et le trafic d'armes.

46. Toutefois, si l'on considère que la participation dans un film ou une vidéo pornographique constitue un « acte sexuel relevant », celui qui « incite, favorise ou facilite » cette pratique par un mineur de 16 ans commet le crime de proxénétisme.

testent contre l'*insécurité* et réclament une plus grande sévérité de la répression.

En réalité, alors que les abus sexuels non commerciaux atteignent potentiellement tous les enfants - également les enfants des classes moyennes et élevées - les victimes de la prostitution et de la pornographie sont, en général, des enfants sans protection et même marginaux. Au Portugal, les cas dont on a connaissance impliquent des enfants de la rue qui se prostituent ou se laissent filmer contre des vêtements de marque ou un bon déjeuner dans un restaurant [47]. Ces enfants sont dérangeants, désagréables et ne suscitent pas la sympathie, de nombreuses personnes les percevant plus comme coupables que comme victimes [48].

Défendre la protection des enfants étrangers - que leur pays ne veulent ou ne peuvent pas défendre - à travers la sanction, dans le pays d'origine, des citoyens nationaux qui abusent d'eux, notamment en tant que « touristes sexuels », sera probablement un chemin encore plus difficile. A une époque où les sociétés ont tendance à se replier sur elles-mêmes et sur leurs privilèges, l'idée que les enfants puissent représenter « le patrimoine de l'humanité » et que cela implique des responsabilités pour les Etats n'est pas facilement acceptée.

Malgré les difficultés, le ministre de la justice a déjà annoncé son intention d'intensifier les mesures d'aide aux enfants et adolescents victimes de l'exploitation sexuelle commerciale, en introduisant notamment des réformes pénales. Par ailleurs, la réflexion dans ce domaine qui commence à s'intensifier devra déboucher, on peut le penser, sur une plus grande sensibilisation de la société pour une profonde prise en compte de ces enfants comme victimes et mènera à une plus grande exigence pour leur protection, protection qui ne devra pas être faite seulement par le biais du droit pénal, mais à laquelle ce dernier ne devrait pas rester étranger.

---

47. La presse a rendu publics certains de ces cas. V. not., Voyage dans le monde portugais de la pornographie infantile, *Público*, 21 juin 1992 ; La chasse aux enfants, *Sábado*, 21-27 août 1992 ; Sexe pour une paire de tennis, *Semanário*, 24 juillet 1993 ; Des gamins dans des films pornos, *Tal e Qual*, 1er mars 1996.

48. Gersão, 1989 et 1990.

Références

Actes - Côdigo Penal - Actas e Projecto da Comissão de Revisão, Ministério da Justiça, 1993.

Almeida, Ana Nunes de, Andre, Isabel Margarida et Almeida, Ana Nunes de, *Os maus tratos às crianças em Portugal,* Rapport final, lère phase, Lisboa, 1995 (polic.).

Beleza, José M. Pizarro, O princípio da igualdade e a lei penal, 0 crime de estupro voluntário simples e a discriminação em razão do sexo, *Boletim da Faculdade de Direito da Universidade de Coimbra,* numero spécial Estudos em homenagem ao Prof. Doutor José Joaquim Teixeira Ribeiro, 1981.

Beleza, Teresa Pizarro, O conceito legal de violação, *Revista do Ministério Público,* n° 59 (1994), p. 51 et s.

Beleza, Teresa Pizarro, *Sem sombra de pecado, 0 repensar dos crimes sexuais na revisão do Côdigo Penal,* Jornadas de Direito Criminal, Revisão do Côdigo Penal, Centro de Estudos Judiciários, 1966.

Castro, José Luis dos Santos, *Entre a tutela e a sobrevivência, contextos de socialização e trajectórias dos meninos de rua,* I.S.C.T.E., Lisboa, 1995 (polic.).

Fernandes, Maria José Lobo, Abuso sexual infantil, *Criminalidade e Cultura,* I, Cadernos do C.E.J., n° 2/90, p. 201 et s.

Gersão, Eliana, Raparigas em internato de reeducação, Porquê' Para quê, *Infância e Juventude,* n° 90-4., p. 47 et s.

Gersão, Eliana, Raparigas com comportamento sexual problemático Transgressoras ou vítimas ?, rapport presenté à la réunion scientifique sur *Abus sexuels sur les enfants,* organisée par la Societé Portugaise de Sexologie Clinique, Coimbra, 1990 (polic.).

Gersão, Eliana, Lopes, Manuela Baptista, Andrade, Miguel et Clenente, Rosa Maria, Relatório relativo à aplicação em Portugal da Convenção sobre os Direitos da Criança, *Infância e Juventude,* n° 94.2, p. 9 et s.

Gersão, Eliana, Cidadania e Tribunais, *Revista do Ministério Público,* n° 63 (1995), p. 121 et s.

Gonçalves, M. Maia, *Código Penal Português,* 9ème éd., Livraria Almedina, Coimbra, 1996.

Guimarães, Maria de Nazareth Lobato, Ainda sobre menores e consultas de planeamento familiar, *Revista do Ministério Público,* vol. 10 (1982), p. 193 et s.

Leal-Henriques, Manuel et Simas Santos, Manuel, *Código Penal,* 2ème vol., Ed. Lex, Lisboa, 1996.

Lourenço, Nelson et Lisboa, Manuel, Violência, criminalidade e sentimento de insegurança, *Textos,* 2 (1991-92 e 1992-93), p. 45 et s.

Ramos, Femando J. Ferreira, Notas sobre os crimes sexuais no Projecto de Revisão do Código Penal de 1982, *Revista Portuguesa de Ciência Criminal,* année 3, 1° (janv.-mars 1993), p. 53 et s.

Ramos, Femando J. Ferreira, Notas sobre os crimes sexuais no Projecto de Revisão do Código Penal e na Proposta de Lei n° 92/VI, *Revista do Ministério Público,* n° 59 (1994), p. 29 et s.

Spagnolo, Giuseppe, La problematica dei rapporti sessuali con minori e tra minori, *Rivista Italiana di Diritto e Procedura Penale,* 1990, Fasc. 1, p. 72 et s.

Vandemeulebroeke, 0. et Gazan, F., Traite des êtres humains et abus sexuels. Les nouvelles lois des 27 mars et 13 avril 1995, *Revue de Droit Pénal et de Criminologie,* déc. 1995, p. 973 et s.

Deuxième Partie

Le mineur délinquant

5

Irresponsabilité ou responsabilité des mineurs ?

par Roselyne Nérac-Croisier

Traiter de la responsabilité pénale des mineurs peut, à première vue, sembler assez banal, pourtant on se rend compte très vite, en approfondissant la question, de la complexité de la matière, de l'importance des incertitudes et des problèmes soulevés.

Il est évident que le sujet est passionnant et d'actualité. Il suffit de consulter la presse, de regarder la télévision pour constater que tous les jours la question de la responsabilité des mineurs peut se poser. De jeunes anglais de 6 ans torturent et tuent un bébé (2 ans), une gamine de 13 ans étrangle une camarade de classe à la suite d'une dispute, un jeune garçon de 14 ans noie son frère de 3 ans, par jalousie semble-t-il, ou moins dramatique, une bande de gamins de 8 à 10 ans saccage une usine de bonbons, etc... Devant ce type d'agissements se pose la question suivante : peut-on, doit-on considérer que ces enfants sont pénalement responsables, qu'ils entrent donc dans la sphère pénale et peuvent faire l'objet d'une condamnation ? En préalable, certaines précisions terminologiques sont indispensables.

Tout d'abord, lorsque l'on parle de mineur, le même terme englobe tous les jeunes, de leur naissance à 18 ans, âge de la majorité pénale et

---

* Ce texte est issu d'une communication présentée à l'Université de Pau et des Pays de l'Adour, le 1er juin 1995, à l'occasion d'un colloque sur le Cinquantenaire de l'Ordonnance du 2 février 1945.

civile. Il est évident cependant qu'au plan de la responsabilité l'absence de différenciation, c'est-à-dire l'unité de terme utilisé, est susceptible de soulever des difficultés car il n'y a rien de commun entre un nouveau-né ou un enfant de 3 ans et un adolescent de 16 ou 17 ans.

Ensuite, parler de la responsabilité pénale des mineurs est encore plus ambigü, mais cette fois, en raison de la dualité de sens des termes et ce, qu'il s'agisse des mots «responsable» ou «responsabilité pénale». Il convient donc d'abord de définir le terme responsable puis de préciser les différentes conceptions de la responsabilité pénale.

Le mot responsable a une double signification. Dans un premier sens un individu responsable est celui qui est capable de prendre une décision, qui est réfléchi et pèse les conséquences de ses actes : on dit de lui qu'il agit en homme responsable. Le deuxième sens est un peu différent, on ne se réfère plus à l'aptitude à agir mais plutôt aux conséquences de l'action. L'individu responsable est alors celui qui doit répondre de ses actes, réparer une faute. Plus communément le responsable est l'auteur, le coupable de quelque chose.

En ce qui concerne l'expression responsabilité pénale, on considère traditionnellement que c'est l'obligation de supporter la peine prévue pour l'infraction commise. Mais, dès que l'on approfondit un peu la question on se rend compte que, là aussi, au moins deux conceptions différentes sont proposées.

La responsabilité pénale peut être décrite comme l'une des facettes de l'élément moral de l'infraction. Elle complète cet élément et est la conséquence normale de la culpabilité chez une personne qui est imputable [1]. Le critère de cette responsabilité peut être le discernement ou la capacité de vouloir et de comprendre. Avec cette conception, l'enfant, dénué de discernement, ne peut être responsable pénalement puisqu'à défaut d'élément moral il ne peut commettre d'infraction. Pour apprécier la responsabilité on se tourne vers le passé, au moment de la commission de l'acte.

---

1. Ortolan, *Éléments de droit pénal*, 4è éd., 1875, t. I, par E. Bonnier, n° 286 ; Stefani, Levasseur, Bouloc, *Droit pénal général*, Précis Dalloz 1995, n° 369.

Ou, la responsabilité pénale est décrite comme une qualité de la personne étrangère aux éléments constitutifs de l'infraction. Dans ce cas il n'est pas nécessaire que la responsabilité de l'auteur soit établie pour que l'infraction existe et entraîne la prévention. Le critère de la responsabilité n'est plus le discernement de l'auteur au moment où il commet l'acte, mais sa capacité à répondre pénalement de ses actes, c'est-à-dire son aptitude à profiter de la sanction [2]. Dans ce sens, un enfant peut commettre une infraction même en l'absence de tout discernement de sa part. Le défaut de discernement ne l'empêche pas d'être responsable dans la mesure où il a la capacité nécessaire pour tirer profit de la sanction. Pour l'appréciation de cette responsabilité il faut se placer au moment où la décision est prise et l'on spécule sur le futur, on se tourne donc vers l'avenir. Ainsi, des termes et des expressions identiques, uniques, sont utilisés pour désigner à la fois la condition de la réaction sociale et son effet [3].

En règle générale, cette dualité ne soulève pas de véritables difficultés car un adulte ne voit sa responsabilité pénale engagée, c'est-à-dire n'est condamné et sanctionné, que dans la mesure où il est également capable de réfléchir, de choisir, c'est-à-dire lorsqu'il dispose de son libre arbitre [4]. De telle sorte que lorsque l'on dit de l'auteur d'une infraction qu'il est pénalement responsable c'est à la fois parce qu'il a choisi son acte et parce qu'il doit en supporter les conséquences.

Pour les mineurs, la situation est beaucoup plus complexe. Selon son âge, un mineur n'a pas nécessairement le discernement, la maturité permettant l'exercice d'un véritable libre arbitre. Doit-on le considérer pénalement responsable, abstraction faite de son développement intellectuel, de sa maturité ? Ou faut-il, au contraire, qu'il ait agi avec libre arbitre pour être responsable et condamnable ? A partir de quand l'acte

---

2. R. Merle et A.Vitu, *Droit pénal général*, Cujas 1987, 6è éd., n° 583 et s.

3. Une dualité de ce type n'est pas exceptionnelle en matière juridique. Elle se retrouve dans différents domaines par exemple, le mot propriété désigne à la fois l'objet sur lequel porte le droit et le droit portant sur cet objet, le mot gage désigne l'objet de la sûreté et la sûreté.

4. Le dément n'est pas pénalement responsable et celui dont le discernement est altéré voit sa responsabilité atténuée, art. 122-1 du Nouveau Code Pénal et art. 64 ancien.

commis par le mineur entraîne-t-il une mesure éducative ? Ou une mesure répressive ? S'il commet matériellement un acte interdit par la loi pénale, commet-il nécessairement une infraction pénale qui va mettre en mouvement la réaction sociale ?

C'est l'Ordonnance du 2 février 1945, ordonnance plus que cinquantenaire, qui, dans ce domaine, est le texte de référence : on dit souvent que c'est la charte de la jeunesse délinquante. Des différents principes résultant de ce texte, nous retiendrons simplement celui de l'irresponsabilité pénale, absolue ou relative, des mineurs de 18 ans. C'est en effet un principe d'irresponsabilité pénale des mineurs qui est actuellement déduit des articles 1 et 2 de l'ordonnance de 1945 et consacré par la jurisprudence. Cette irresponsabilité s'explique par le fait que le mineur a une personnalité en voie de formation, en constante évolution et que sa délinquance est perçue plus comme une inadaptation temporaire que comme une déviance.

Toutefois, malgré les mérites qui lui sont reconnus, l'abrogation de ce texte a été envisagée et vigoureusement réclamée. Nombreux sont ceux qui considèrent que l'ordonnance de 1945 a vieilli, elle n'est plus vraiment adaptée aux mentalités modernes ni aux situations pratiques rencontrées sur le terrain, des modifications s'imposent. Plusieurs commissions de réforme [5] ont travaillé sur ces questions et un avant-projet de réforme du Droit pénal et de la Procédure pénale applicable aux mineurs a été publié en 1990. On attendait des changements et des prises de position avec le Nouveau Code Pénal mais celui-ci se contente de renvoyer la question à une loi particulière [6].

Néanmoins, il semble ressortir des derniers travaux entrepris dans ce domaine que l'on s'oriente vers une affirmation de la responsabilité pénale des mineurs, de telle sorte que nous passerions ainsi d'un régime d'irresponsabilité (I) à un régime de responsabilité du mineur (II).

---

5. On citera par exemple la commission Martaguet installée en 1982.

6. Art. 122-8 N.P.C.

I - Irresponsabilité ...

Le principe de l'irresponsabilité pénale des mineurs est traditionnellement déduit des articles 1 et 2 de l'ordonnance de 1945 dont le domaine a été précisé par la jurisprudence.

Selon l'article 1er « Les mineurs auxquels est imputée une infraction qualifiée crime ou délit ne seront pas déférés aux juridictions pénales de Droit commun et ne seront justiciables que des tribunaux pour enfants ou de cours d'assises des mineurs. Il en est de même de ceux auxquels est imputée une contravention de 5è classe ».

Et l'article 2 précise que : « le Tribunal pour enfants et la Cour d'assises des mineurs prononceront suivant les cas des mesures de protection, d'assistance, de surveillance et d'éducation qui sembleront appropriées », tandis que son alinéa 2 indique qu'« ils pourront toutefois, lorsque les circonstances et la personnalité du délinquant leur paraîtront l'exiger, prononcer à l'égard du mineur de plus de 13 ans une condamnation pénale ».

La grande majorité des auteurs et la jurisprudence ont immédiatement déduit de ces textes l'affirmation indirecte de l'irresponsabilité pénale des mineurs. Cette irresponsabilité est considérée comme irréfragablement présumée pour les mineurs de 13 ans puisqu'à leur égard seules des mesures d'assistance, de protection ... peuvent être prononcées. Et, l'on remarque effectivement que le législateur a pris soin, dans cette partie du texte, de n'utiliser ni le terme de « condamnation » ni celui de « peine » mais simplement les mots « prononcer » et « mesure » beaucoup plus neutres.

Aucune exception à cette règle n'est prévue c'est-à-dire qu'en aucun cas une condamnation ne peut être prononcée pour un enfant de moins de 13 ans.

Le caractère irréfragable de cette première présomption est renforcée par une interprétation *a contrario* de l'alinéa 2 concernant cette fois les mineurs de 13 à 18 ans.

Ceux-ci sont également justiciables des juridictions spécialisées et font en principe l'objet de mesures de protection, assistance, etc... Mais ils peuvent exceptionnellement, lorsque les circonstances et leur personnalité paraissent l'exiger, faire l'objet d'une condamnation à une véritable peine dont la nature est identique à celle prononcée à l'encontre des majeurs mais atténuée ; seule la moitié des peines d'emprisonnement peut être prononcée et la moitié des amendes sans pouvoir excéder 50 000 F. En outre, l'avantage conféré au mineur (réduction de la moitié de la peine en raison de l'excuse de minorité) peut lui être retiré lorsque la juridiction compétente l'estime nécessaire. Elle doit alors spécialement motiver sa décision.

Dès lors, pour cette catégorie de mineurs, la présomption d'irresponsabilité est simple puisqu'une véritable peine peut leur être infligée. Et l'on constate que dans cet alinéa 2 ce sont les termes mêmes de « condamnation » et de « sanction » qui sont utilisés. La seule lecture des textes permet ainsi de relever que les termes « condamnation », « sanction » ou même « peine » sont liés à la responsabilité. Il est logique d'en déduire que les « mesures » prononcées peuvent l'être indépendamment de toute responsabilité et sont une simple prise en considération de l'état de l'enfant : adulte en formation.

Ainsi, pour les adolescents, le juge a le choix entre la voie éducative et la voie répressive. Le critère n'est pas la nature de l'infraction commise, sa gravité, mais la personnalité de l'enfant, l'opportunité de la mesure, son efficacité supposée. Il ne s'agit pas véritablement ici, de punir le jeune délinquant mais d'essayer de l'éduquer, de le remettre dans le droit chemin.

En définitive, le mineur n'est responsable pénalement que lorsqu'il est l'objet d'une véritable condamnation à une peine. Toutefois, même non responsable, il est, dès qu'il a commis une infraction, pris en charge par des juridictions, spéciales il est vrai, mais de nature répressive.

On l'a remarqué, l'ordonnance de 1945 d'une part ne fixe aucun seuil d'âge en deçà duquel l'enfant échapperait totalement à l'emprise du Droit pénal et d'autre part ne fait aucune référence à la nécessité d'un quelconque discernement, de telle sorte que certains auteurs ont observé qu'un nouveau-né éborgnant sa nourrice au cours de la tétée commettrait une infraction pénale et pourrait donc être soumis à l'ordonnance de 1945 [7].

---

7. Costa, A propos d'un arrêt récent de la cour de Cassation en matière de minorité pénale, *R.S.C.*, 1957, p. 363.

En effet, à défaut de précision particulière, on a pu penser que les termes de l'ordonnance de 1945 permettaient d'imputer une infraction à un enfant, abstraction faite de toute question de discernement [8]. Selon l'article 2, l'autorité compétente peut prononcer une mesure d'assistance ou, pire même, infliger une sanction sans avoir à vérifier ni à relever préalablement que le mineur a compris et voulu son acte. La simple commission matérielle d'un acte interdit par la loi pénale suffirait donc pour qu'une infraction puisse être imputée au mineur. Cela peut, *a priori*, sembler surprenant même en sachant que les différentes mesures adoptées à l'égard du mineur le sont dans son intérêt et non à son encontre. C'est pourtant cette conception purement objective de l'imputabilité qui a d'abord été adoptée par certaines juridictions pour mineurs [9], celles-ci estimant que « l'application d'une mesure de protection est soumise à la seule constatation de la commission matérielle d'un fait délictueux ».

Toutefois, cette conception était critiquée par la doctrine, notamment parce qu'elle aboutissait à reconnaître à l'État un pouvoir d'ingérence exorbitant sur l'éducation des enfants. En effet, celui-ci pouvait intervenir dès qu'un enfant, même très jeune, avait matériellement commis un acte infractionnel comme, par exemple, blesser un compagnon de jeu en jouant au ballon.

Ce n'est pourtant qu'en 1956 [10] dans l'affaire « Laboube » que la Chambre Criminelle saisie de ce type de problème va limiter l'attraction du Droit pénal et poser certaines bornes, en précisant dans un arrêt considéré à juste titre fondamental que « si les articles 1 et 2 de l'ordonnance de 1945 posent le principe de l'irresponsabilité pénale du mineur abstraction faite du discernement de l'intéressé, encore faut-il, conformément aux principes généraux du Droit, que le mineur dont la

8. V. sur ce problème Cass. crim. 13 déc. 1956, *D. 1957*, p. 349, note Patin ; M. Puech, *Les grands arrêts de la Jurisprudence Criminelle*, Ed Cujas, T.I., n° 108 ; J. Pradel et Varinard, *Les grands arrêts du droit criminel*, Sirey, 2è éd., 1988, n° 42.

9. Trib. enf. de Meaux, 28 mai 1948, *Gazette du Palais* 1948. 2. 177 ; Trib. enf. de Strasbourg et C.A. Colmar pour l'affaire Laboube du 13 déc. 1956, *préc.* ; V. également le rapport Fedoux, *Semaine Juridique* 1984, n° 20251.

10. Ch. crim., 13 déc. 1956, *Recueil Dalloz* 1957, p. 349.

participation à l'acte matériel à lui reprochée est établie, ait compris et voulu cet acte... toute infraction même non intentionnelle supposant en effet que son auteur ait agi avec intelligence et volonté ». La règle affirmée est claire : les mesures de rééducation de l'ordonnance de 1945 ne peuvent être prononcées que si le mineur a compris et voulu son acte. A défaut, l'enfant échappe à l'emprise du Droit pénal et n'est plus soumis qu'aux instances civiles. C'est donc une conception subjective de l'infraction et de l'imputabilité qui est finalement adoptée, l'attitude psychologique de l'auteur faisant partie intégrante de l'acte infractionnel.

Commettre une infraction pénale ce n'est pas seulement accomplir l'acte matériel interdit par la loi pénale c'est, en plus, comprendre ce que l'on fait et vouloir le faire.

Cette précision attendue par beaucoup était cependant loin de résoudre toutes les difficultés. Elle laissait sans réponse une question essentielle : à partir de quel âge peut-on considérer qu'un mineur a un développement intellectuel suffisant pour que l'on puisse dire qu'il a commis une infraction ? Chaque enfant est unique, a un rythme de développement propre et, pour l'instant, il appartient au juge d'apprécier au cas par cas la conscience de l'enfant et de décider s'il a, ou non, agi avec conscience, lucidité.

Le juge est d'autant plus libre pour le faire que l'irresponsabilité pénale de l'enfant n'empêche pas l'indemnisation de la victime, l'Assemblée plénière ayant par ses arrêts de 1984 [11] admis qu'en matière civile la faute de l'enfant est appréciée de manière objective indépendamment de son discernement [12].

---

11. Ass. Plén. 9 mai 1984, *Bull. crim.* n° 163 et 164 ; *J.C.P.* 1984.II. 20256, note Jourdain ; *D.* 1984, p. 525, Conc. Cabannes et note Chabas ; *J.C.P.* 1984.II.20255, note Dejan de la Bâtie et les obs. Huet à *Revue Trimestrielle de Droit Civil*, 1984.

12. En matière pénale, l'Assemblée plénière relève simplement que le fait, par la Chambre des mineurs, de préciser que l'enfant de 9 ans et demi a volontairement allumé l'incendie suffit pour retenir la culpabilité de celui-ci, la juridiction n'ayant pas à s'engager plus avant dans la recherche de la subjectivité.

Dans notre Droit actuel c'est donc le principe de l'irresponsabilité pénale des mineurs qui est admis. Irresponsabilité absolue avant 13 ans, relative entre 13 et 18 ans.

Cette irresponsabilité déduite de l'ordonnance de 1945 fait depuis quelques années l'objet de vives critiques et nombreux sont ceux qui voudraient voir reconnaître une véritable responsabilité pénale des mineurs.

II - ... Ou responsabilité ?

Certains auteurs font observer que l'affirmation de l'irresponsabilité des mineurs est inopportune puisque de toutes façons une infraction pénale peut être imputée à un enfant dès qu'il est suffisamment conscient : infraction dont il doit répondre devant une juridiction répressive.

Elle serait également injustifiée, infondée... Ainsi Madame Lazerges, dans un article récent [13], remarque - et ce n'est pas la première fois - que l'interprétation traditionnelle faite de l'ordonnance de 1945 et conduisant à l'affirmation de l'irresponsabilité des mineurs est abusive ou du moins erronée [14]. Elle relève qu'une lecture attentive des articles 1 et 2 montre à l'évidence que les auteurs de l'ordonnance n'entendaient pas établir une irresponsabilité que, d'ailleurs, ni le terme de responsabilité ni ceux de présomption simple ou irréfragable ne sont utilisés , mais qu'ils voulaient uniquement retirer les mineurs de la compétence des juridictions de droit commun, déterminer les instances compétentes lorsqu'une infraction est imputée à un mineur ainsi que les mesures ou sanctions susceptibles d'être prononcées à son encontre.

Et cet auteur d'affirmer que, s'il lui paraît cohérent de dire que la responsabilité du mineur est atténuée par rapport aux adultes, il faut reconnaître cette responsabilité car elle est utile, elle peut être un outil de valorisation du mineur, de socialisation et d'accession à la citoyenneté. Affirmer la responsabilité pénale du mineur doit, dit-elle, favoriser

---

13. C. Lazerges, De l'irresponsabilité à la responsabilité pénale des mineurs délinquants, *R.S.C.* 1995, p. 149.

14. Il n'en reste pas moins qu'il s'agit de l'interprétation de la Cour de Cassation.

son accès à l'identité d'adulte. De même, Monsieur Renucci estime que l'on s'achemine vers un rejet de l'irresponsabilité pénale de principe du mineur au bénéfice d'une responsabilité atténuée [15]. Et l'auteur d'estimer que l'irresponsabilité pénale est archaïque et contraire aux réalités nouvelles puisqu'on ne peut occulter ni oublier l'existence d'une délinquance précoce persistante avec des délinquants ordinaires mais aussi de « super-délinquants ». Dès lors, le maintien de l'irresponsabilité qu'il qualifie de «fiction infantilisante» lui semble tout à fait irréaliste et uniquement justificative des comportements délictueux des mineurs.

En outre, ces auteurs relèvent que l'évolution sociale tend à accorder de plus en plus tôt leur autonomie aux jeunes et que le désir d'être responsabilisé est précisément l'une de leur principale revendication.

Toutefois, quelques voix divergentes se font entendre, non des moindres puisqu'elles émanent de personnes directement concernées. C'est ainsi que le syndicat National des Personnels de l'Éducation surveillée souhaite ouvertement que soit réaffirmé le principe de l'irresponsabilité pénale des mineurs. Non pas pour que ceux-ci soient déclarés non coupables des délits qu'ils commettent, mais pour affirmer que la réponse de la société à la délinquance juvénile ne peut se limiter à une adaptation des règles de Droit commun et doit faire l'objet d'un droit spécifique qui prenne vraiment en compte les particularités de l'enfance et de l'adolescence [16].

Le droit positif n'est guère plus précis. Le nouveau Code pénal ne prend pas parti et se contente dans l'article 122-8 de renvoyer la matière à un texte particulier... Néanmoins, il laisse apparaître les principes directeurs du futur droit pénal des mineurs ; 1°) Application de mesures de rééducation, surveillance etc... dès que le mineur est reconnu coupable d'une infraction. Cette dernière précision confirme l'idée selon laquelle le recours à ce type de mesures suppose une faute. Il faut donc que le mineur ait agi avec conscience et volonté. 2°) Possibilité, dans certains cas, de prononcer une véritable peine pour les mineurs de plus de 13 ans. A priori, il ne devrait pas y avoir de changements im-

---

15. J.F. Renucci, *Droit pénal des mineurs*, Ed. Masson, 1994, p. 124 et s.

16. *Journal du Droit des Jeunes*, mars 1995, p. 5 et s.

portants et ces principes ne révèlent qu'une évidente continuité dans la politique du législateur.

Néanmoins, la rédaction du texte appelle deux remarques. D'une part, l'art. 122-8 fait partie d'un chapitre II relatif aux causes d'irresponsabilité ou d'atténuation de la responsabilité. Or, comme le relève Madame Lazerges [17], exception faite de l'article 122-1 alinéa 2 prévoyant expressément une cause d'atténuation de responsabilité, ne se trouvent dans ce chapitre II que des textes établissant des irresponsabilités. Cet auteur estime que l'on doit raisonnablement en déduire que, pour les rédacteurs du Code pénal, la minorité ne peut être qu'une cause d'atténuation de la responsabilité.

L'argument ne nous semble pas dirimant et l'on peut tout aussi logiquement considérer que l'article 122-8 du Code pénal établit à la fois une irresponsabilité totale pour les plus jeunes et une responsabilité atténuée pour les adolescents, se faisant alors le reflet exact de l'intitulé du chapitre II et de l'article 122-8 qui tous deux envisagent des hypothèses d'irresponsabilité et de responsabilité atténuée.

D'autre part, ce texte concerne les mineurs reconnus « coupables d'infraction pénale ». Le terme « coupable » utilisé par le législateur peut sembler significatif. Étymologiquement la culpabilité apparaît essentiellement comme une notion morale ou psychologique qui se confond avec la faute intentionnelle ou non. La culpabilité comporte un élément matériel par la participation à l'acte et un aspect moral, la participation devant être fautive. Le contenu de cet aspect moral a donné lieu à de vives discussions mais il est maintenant admis de manière générale que l'enfant est « moralement coupable » lorsque les actes matériels dont il a eu conscience coïncident avec ceux qui sont pénalement incriminés.

La conscience semble suffire à l'existence de la culpabilité, le libre arbitre n'est pas nécessaire. De telle sorte que la culpabilité peut exister même chez un individu privé de libre arbitre pour peu que celui-ci ne soit pas totalement privé de conscience. Ceci étant, la participation du mineur et sa culpabilité suffisent-elles à le rendre responsable ? En prin-

---

17. *Art. préc.*

cipe non car il faut, en outre, que son comportement lui soit imputable [18].

Or, l'imputabilité suppose l'existence chez l'enfant d'une volonté libre et d'une intelligence lucide. Il faut que l'auteur de l'acte répréhensible ait eu la capacité de comprendre, de vouloir, mais aussi de choisir. C'est dire que l'imputabilité nécessite le libre-arbitre, la faculté de discerner le bien du mal et l'aptitude à déterminer sa conduite par la puissance de sa seule volonté et non de ses instincts. Capacité que n'a pas nécessairement un enfant.

Dès lors, le terme coupable utilisé par l'article 122-8 du code pénal peut n'être qu'une simple confirmation de la jurisprudence Laboube. Réaffirmation donc, que les jeunes enfants, ceux-là même qui n'ont ni conscience ni volonté suffisantes pour être déclarés coupables, échappent à l'emprise de la loi pénale. Cela ne signifie pas nécessairement qu'un mineur coupable sera responsable. Outre l'article 122-8 du Code pénal, les conventions internationales et les textes européens sont susceptibles de fournir quelques indications. Ainsi, la Convention internationale des droits de l'enfant [19] reprend les grands principes des règles de Beijing [20] réaffirmant que l'objectif premier de la justice pénale des mineurs est de nature éducative et que l'enfant, comme les adultes, doit bénéficier des garanties fondamentales. Et, dans son article 40, la convention invite les États signataires, dont la France, à prévoir un âge au-dessous duquel les enfants ne peuvent être pénalement poursuivis.

La Résolution I du VIIè Congrès des Nations Unies pour la prévention du crime et le traitement de la délinquance [21] précise que la société doit assurer le développement harmonieux des adolescents en respec-

---

18. « L'imputabilité est la possibilité de mettre un fait au compte de quelqu'un » (Ortolan, *Éléments de droit pénal*, n° 220 et s., Paris, 1863. Pour MM. Bouzat et Pinatel, «l'imputabilité est la possibilité d'être inculpé pénalement», Bouzat et Pinatel, *Traité de droit pénal et de criminologie,* 2è éd., 1970, t. 1, n° 223).

19. Convention des Nations Unies du 20 nov. 1989.

20. Résolution 40/33 Ass. Générale de l'O.N.U. du 29 nov. 1985 dans laquelle l'A.G./O.N.U. précise l'ensemble des règles minima relatives à l'administration de la justice pénale des mineurs.

21. Congrès de La Havane, août/septembre 1990.

tant leur personnalité et en favorisant leur épanouissement dès la plus tendre enfance. Les jeunes doivent avoir un rôle actif de partenaires de la Société et ne pas être considérés comme de simples objets de mesures de socialisation et de contrôle. Toutes ces affirmations tendent à reconnaître aux jeunes une place et un rôle à part entière dans la société donc à les considérer comme véritablement responsables de leurs actes.

Enfin, au plan Européen, la Recommandation 87-20 du 17 septembre 1987 concerne plus spécialement les réactions sociales à la délinquance juvénile. Elle met l'accent sur la nécessité de développer une politique de prévention et une déjudiciarisation du traitement des mineurs délinquants mais elle ne se prononce pas sur la question particulière de la responsabilité des mineurs.

En définitive, on le constate, les textes restent imprécis. Comme le relève Mme Lazerges « de la responsabilité pénale, peu de législations en traitent directement, aucune n'en donne une définition » [22]. Cette réflexion faite à propos de la responsabilité en général est encore plus vraie pour la responsabilité des mineurs. Il semble néanmoins résulter des différents travaux et conventions que la tendance soit plutôt de vouloir reconnaître dorénavant l'existence de la responsabilité pénale des mineurs.

Il faut alors s'interroger sur le bien-fondé et l'opportunité de cette responsabilité. La notion de responsabilité pénale, nous l'avons vu, est sujette à controverse car elle est susceptible de significations distinctes.

D'une manière générale, elle consiste en l'obligation de réparer les conséquences dommageables de ses actions ou abstentions. En matière pénale, il s'agit selon Monsieur Gassin [23] « d'un concept permettant de déterminer les individus devant répondre de la violation de la loi pénale, ainsi que le fondement, l'étendue et le contenu de cette obligation ». Pour qu'il y ait lieu à responsabilité pénale, il faut non seulement avoir commis une faute intentionnelle, d'imprudence ou encore une mise en danger : la culpabilité ; mais aussi que cette faute puisse être

---

22. Ch. Lazerges, Seuils d'âge et responsabilité pénale, *In Droit Pénal Européen des mineurs*, P.U. Aix-Marseille, 1992.

23. R. Gassin, *Criminologie*, Ed. Dalloz, 1990, n° 627.

mise sur le compte de l'auteur de l'infraction, être mise à son passif : l'imputabilité. Des auteurs [24] ont, à cet égard, relevé qu'il existe au moins deux imputabilités, l'une objective n'est autre que le lien de causalité unissant la faute commise par l'auteur à l'infraction ; l'autre, morale ou subjective, est liée à la capacité de comprendre, de vouloir, mais aussi, selon une conception plus moderne, à l'aptitude à profiter de la sanction, ce que les auteurs nomment la capacité pénale [25].

La reconnaissance de la responsabilité pénale du mineur, comme toute autre, suppose donc que soient réunies sa culpabilité ou aptitude à commettre une infraction pénale et son imputabilité ou capacité pénale, c'est-à-dire son aptitude à tirer profit de la sanction. Or, pour la majorité des auteurs, la « sanction » au sens large a pour objectif essentiel non de punir l'enfant, de l'affliger, mais de le responsabiliser [26].

Il en résulte que la reconnaissance de la responsabilité pénale du mineur implique son aptitude à être responsabilisé, ou en d'autres termes, à devenir socialement responsable. Schématiquement, cela revient à reconnaître le jeune « X » responsable pénalement parce qu'il est capable de devenir responsable ! Le raisonnement nous paraît fallacieux puisqu'il aboutit à faire, par avance, subir au mineur les conséquences de ce qu'il est supposé apprendre [27].

---

24. Laingui et G. Viney cités par G. Levasseur *In* L'imputabilité en droit pénal, *R.S.C.*, 1983 p. 7.

25. G. Levasseur, *In* L'imputabilité en droit pénal, *préc.* ; V. également, s'agissant plus particulièrement des mineurs, C. Lapoyade-Deschamps, Les petits responsables, *Dalloz*, 1988-1-299, pour qui le discernement exigé pour que des mesures puissent être prises à l'égard de l'enfant n'est pas une condition de l'infraction mais doit permettre de déterminer l'aptitude du jeune enfant à bénéficier des mesures qu'on lui inflige. Plutôt qu'une imputabilité, il s'agit d'une capacité à être pris en charge par le juge pénal. Dans le même sens, Dana, *Essai sur la notion d'infraction pénale*, Librairie Générale de Droit et de Jurisprudence (L.G.D.J.), 1982, p. 91 ; R. Legeais, Une délinquance très juvénile, *Dalloz* 1969, ch. 87 ; Merle et Vitu, *Traité de droit criminel*, t.1, n°578.

26. V. par ex. Ch. Lazerges, *préc.* ; J.F. Renucci, *préc.*, p. 113 et s.

27. Cela ne serait admissible que dans la mesure où, comme le préconise R. Ottenhof, serait adoptée une conception autonome de la responsabilité du mineur (R. Ottenhof, La spécialisation des fonctions et des juridictions en droit pénal des mineurs, *In Droit pénal contemporain, Mélanges en l'honneur d'André Vitu*, Ed. Cujas, 1989, p. 409 à 411) ce qui ne simplifierait pas les choses.

C'est pourquoi le système élaboré par l'ordonnance de 1945 ne nous paraît pas aussi suranné et inadapté que certains auteurs le prétendent. Il est suffisamment souple pour que les magistrats puissent appréhender et régler les situations les plus diverses, en tenant compte de la personnalité de l'enfant, de sa maturité ou même de sa réelle dangerosité. La seule véritable lacune de ce régime est l'absence de détermination d'un âge de la minorité pénale. Ce n'est qu'un défaut mineur que la sagesse des magistrats a jusqu'à présent compensé sans difficulté.

Quoi qu'il en soit, si un système de responsabilité était adopté, des règles rigides seraient à proscrire. Un âge minimum devrait être fixé en deçà duquel un enfant ne pouvant commettre une infraction échapperait à l'emprise du droit pénal. La plupart des pays d'Europe prévoient un seuil d'âge qui - selon les pays - varie entre 7 et 14 ans [28]. La législation française ne contient aucune indication sur ce point ; l'article 2 de l'avant-projet de réforme du droit pénal des mineurs publié en 1990, fixait à 10 ans l'âge de la minorité pénale. Prévoir cette limite à 13 ans nous semble plus raisonnable et plus adéquat car avant, un enfant ne se rend pas réellement compte des conséquences de ses actes. Au-delà, une période intermédiaire de 13 à 16 ans devrait être prévue, pour laquelle serait maintenue une présomption simple d'irresponsabilité. Cela permettrait au juge de ne considérer responsables que les enfants ayant fait preuve d'un véritable libre arbitre et ayant eu réellement conscience de la gravité et de la portée de leurs actes. Effectivement, durant cette tranche d'âge de grandes distorsions existent entre les enfants, certains plus matures, agissent en toute connaissance de cause, tandis que les autres ne sont encore que de véritables enfants. Il ne faudrait pas, sous prétexte de les responsabiliser, les assimiler tous, indistinctement, à des adultes. Enfin, ce ne peut être qu'à partir de 16 ans qu'une véritable responsabilité pourrait exister, étant entendu que celle-ci ne devrait pas, sauf circonstances particulières, entraîner de condamnation à une véritable peine. L'adolescence est une période souvent difficile, au cours de laquelle la personnalité du jeune, son ca-

---

28. On peut d'ailleurs noter à cet égard que plusieurs pays ont entamé des réformes à ce niveau. Le projet de loi espagnol, notamment, retarderait la minorité pénale qui passerait de 16 à 18 ans.

ractère ne sont pas encore affirmés et peuvent être améliorés par le choix de mesures adéquates.

En conclusion, une observation nous semble nécessaire. En effet, lorsque le juriste étudie de manière attentive la situation des mineurs, délinquants ou victimes (et le plus souvent les mêmes enfants sont concernés) il a l'impression, désagréable pour l'auteur de ces lignes, que les adultes tiennent absolument à laisser aux enfants de plus en plus jeunes la « responsabilité », dans les deux sens du terme, de leur vie. De même que nous voulons leur faire supporter la responsabilité, c'est-à-dire les conséquences juridiques de leurs actes, sans même chercher à savoir s'ils ont effectivement voulu les commettre, s'ils avaient le libre arbitre nécessaire pour choisir en toute connaissance de cause leur comportement, nous estimons qu'ils sont capables, à 15 ans, de choisir une relation homosexuelle avec un adulte, ou encore, qu'ils peuvent à tout âge, opposer une résistance à une relation incestueuse (résistance nécessaire pour que les magistrats retiennent la qualification de viol).

Et cette impression devient franchement déplaisante lorsque l'on constate que faire de l'enfant un adulte en miniature nous libère de la charge, ou mieux de la responsabilité de l'éduquer, de le protéger afin qu'il devienne adulte, un homme responsable conscient de ses droits et de ses devoirs. Pour nous donner bonne conscience nous lui volons son enfance, sa jeunesse en lui interdisant cette insouciance caractéristique de cette période.

Comme le relève Yves Lernout [29] « Je crains que, faute de mesurer les limites de l'enfant en tant que sujet de droit, certains ne finissent par libérer, non pas l'enfant mais ses parents, ses éducateurs, des obligations qu'ils devraient assumer. Les droits de l'enfant représentent une formidable aubaine pour ceux qui ne demandent qu'à se décharger du fardeau éducatif de plus en plus lourd ».

---

29. Y. Lernout, L'enfant acteur de sa protection, *In* L'enfant du droit, *Bulletin du C.L.C.J.*, 1990, n° 22, p. 27.

6

Entre virtualité de l'éducatif et réalité du répressif.

Les spécificités de la prise en charge judiciaire des jeunes délinquants

par Robert Cario

L'actualité de l'édifice de protection de la jeunesse mis en place principalement par l'Ordonnance du 2 février 1945, cinquantenaire [1], est indiscutable. Proclamant avec justesse la primauté de l'éducatif sur le répressif, elle s'est démarquée du droit pénal commun en instaurant un droit spécifique, un juge (au sens large) spécialisé et une procédure péciale [2]. Elle a bien davantage privilégié le mineur acteur plutôt que

---

1. V. A. Chemin, La justice des mineurs a cinquante ans, In *Le Monde*, 7 fév. 1995/13 ; Comp. J.P. Leblanc, Propos partiels et partiaux d'un éducateur, *In Journal du Droit des Jeunes (J.D.J.)*, 1995-143, p. 4 ; V. également Syndicat National des personnels de l'Education Surveillée, Avec quelle ordonnance de 1945 travailler aujourd'hui ?, *In* J.D.J., 1995-143, pp. 5-9 ; Numéro spécial des *Cahiers dynamiques*, Rev. Trim. P.J.J., 1995/1, p. 1 et s. ; *Adde* D. Salas, 50è anniversaire de l'Ordonnance du 2 février 1945, *In* R.S.C., 1995/3, pp. 660-665 ; *Enfance délinquante, enfance en danger : une question de justice*, Ed. P.J.J., 1996, 224 p.

2. Sur cette spécialisation de la justice pénale des mineurs, V. not. J.F. Renucci, *Droit pénal des mineurs*, Ed. Masson, 1994, p. 130 et s. ; B. Bouloc, *Pénologie*, Ed. Dalloz, 1991, p. 261 et s. ; J. Pradel, *Procédure pénale*, Ed. Cujas, 9è éd., 1995, p. 72 et s., 602 et s. ; G. Stefani, G. Levasseur et B. Bouloc, *Procédure pénale*, Ed. Dalloz, 15 ème éd. 1993, p. 375 et s. ; R. Ottenhof, La spécialisation des fonctions et des juridictions en droit pénal des mineurs, In *Droit pénal contem-*

l'acte [3] - non négligé pour autant - dans le règlement du conflit cristallisé par l'infraction. Les réponses éducatives doivent toujours avoir la primauté sur les réponses pénales, d'ultime recours. Mais une telle stratégie d'adaptation de la réponse sociale à la personnalité en formation de l'intéressé suppose des juridictions et des fonctions véritablement spécialisées, des interventions s'inscrivant dans la continuité et la souplesse [4].

Cette philosophie humaniste qui encadre le traitement social individualisé des jeunes délinquants apparaît, néanmoins, très contrariée en pratique. En ce sens, les réponses concrètement apportées au passage à l'acte, massivement délictuel et souvent exploratoire, des jeunes délinquants bousculent l'éducatif au profit du répressif : sans doute à cause d'une approche du phénomène social que constitue la criminalité insuffisamment globale et intégrée ; sans doute à cause de l'évolution de la délinquance des jeunes, elle-même fortement corrélée à leur exclusion sociale montante ; sans doute à cause de la non prise en considération des données les plus récentes de la bio-psychologie infantile et juvénile en vue d'individualiser la réponse sociale ; sans doute à cause de l'absence de spécialisation des acteurs, seul le juge des enfants [5] offrant

---

porain. Mélanges en l'honneur d'André Vitu, Ed. Cujas, 1989, pp. 405-417 ; P. Conte et P. Maistre du Chambon, *Procédure* pénale, Ed. Masson, 1995, p. 63 et s. ; M. Allaix, La spécialisation des magistrats de la jeunesse : une garantie pour les mineurs de justice, *In La justice des mineurs. Evolution d'un modèle*, Ed. Bruylant/L.G.D.J., 1995, pp. 73-80 ; J.L. Einaudi, *Les mineurs délinquants*, Ed. Fayard, 1995, p. 125 et s. ; J.P. Rosenczveig, *Le dispositif français de protection de l'enfance*, Ed. Jeunesse et Droit, 1996, p. 355 et s. ; *La justice des mineurs*, Pub. Min. Justice, Coll. Les guides de la Justice, 1997, 31 p.

3. V. en ce sens *Crim.* 1er fév. 1951, *In SJ/G*, II, 6 107, note J. Brouchot.

4. Sur ces trois piliers de l'intervention éducative , V. R. Cario, *Jeunes délinquants. A la recherche de la socialisation perdue*, Ed. L'Harmattan, Coll. du G.R.T., 1996 b, p. 144 et s. et réf. citées.

5. Sur ce pivot de la protection judiciaire de la jeunesse, V. not. M.T. Mazerol, *Le juge des enfants. Fonctions et personne*, Ed. CRIV, 1986, 262 p. ; J.M. Baudouin, *Le juge des enfants : punir ou protéger ?*, Ed. E.S.F., 1990, 244 p. ; P. Chaillou, *Mon juge*, Ed. Pré-aux-clercs, 1988, 228 p. ; Comp. M.C. Ferrier/Syndicat de la Magistrature, *Enfants de justice*, Ed. Maspéro, 1981, 380 p. ; J.P. Leblanc, *Le juge et l'enfant*, Thèse, Univ. Pau, 1981, 198 p. ; E. Catta, *A quoi tu juges ?*, Ed. Flammarion, 1988, 299 p.

cette garantie (à la condition d'être entouré d'une équipe de spécialistes) ; sans doute à cause de la facilité à transposer, par adultomorphisme inconséquent, les solutions réservées au traitement pénal des délinquants majeurs.

A la connaissance de la personnalité de l'enfant, être humain en devenir, complexe par définition, semble être préféré le traitement en temps réel [6] ; à l'approche en profondeur de la transgression semble être préférée la visibilité de l'intervention ; aux principes intangibles de la procédure pénale semblent être préférés des procédés à l'efficacité indémontrée de règlement immédiat des conflits ; à la prise en charge précoce [7], intensive et individualisée semblent être préférées les mesures ponctuelles, en cascade ; à la prévention des valeurs sociales essentielles semble être préférée la répression des incivilités ; au soutien socio-éducatif resocialisant semble être préféré, finalement, l'application du « juste dû ».

Une telle entorse à la finalité éducative de la prise en charge judiciaire se comprend d'autant moins que la morphologie de la délinquance juvénile, stabilisée en volume et gravité au regard des statistiques policières officielles depuis 1980, atteste très majoritairement d'activités de petite délinquance, dirigée principalement contre les biens. Cette sévérité accrue est d'autant moins opportune que la réaction judiciaire est déjà fortement coercitive et souvent disproportionnée par rapport aux dommages effectivement causés par les jeunes délinquants [8].

---

6. V. A. Bruel, Aller vite peut-être, mais savoir où aller !, *In Adolescents menaçants ou mineurs irresponsables ?*, Pub. Ecole Nat. Magistrature, C.N.F.E./P.J.J., Multigraph., 1994, pp. 127-156.

7. V. en ce sens les travaux entrepris en oct. 1996 par le Comité d'experts (PC/IN) au sein du Comité pour les problèmes criminels du Conseil de l'Europe sur « Le rôle de l'intervention psychosociale précoce dans la prévention des comportements criminels ».

8. V. R. Cario, *op. cit.*, p. 35 et réf. citées ; Sur la criminalité cachée, V. not. R. Zauberman, P. Robert, C. Perez-Diaz, *Les victimes. Comportements et attitudes. Enquête nationale de victimation*, C.E.S.D.I.P., 1990/52, 2 vol., 282 p. et 587 p. ; V. M. Born, *Jeunes déviants ou délinquants juvéniles*, Ed. P. Mardaga, 157 p. ; N. Queloz, Effilochage des liens sociaux, comportements déviants des jeunes et interventions sociales, *In R.I.C.P.T.*, 1994/4, pp. 448-462 ; J. Junger-Tas, G.J. Ter-

Notre système de justice pénale, à défaut de résoudre cumulativement, complètement et rapidement de telles contradictions, a le devoir d'assumer non seulement l'iniquité de son intervention mais encore la consolidation de l'exclusion (sous ses diverses formes et manifestations) des jeunes délinquants. Invoquer l'échec des réformes entreprises, l'anachronisme des textes applicables (et spécialement de l'Ordonnance de 1945) sur le seul constat (si fragile) de l'augmentation du volume des activités délictueuses ou de l'évolution des formes de la délinquance des jeunes procède parfois du procès d'intention. Il est en ce sens inadmissible que l'on convertisse en échec conceptuel et/ou opérationnel des réformes qui ne doivent, précisément, leur échec qu'au manque de moyens en personnels et matériels, qu'à l'absence de mise en place authentique de tous les aspects de la réforme envisagée [9].

Cependant, le pessimisme n'est pas de mise et l'espoir d'une protection efficace de la jeunesse en difficulté est à la portée de la politique criminelle contemporaine. Aidée en cela par les textes internationaux, récents pour la plupart [10], qui inscrivent l'intervention psychosociale au sein de la famille (lieu de socialisation primaire) dans une stratégie de pédagogie de la responsabilité [11]. La tâche est rude, complexe, de longue haleine. Raison de plus pour s'y atteler avec conviction et sincérité, en partant sur de vraies certitudes : quant aux valeurs à promouvoir et protéger au sein de notre société en général, quant aux

---

louw and M.W. Klein, *Delinquent behavior among young people in the western Europe. First results of the international self-report délinquency study*, Kluger Pub., 1994, 441 p. ; H. Lehalle, *Psychologie des adolescents*, P.U.F., Coll. le psychologue, 1995, p. 201 ; J. Graham and B. Bowling, *Young people and crime*, Home Office Publ., Research Study, 1995/145, 134 p.

9. V. M. Ancel, Observations sur la philosophie moderne de la justice criminelle, *In Revue Internationale de Droit Pénal (R.I.D.P.),* 1982/53, p 594 : « ...Souvent les réformes n'ont pas été appliquées faute de moyens, souvent elles se sont heurtées à la résistance de ceux qui auraient dû les mettre en oeuvre et souvent enfin elles se sont perdues dans une routine administrative qui perpétuait les plus mauvaises pratiques de la répression ancienne. Toutes ces défaillances, toutes ces lacunes et toutes ces déviations doivent être dénoncées... ».

10. V. sur ces textes, R. Cario, *op. cit.*, p. 29 et s.

11. Stratégie si chère à M. Ancel et à ses disciples. V. sur cette question, R. Cario, *ibid.*, pp. 138-141, 151 et s. et réf. citées.

modalités concrètes à privilégier dans le cadre de la justice des mineurs en particulier afin de renforcer encore la spécificité de la protection judiciaire de la jeunesse. L'analyse en situation du déroulement du procès pénal, dans ses différentes phases, est à cet égard riche d'enseignements. Aussi, sans entrer dans un trop grand détail, il apparaît opportun de s'attarder sur les dispositions spécifiques qui aménagent, précisément, la réaction sociale - éducative par principe, répressive par exception - réservée aux jeunes délinquants aux stades de la poursuite (I), de l'instruction (II) et du jugement (III) des infractions commises par des mineurs.

I - Les spécificités relatives à la poursuite des affaires de mineurs

Quand bien même la spécialisation du Parquet des mineurs demeure encore imparfaite [12], le substitut chargé des affaires de mineurs possède le droit exclusif de poursuivre (C) ou non (B) les infractions commises par un mineur [13]. Le Parquet des mineurs est généralement saisi par un procès verbal établi par les Services de police judiciaire de la Police ou de la Gendarmerie Nationale [14], constitué parfois en Brigade des mineurs, dont le rôle (proactif et réactif) auprès des jeunes apparaît essentiel à plus d'un point de vue (A).

---

12. V. art. 7 *Code de Procédure Pénale (C.P.P.)*, L 223-2 *Code de l'organisation judiciaire* ; Comp. *Circulaire* Ministérielle du 15 oct. 1991 et art. 38 de l'*Avant-projet* de réforme de 1990 ; une telle spécialisation s'impose d'autant plus qu'aux poursuites des affaires ayant un mineur pour auteur pourraient s'ajouter celles ayant un mineur pour victime ; de la même manière, la spécialisation du parquet des mineurs renforcera leur participation à la promotion de la prévention de la délinquance juvénile ; V. également *La politique de protection de la jeunesse et le rôle des parquets. Premier bilan de l'application de la circulaire du 15 octobre 1991*, Pub. Min. Justice/P.J.J., 1992, multigraph., 75 p. et Annexes.

13. V. art. 37 *Ord. 1945*, y compris dans le cadre de la répression administrative par dépôt de plainte devant le parquet.

14. Sur la délimitation des zones d'intervention respectives de ces deux corps, V. D. 19 sept. 1996, *Journal Officiel (J.O.)* du 21, p. 14 039.

A - La police et les mineurs

Par une médiatisation parfois exagérée, les rapports que la police ou la gendarmerie entretient avec les jeunes sont principalement représentés comme dégradés [15]. Pour être parmi les premiers intervenants sociaux à connaître des difficultés que rencontrent les jeunes (comme victimes ou délinquants), ils ne sont pour autant pas toujours préparés professionnellement à cette confrontation [16]. Bien que les textes soient muets sur leur organisation et leurs missions précises, des brigades de protection des mineurs sont installées auprès de la plupart des commissariats de police des villes d'une certaine importance. Les policiers affectés à ces brigades de mineurs assurent diverses activités de prévention des risques de victimisation (principalement) ou de délinquance, de contrôle et vérification diverses et/ou de répression auprès des mineurs [17].

1°) Contrôles et vérifications d'identité

Au-delà d'une présence plus ou moins visible au sein des quartiers ou territoires ressortissant de leur compétence, les policiers ou gendarmes sont parfois amenés à procéder à des contrôles d'identité, de nature judiciaire ou administrative. Dans le premier cas, deux types de contrôles d'identité sont prévus. Ainsi, conformément à l'article 78-2 C.P.P., les officiers, agents et agents de police judiciaire adjoints [18] peu-

---

15. V. Jeunesse et Sécurité, *In Les cahiers de l'I.H.E.S.I.*, 1991/5, pp. 7-191 ; La police et les mineurs, *In Journal du Droit des Jeunes (J.D.J.)*, 1996/154, p. 5 et s.

16. V. J.C. Tabbart, Pour une meilleure formation des policiers, *In J.D.J.*, op. cit., p. 13 et s.

17. V. J.P. Rosenczveig, Le dispositif français de protection de l'enfance, *op. cit.*, p. 501 et s. ; P. Chaillou, *Guide des droits de la famille et de l'enfant*, Dunod, 1996, p. 188 et s. ; A l'heure actuelle, les brigades des mineurs, « en voie de disparition », occupent environ 990 policiers qui seraient affectés dans 62 brigades des mineurs spécialisées en principe pour connaître des affaires de mineurs au sein des Services ou des Unités d'investigations et de recherches des circonscriptions les plus importantes ; la création de telles brigades de prévention de la délinquance juvénile est envisagée dans le cadre du 'Plan d'action 1997-2002' de la Gendarmerie nationale.

18. V. art. 16 et s. *C.P.P.*

vent inviter à justifier, par tout moyen, de son identité toute personne à l'égard de laquelle existe un indice faisant présumer : qu'elle a commis ou tenté de commettre une infraction ; ou qu'elle se prépare à commettre un crime ou un délit ; ou qu'elle est susceptible de fournir des renseignements utiles à l'enquête en cas de crime ou de délit ; ou qu'elle fait l'objet de recherches ordonnées par une autorité judiciaire.

Par ailleurs, dans le cadre des opérations « coups de poing » prévues à l'alinéa second de l'article 78-2, sur réquisitions écrites du procureur de la République aux fins de recherche et de poursuite d'infractions qu'il précise, l'identité de toute personne peut être également contrôlée, dans les lieux et pour une période de temps déterminés par ce magistrat.

Dans le second cas, deux types de contrôles administratifs d'identité sont prévus par la loi. Le contrôle ordinaire de l'article 78-2 al. 4 d'une part, a pour but de prévenir une atteinte à l'ordre public, notamment à la sécurité des personnes et des biens, quel que soit le comportement de la personne contrôlée.

Le contrôle spécifique lié à la Convention de Schengen de l'article 78-2 al. 5, d'autre part, oblige toute personne à justifier du respect des obligations de détention, de port et de présentation des titres et documents prévus par la loi.

Tous ces contrôles sont applicables aux mineurs. Au cas de refus ou d'impossibilité de justifier de leur identité, ils peuvent, si nécessité oblige, être retenus sur place ou dans le local de police ou de gendarmerie où ils sont conduits aux fins de vérification de leur identité. La rétention peut durer quatre heures, des empreintes ou photographies peuvent être prises [19], des condamnations pénales significatives prononcées en cas de refus répété. Concernant la rétention des mineurs, deux garanties supplémentaires sont immédiatement applicables : information du Procureur de la République, assistance du représentant légal. Le législateur n'a pas manqué de se prémunir contre « l'impos-

19. Décision spécialement motivée, autorisée par le procureur ou le juge d'instruction et mentionnée dans le procès verbal, « ...lorsque celles-ci constituent l'unique moyen d'établir l'identité de l 'intéressé » ; V. art. 78-3 al. 4 *C.P.P.*

sibilité » pour l'enfant à être effectivement assisté par son représentant, dont l'identité par définition même... n'est précisément pas établie [20]!

La question des contrôles et vérifications d'identité est particulièrement sensible, spécialement à l'égard des jeunes : quatre textes législatifs d'importance se sont en ce sens bousculés depuis 1981. Des problèmes graves ne manquent toujours pas d'émerger à l'occasion de ces activités de police judiciaire ou administrative. Ainsi, quel type d'indice peut faire présumer que telle personne est recherchée ou se prépare à commettre une infraction ? Quel est le critère de l'atteinte à l'ordre public ? Quel est celui de la détermination de la nationalité française ou non d'un individu circulant auprès de nos frontières ou en transit aéroportuaire ou ferroviaire ? Si l'opportunité de tels contrôles n'est pas trop contestable, leur mise en oeuvre est éminemment subjective et c'est nécessairement l'allure générale de l'individu (habillement, comportement, couleur de peau) qui fonde l'interpellation. Une telle manière de procéder est très critiquable, à un point tel que d'aucuns évoquent le « délit de faciès » voire de « sale gueule » dont seraient victimes la plupart des interpellés, majeurs comme mineurs [21]. La garde à vue nourrit les mêmes inquiétudes.

2°) Rétention et garde à vue des mineurs

Par un rapprochement discutable du régime applicable aux majeurs, les Lois du 24 août 1993 et du 1er février 1994 ont étendu les possibilités de placement d'un mineur en garde à vue. Aucun mineur de 13 ans

20. V. art. 78-3 al. 2 *C.P.P.*

21. V. sur ces différents aspects Crim. 10 nov. 1992, *Rec. Dalloz-Sirey*, 1993, Jur., p. 36 et s., note D. Mayer ; *Le Monde* 12 juin 1993 ; R. Cario, Organisation et missions de la police en France, *In R.I.C.P.T.*, 1991/4, pp. 418-432 ; D. Duglery, Jeunesse et police : le travail policier, In Les cahiers de l'I.H.E.S.I., *op. cit.*, pp. 157-177 ; S. Lorvellec, Procédure pénale et mineurs : à propos de quelques lois françaises, *In R.I.C.P.T.*, 1996/2, pp. 147-159 ; M. Allaix, Mineurs délinquants et privation de liberté. Cadre juridique, *In J.D.J.*, 1996/156, p. 3 et s. ; A. Garapon et D. Salas, *La République pénalisée*, Ed. Hachette, 1996, p. 82 et s.

ne peut être gardé à vue [22]. Toutefois, de manière exceptionnelle et sémantiquement nuancée, un mineur de 10 à 13 ans peut être retenu dans les locaux de la police pour une durée de dix heures renouvelable [23]. Certes des indices graves et concordants laissant présumer qu'il a commis un crime ou un délit puni d'au moins sept ans d'emprisonnement doivent être constatés. Certes un magistrat spécialisé dans la protection de l'enfance doit donner son accord préalable. Certes les parents doivent être immédiatement prévenus. Certes un médecin doit systématiquement examiner l'enfant. Certes un avocat doit être désigné dès le début de la retenue. Mais encore faudra-t-il, notamment, que ce magistrat spécialisé existe réellement et que les conditions matérielles de prise en charge de ces enfants soient compatibles avec leur âge (séparation complète, nourriture et équipements sanitaires adaptés), que les policiers chargés de recueillir leur déposition soient spécialement formés... [24], ce dont on peut fortement douter.

Quant au mineur âgé de 13 à moins de 16 ans à l'encontre duquel il existe des indices faisant présumer qu'il a commis ou tenté de commettre une infraction, aucune condition tenant à la nature de l'infraction n'est exigée pour un placement en garde à vue de 24 heures, renouvelable pour une même durée au seul cas de délit puni d'une peine supérieure à 5 ans d'emprisonnement. La garde à vue des mineurs de 16 à 18 ans est de 24 heures, renouvelable une fois, sans condition particulière de gravité de l'infraction [25]. Les mineurs de 13 à 18 ans ne sont assistés par un avocat que sur leur demande ou celle de leur représentant, à partir de la 20 ème heure pour les 16 - 18 ans. Leurs parents ou

---

22. V. Décision 93-326 du *Conseil Constitutionnel* du 11 août 1993 qui, pour exclure expressément l'application de la garde à vue à l'égard des mineurs de 13 ans, n'avait pas écarté la prévision d'une « procédure appropriée permettant de [les] retenir... pour les nécessités d'une enquête », *In J.O.* du 15 août, pp. 11 599-11 601.

23. V. art. 4 *Ord.* 1945 ; J.D.J., 1994/135, p. 7 et s. ; V. M. Allaix, In La justice des mineurs, *op. cit.*, p. 73.

24. V. néanmoins C. Mariage, Guide de l'entretien avec l'enfant, *In Les dossiers du Centre National d'Etudes et de Formation de la Police Nationale*, Multigraph., 1996, 55 p.

25. V. art. 4 *Ord.* 1945 ; V. également art. 706-29 C.P.P. prévoyant une prolongation supplémentaire de 48 heures au cas de trafic de stupéfiants ; prolongation exclue à l'égard des mineurs en matière de terrorisme par l'art. 706-23.

les personnes à qui ils étaient confiés ne sont pas systématiquement prévenus dès le début de la garde à vue ; un examen médical n'est obligatoire que pour les mineurs de 16 ans ; toute prolongation est néanmoins subordonnée à la présentation préalable du mineur au procureur de la République ou au juge chargé de l'instruction [26].

Incontestablement, les missions de la police judiciaire sont d'une extrême sensibilité. De leur professionnalisme à connaître des affaires mettant en cause des mineurs dépend, sans doute, la réaction sociale subséquente à leurs activités délictueuses, mais encore et surtout l'adhésion du jeune au dénouement du conflit qu'il a fait naître ou dans lequel il est impliqué. Et seul un juge, en cas d'infraction pénale avérée, a légalement compétence pour le réguler. Or la pratique de « l'admonestation policière » [27] (ne reposant sur aucun fondement textuel) comme celle de l'inscription sur le registre de la main courante conduisent les services de police judiciaire à traiter directement des affaires de mineurs. Ne reposant sur aucun critère objectif légalisé, ces sorties du système pénal échappent à la finalité éducative spécialisée prônée par l'Ordonnance de 1945. La moindre gravité de l'infraction est souvent invoquée, comme son caractère primaire. C'est précisément dès l'apparition de telles situations qu'il est impératif de mettre en place des interventions psycho-sociales adaptées dans le cadre d'équipes pluridisciplinaires compétentes. De l'intervention précoce, massive et globale découle en effet l'évitement ou l'enracinement dans la délinquance. Le classement sans suite d'une affaire concernant un mineur délinquant participe de cette même problématique d'intervention.

B - Le classement sans suite

En vertu du principe de l'opportunité des poursuites dont jouit le Ministère public, le substitut chargé des affaires de mineurs peut décider de classer l'affaire sans suite. Le classement sans suite peut revêtir

26. V. art. 4 II à V *Ord. 1945* ; 63 et s. C.P.P.

27. V. L. Leturmy, Police et jeunes. Cadre juridique, *In* J.D.J., 1996/154, p. 5 et s. ; H. Souchon, Admonester. Du pouvoir discrétionnaire des organes de police, Ed. C.N.R.S., 1982, 204 p. ; C. Barberger, Mesures applicables aux mineurs, *In Juris-classeur pénal,* art. 66 et 67, Fasc. 2, p. 9.

plusieurs formes : simple ou accompagné d'obligations particulières. Bien que le législateur ait consacré cette flexibilité de la réponse judiciaire, un tel mode conditionnel de résolution des conflits d'ordre pénal est très discutable. En effet, de deux choses l'une : si les circonstances de l'espèce sont clairement établies et la responsabilité pénale de l'intéressé probable, il y a lieu de poursuivre. Que l'infraction considérée soit de faible gravité renvoie à un autre problème, celui de l'inflation pénale, méprisant les principes de justice et d'utilité qui doivent présider à toute incrimination [28]. Dans tous les cas contraires, le classement sans suite doit intervenir, sans aucune obligation. Que l'opinion publique s'émeuve du nombre élevé, tous délinquants confondus, de classements sans suite (dans trois cas sur cinq) renvoie encore à l'inflation pénale qui gonfle artificiellement le contentieux pénal. Les chiffres disponibles indiquent la très forte augmentation des classements sans suite au profit des mineurs : une affaire sur six dans les années cinquante, une sur deux en 1992 (42 937 sur 96 176). Des études particulières soulignent que le classement constitue le mode normal de traitement pénal des mineurs (dans trois cas sur cinq), sauf au cas de violences contre les personnes ou les biens [29].

Les modalités assortissant un classement sans suite conditionnel, enserrées dans un délai de six mois généralement, sont nombreuses [30] et en elles-mêmes d'un intérêt certain à l'égard des mineurs concernés : « admonestation » du mineur en présence de la famille, excuses à la victime, réparation [31] du dommage dans le cadre d'une médiation pénale, avertissement, principalement. Trois difficultés demeurent relati-

---

28. V. R. Cario, *Pour une approche globale et intégrée du phénomène criminel. Essai d'introduction aux sciences criminelles*, Ed. L'Harmattan, Coll. du G.R.T., 1996 a, p. 84 et s.

29. V. P. Robert et al., *Les comptes du crime*, Ed. L'Harmattan, 2è éd. 1994, p. 223 et s. ; Comp. R. Cario, *ibid.*, p. 60 ; C. Lazerges relève, toutes catégories de délinquants confondues, un taux de 87,5 % en 1992, *In Rev. Justices*, 1995/2 (Justice et ville), p. 89.

30. V. not. N. Peix, Le classement sans suite, outil privilégié des parquets des mineurs, *In* J. D. J., 1993/126, p. 12 et s. ; P. Robert et al., *op. cit.*, p. 215 et s. ; J.P. Rosenczveig, *op. cit.*, p. 384 et s.

31. V. art. 12-1 *Ord. 1945* qui offre cette même possibilité de proposer au mineur une mesure de réparation durant l'instruction ou lors du jugement.

vement à de telles pratiques : la « déclaration de responsabilité », en premier lieu, comme l'appréciation de la « réussite » ou non de l'obligation, en second lieu, ne sauraient en effet entrer dans les compétences du Parquet, en l'état actuel des textes et du phénomène pour le moins, en l'absence, en troisième lieu, d'avocat [32]. On peut craindre en ce sens que la suggestibilité du mineur ne l'amène à une trop rapide acceptation de la condition et, au delà, de la procédure envisagée [33]. On peut redouter encore la violation de la règle *non bis in idem* chaque fois que la condition n'est pas remplie (pour des raisons autres, naturellement, que la commission d'une nouvelle infraction par le mineur). Et que les faits soient de moindre gravité, encore une fois, ne permet en rien de justifier que les principes fondateurs de la procédure pénale (présomption d'innocence, procès impartial, droits de la défense notamment) soient sacrifiés sur l'autel des incertitudes de la politique criminelle contemporaine. Est-il surtout nécessaire de rappeler que les réponses éducatives ne s'improvisent pas, sauf à saisir systématiquement le Service éducatif placé auprès du tribunal avant de décider de l'obligation à remplir par le mineur... ce qui n'enlèverait rien, pour autant, aux critiques précédentes [34]. Comment ne pas apercevoir finalement dans une telle extension de l'intervention juridictionnelle [35] du parquet un accroissement injustifié du contrôle social [36] ? Le seul moyen de dépasser ces critiques consisterait à renvoyer, après mise en oeuvre par le parquet de la condition (médiation socio-judiciaire no-

---

32. V. sur ces critiques not. R. Cario, *ibid.*, p. 155 et s. et références citées ; *Adde* R. Cario (Dir.), *La médiation pénale : entre répression et réparation,* Ed. L'Harmattan, Coll. Logiques juridiques, Série science criminelle, 1997, 240 p.

33. V. art. 40 Conv. Internationale des Droits de l'enfant.

34. V. D. Salas, L'enfant paradoxal, In La justice des mineurs, *op. cit.*, p. 54.

35. V. Cario, La médiation pénale, *In Le Nouveau Bulletin,* 1997/4, Pub. C.L.C.J., nov. 1997.

36. V. *Contra* F.J. Pansier, De la modernité du parquet comme organe de traitement de l'infraction ou comment faire plus de justice avec moins d'audiences, In *Gazette du Palais*, 10-11 mars 1995, 69-70, pp. 2-5 ; V. également le curieux *Rapport Rufin* (Protection de la jeunesse et délinquance juvénile, multigraph., 1996, p. 20) qui inscrit une telle procédure « dans la droite ligne des Règles de Beijing préconisant d'éviter le recours à une procédure judiciaire » (art. 11.2) ... par renvoi aux services communautaires ou autres services compétents (art. 11.3)!

tamment), l'évaluation de cette dernière devant un juge de jugement. Une telle ouverture prendrait alors la forme, un peu artificielle néanmoins, d'une alternative au renvoi devant le magistrat instructeur à des fins de poursuite.

C - Les poursuites

Si le substitut chargé des affaires de mineurs entend effectivement poursuivre, il doit alors saisir soit le juge des enfants (par requête pénale), soit le juge d'instruction (par réquisitoire introductif), car l'instruction est obligatoire (sauf en ce qui concerne les contraventions des quatre premières classes) [37]. En effet, un mineur ne peut être poursuivi ni par la procédure de flagrant délit ni par la voie de citation directe [38]. Toute réforme tendant à supprimer le caractère impératif d'une telle information devrait être considérée comme contraire à la philosophie de l'Ordonnance de 1945. Sans remettre en cause ce principe de la primauté de l'éducatif, la réforme introduite par la Loi du 1er juillet 1996 [39], complétant les dispositions de celle du 8 février 1995, risque de la vider de son sens en organisant, notamment, une comparution à délai rapproché du mineur.

Assez opportunément, la Loi du 8 février 1995 a étendu aux mineurs les dispositions relatives au «rendez-vous judiciaire» [40], en permettant au substitut chargé des affaires de mineurs de notifier au mineur, contre lequel existent des indices graves laissant présumer qu'il a commis un délit, une convocation à comparaître en vue de sa mise en examen devant le juge des enfants saisi des faits.

La convocation énoncera les faits reprochés, visera le texte de loi qui les réprime, indiquera le nom du juge saisi. La date et le lieu de

---

37. Ce qui n'est guère regrettable, la pénalisation de tels comportements l'étant bien davantage ; V. art. 21 *Ord.* 1945 mod. L. 3 janv. 1972 sur la procédure simplifiée.

38. Conformément aux dispositions art. 5 *Ord.* 1945.

39. V. sur cette loi, J. Bigot-Bloess, Justice et délinquance juvénile : la tentation répressive, *In Regards sur l'actualité*, La Doc.Française, nov. 1996, pp. 49-65.

40. Modifiant art. 5 *Ord.* 1945.

l'interrogatoire de première comparution seront fixés ; le droit du mineur à être assisté par un avocat rappelé [41]. La convocation sera également notifiée aux parents ou à la personne ou service auquel le mineur est confié, lesquels seront par ailleurs informés de l'évolution de la procédure, quel que soit le mode de comparution. Simultanément, le Service Educatif Auprès du Tribunal est saisi [42].

Pour peu que toutes les conditions précitées soient effectivement respectées, cette accélération de la procédure devrait permettre de fixer assez rapidement les contours de la culpabilité du mineur mis en examen. Mais cette étape franchie, le juge doit retrouver toute la souplesse éducative nécessaire à l'adaptation de la réponse qu'il estimera, le temps venu, la plus conforme à la responsabilité du mineur concerné.

La Loi du 1er juillet 1996 étend le domaine de cette convocation à comparaître [43] aux fins de jugement du mineur contre lequel il existe des charges suffisantes d'avoir commis un délit [44]. La convocation est entourée des mêmes garanties que précédemment : nature des faits incriminés, nom du juge saisi, lieu et date de l'audience, assistance d'un avocat, notification au représentant légal, saisine du S.E.A.T., principalement [45].

Relativement au mineur concerné, le juge des enfants se voit offrir trois possibilités nouvelles, pour peu que les faits soient établis [46].

---

41. V. art. 4-1 *Ord.* 1945 mod. L. 4 janv. 1993.

42. V. art. 12 *Ord.* 1945.

43. Sur les délais à comparaître, V. art. 552 C.P.P.

44. Lors de la discussion (rapportée *in extenso In* J.D.J., 1996/155, p. 17 et s.), le Garde des Sceaux justifie les aménagements de la procédure applicable en l'espèce aux mineurs « selon la plus ou moins grande gravité de l'affaire, en allant des hypothèses les moins graves aux hypothèses les plus graves, mais en se limitant aux délits », ajoutant que le « substitut chargé des mineurs, averti par les services de police ou de gendarmerie de l'arrestation d'un mineur auteur d'un délit, aura à sa disposition sept modes de poursuites » ; sur la subtilité de la démonstration, V. J.D.J., *Ibid,* p. 20 ; *Circulaire* 16 sept. 1996, NOR JUS F 9650076 C, *In* J.D.J., 1996/160, pp. 31-35.

45. V. art. 10 al. 2 mod. L. 1er juill.1996

46. Dans le cas contraire, conformément à l'art. 8-1 II, le juge procédera comme il est précisé aux art. 8 et 10 *Ord. 1945.*

1) S'il est en possession d'investigations suffisantes sur la personnalité du mineur (déjà connu) et sur les moyens appropriés à sa rééducation, il peut immédiatement prononcer l'une des mesures prévues aux 2° à 4° de l'article 8 (dispense de mesure, admonestation, remise à parents ou à personne autorisée). 2) Dans ce même contexte d'investigations disponibles, si le juge envisage la mise sous protection judiciaire du mineur (5° de l'art. 8) ou le placement en établissement de l'intéressé (6° de l'art. 8), il pourra renvoyer l'affaire à une prochaine audience, dans les six mois. 3) Par contre, si le juge estime que les investigations sur la personnalité des mineurs et sur les moyens appropriés à sa rééducation ne sont pas suffisants, il peut encore renvoyer l'audience à six mois, au plus tard, délai mis à profit pour recueillir les renseignements nécessaires, dans les conditions prévues aux alinéas 4 et 5 de l'article 8. Des mesures provisoires pourront être appliquées dans l'attente de l'audience finale : placement en établissement, liberté surveillée préjudicielle, réparation directe ou indirecte. Comme dans le cas de convocation à comparaître pour mise en examen, la procédure ainsi conçue consacre opportunément une certaine césure du procès pénal des mineurs : déclaration de culpabilité très rapide et proche des faits ; mise en place immédiate d'un encadrement socio-éducatif (re)socialisant, réparation de la victime, dont le juge tiendra compte lors du jugement définitif.

Plus regrettable apparaît l'introduction de la comparution à délai rapproché. L'efficacité éducative ne s'obtient en effet pas dans l'urgence [47]. La connaissance approfondie de la personnalité du mineur délinquant doit primer sur la répression de l'acte. Et d'autant plus certainement si le mineur est déjà « connu ». Que les faits, patents, ne nécessitent pas d'investigations particulières, qu'ils soient de nature correctionnelle ne justifient en aucun cas une telle accélération de la procédure pénale spécifiquement applicable aux mineurs. Au contraire, la persistance dans la délinquance indique que les contours de la personnalité et/ou les caractéristiques de la situation familiale, sociale, morale et matérielle n'ont pas été pertinemment évaluées au cours de la précédente prise en charge [48].

---

47. V. *J.D.J.*, 1996/152, p. 10.

48. Comp. M. Huyette, *Guide la protection de l'enfant*, Dunod, 1997, p. 470.

Au mépris de ces évidences, l'article 8-2 nouveau offre au Procureur, la possibilité de requérir du juge des enfants qu'il ordonne une comparution devant le tribunal pour enfant ou la chambre du conseil dans un délai compris entre un et trois mois. Le mineur concerné sera alors immédiatement présenté au juge des enfants qui constatera son identité et l'informera de son droit à être assisté par un avocat, de son choix ou commis d'office. Les faits retenus et qualifiés seront communiqués au mineur. L'avocat pourra consulter le dossier comprenant normalement les investigations comme les propositions établies lors d'affaires précédentes.

Si le juge fait droit aux réquisitions du procureur, il indique au mineur le lieu et la date de l'audience et prononce, le cas échéant, une mesure provisoire classique. Dans le cas contraire, le juge rend une ordonnance motivée, susceptible d'être frappée d'appel par le procureur - et lui seul (!) [49] - au plus tard le jour suivant. Le président de la Chambre spéciale des mineurs, ou son remplaçant, statue dans les quinze jours de sa saisine, au vu, notamment, des observations écrites du mineur, de ses représentants légaux ou de son avocat. Lorsque le renvoi devant le tribunal ou la chambre du conseil est ordonné, le procureur cite l'intéressé (objet d'une éventuelle mesure provisoire) à comparaître dans le délai fixé en appel.

Bien plus contestables encore, les dispositions de l'article 8-3 nouveau risquent de perturber profondément le déroulement du procès pénal des mineurs. A tout moment de la procédure (classique ou rénovée par les deux lois précitées), le procureur pourra dorénavant réclamer une comparution aux fins de jugement dans un délai de un à trois mois. Certes la juridiction saisie pourra, dans les cinq jours de la réquisition, refuser par ordonnance motivée une telle précipitation à statuer définitivement. Mais la pression permanente autorisée par le législateur (appel ; nouvelle réquisition) demeurera, inconciliable avec la vocation éducative de l'Ordonnance de 1945. Elle sera parallèlement source de conflits entre le parquet et le juge des enfants, alors que l'efficacité de l'intervention sociale repose, fondamentalement, sur leur

---

49. V. art. 8-3 al. 5 mod. *Ord.* 1945.

collaboration [50]. L'évolution constante de la personnalité du mineur commande souplesse, calme et continuité. Il est souvent urgent d'attendre. L'accumulation des condamnations, inévitables par définition car les mineurs concernés sont déjà « connus » par des « procédures antérieures », ne fera qu'amplifier l'étiquetage, la (dé)socialisation, la répression et, partant, l'incompréhension et la rébellion. Au regard des handicaps accumulés bien malgré eux par les jeunes délinquants et, surtout, de la morphologie de leur délinquance (massivement délictuelle contre les biens) un tel engrenage répressif participe de l'acharnement à répondre aux actes délictueux plutôt qu'à aider leurs auteurs à ne plus les répéter et à s'intégrer socialement. Par ces sanctions systématiques et en temps réel, on méconnaît une réalité forte que relèvent fréquemment les acteurs de terrain : les jeunes délinquants explosent leurs malaises (affectifs, relationnels, identificatoires) par des comportements délictueux, souvent confus, multivariés et répétés durant une même période de crise qu'il importe d'appréhender globalement.

La saisine du S.E.A.T. à l'occasion de ces comparutions à objectifs variables, ne rassure guère à cause de la pénurie des personnels disponibles à ces tâches, au regard de celles déjà effectuées dans le cadre des placements en détention provisoire et du suivi des privations de liberté. Rarement pluridisciplinaires, ces services vont connaître d'extrêmes difficultés à renseigner, à brefs délais, le juge ou le tribunal. Au surplus, la personnalité changeante des adolescents en difficulté rend très imparfaite la connaissance des contours de celle-ci. C'est dire le peu de valeur des investigations « antérieures ». C'est alors faire porter par le seul mineur la responsabilité de l'échec des prises en charge antérieures.

Le rôle et les pouvoirs du parquet des mineurs apparaissent très importants, autant en ce qui concerne les activités de police judiciaire placées sous son autorité que celles liées aux poursuites dont il a le monopole. La fonction qu'il remplit dans le processus pénal des affaires de mineurs est aujourd'hui cardinale : centraliser, filtrer, traiter, orienter et accélérer [51], sans que le respect des droits de la défense soit pleine-

---

50. V. en ce sens, J.D.J., 1996/152, p. 10.

51. Sur les effets pervers du traitement en temps réel, V. le pertinent commentaire d'A. Vogelweith exposé *In Justice*, 1997/151, pp. 3-8.

ment assuré, sans avoir à motiver ses choix, non contestables à l'heure actuelle, dans le cadre d'un classement sans suite conditionnel [52].

Une telle évolution des pouvoirs du parquet repose sur les dysfonctionnements observés de la justice pénale des mineurs... comme des majeurs : très fort taux de classements sans suite et durée relativement longue du procès pénal [53]. Les justifications officielles insistent encore sur l'augmentation, l'aggravation, la précocité et la persistance des activités criminelles des mineurs, ce que l'observation attentive et régulière du phénomène au travers des instruments statistiques disponibles (certes imparfaits) nuance très fortement [54]. Les innovations les plus récentes (art. 5 *in fine* et 8-1 *Ord.* 1945), introduisant une heureuse césure, risquent d'une part de perdre de leur sens et de confirmer, d'autre part, les craintes de ceux qui ont vu dans le « rendez-vous judiciaire » et ne manqueront pas de voir dans la comparution à délai rapproché une attitude de défiance à l'égard du juge des enfants (en cabinet ou au sein du tribunal pour enfants). De telles procédures accélérées ne stigmatisent rien d'autre que la lenteur des réponses judiciaires, considérée un peu vite comme anormale, à un point tel qu'il faille précipiter les condamnations dans des délais brefs et préfix, à un point tel que le parquet audience finalement le cabinet du juge des enfants comme le tribunal pour enfants [55]!

---

52. V. en ce sens J.P. Rosenczveig, *op. cit.*, p. 411 qui réclame à juste titre la défense du mineur devant le parquet.

53. Le délai de réponse devant le Tribunal pour enfants était de 8,8 mois en moyenne en 1989, de 14,3 mois en 1992. V. Juger les jeunes, *op. cit.*, p. 50.

54. V. not. R. Cario, *op. cit.* (1996 b), p. 35 et s. ; V. F. Bailleau, *Les jeunes face à la justice pénale*, Ed. Syros, 1996, p. 51 et s. ; Comp. en ce sens *La violence des mineurs*, Brochure publiée par le Syndicat des Commissaires de Police, *In Le Monde*, 29-30 oct. 1995 ; V. également l'exposé des motifs de la *Circulaire* NOR JUS 9650047 du 7 juin 1996, de la L. 1er juill. 1996 et du Pacte de relance pour la ville ; V. Rapport Rufin, *op. cit.*, p. 4 et 69 ; *Délinquance et précocité*, Actes 29 ème Congrès de l'Association Française de Criminologie, Multigraph., 1995, Vol. 1, Travaux de l'Atelier A, p. 83 et s.

55. V. J.P. Rosenzcveig, *op. cit.*, p. 407 ; V. *contre*, H. Colonna d'Istria, Réflexions sur la Loi du 1er juillet 1996 relative à l'enfance délinquante, *In Rev. Dr. sanitaire et social*, 1997, pp. 154-164.

Sans l'ombre d'un doute, la politique criminelle actuelle a vocation à se cristalliser - au cas d'échec de la prévention - sur la visibilité de la réponse sociale à la délinquance et le jugement avec célérité des délinquants. Elle n'atteindra cependant de signification symbolique et pédagogique qu'à l'égard des atteintes aux valeurs qui fondent l'harmonie sociale, dans le cadre d'un procès pénal équitable. Le caractère artificiel et inflationniste de la plupart des normes pénales actuelles ruine de telles ambitions et perturbe, fortement, l'information des affaires maintenues dans le processus pénal.

II - Les spécificités relatives à l'instruction des affaires de mineurs

Si différents critères déterminent la saisine du juge d'instruction ou du juge des enfants, leurs pouvoirs en matière d'information sont dorénavant assez semblables. La spécialisation du juge des enfants relativement aux affaires de mineurs paraîtra *a priori* plus évidente que celle du juge d'instruction chargé des affaires de mineurs. Il n'empêche que les déficits en formation spécifique à l'inadaptation et à la délinquance juvéniles sont généralement très importants pour l'un comme pour l'autre [56] (A). Cette imperfection n'est pas complètement comblée par le fait qu'ils sont aidés dans leurs tâches par divers services ou institutions publics ou privés (B), spécialement habilités et placés sous le contrôle de la Protection Judiciaire de la Jeunesse.

A - Le magistrat instructeur [57]

Le juge d'instruction spécialement chargé des affaires de mineurs [58] est saisi soit au cas de crime commis par un mineur, soit au cas d'infractions impliquant également des majeurs [59], soit au cas de délits particulièrement complexes au fond comme du point de vue de la procé-

56. V. sur cet aspect R. Cario, *op. cit.*, 1996 b, p. 144 et s.

57. Sur cette question, V. en général, F. Casorla, Instruction préparatoire et minorité pénale, *In Enfance et délinquance*, Ed. Economica, 1993, pp. 89-110.

58. V. art. L 522-6 *C.O.J.*

59. V. sur cet aspect art. 9 *Ord.* 1945.

dure [60]. Le juge des enfants instruit donc les autres délits et contraventions de cinquième classe [61].

La question se pose de savoir si cette savante répartition des compétences est bien justifiée. Il ne fait guère de doute que les juges des enfants, à condition d'être en nombre suffisant sur l'ensemble du territoire national, pourraient très heureusement assurer l'ensemble de ces informations [62]. D'autant mieux que la pratique judiciaire indique que près de neuf affaires sur dix sont confiées au juge des enfants [63].

Les magistrats instructeurs doivent l'un et l'autre effectuer toutes les diligences et investigations utiles pour parvenir à l'élucidation des faits, à la manifestation de la vérité et à la connaissance de la personnalité du mineur ainsi que des moyens appropriés à son éducation ou à sa rééducation. La souplesse d'intervention du juge des enfants apparaît néanmoins plus grande que celle du juge d'instruction chargé des affaires de mineurs qui ne peut procéder que dans les formes prévues par le Code de procédure pénale. Il est en effet permis au juge des enfants de procéder à une enquête par voie officieuse [64]. Souplesse et rapidité de l'intervention judiciaire obligent ; au plus près de la saisine. La commission des faits peut encore révéler une situation de danger dont il convient, au plus vite, de protéger le mineur.

D'une manière générale, les parents du mineur, son tuteur ou la personne ou le service auquel il est confié sont avisés de la procédure en cours et de la nécessité de choisir un avocat pour assurer sa défense [65].

---

60. Le juge d'instruction peut également être saisi par le renvoi du juge des enfants (art. 5, 8-1° *Ord.* 1945) ou sur dessaisissement d'un autre juge d'instruction (art. 7 al. 3 *Ord.* 1945).

61. V. art. L 531-1 *C.O.J.*

62. L'*Avant-projet* de réforme (1990) prévoit une répartition encore assez subtile (V. art. 16 et s.) ; Comp. J.F. Renucci, *op. cit.*, p. 132 et s.

63. V. en ce sens P. Robert et al., *op. cit.*, p. 225 et s. ; V. également sur la marginalisation du juge d'instruction, *Le Monde* 6 janv. 1996/7.

64. V. sur cet aspect Crim. 22 nov. 1994, note J. Pradel, *In Rec. Dalloz*, 1995, 321.

65. V. art. 10 *Ord.* 1945 ; à défaut, l'avocat est désigné d'office ; V. art. 40-2 *Convention Internationale des Droits de l'Enfant* ; sur cet aspect, V. not. Y. Benhamou, Réflexions en vue d'une meilleure défense en justice de l'enfant, Rec. *Dalloz-Sirey*, 1993, Chron. XXII, pp. 103-107.

Les uns comme l'autre seront consultés tout au long de la procédure, au cours de laquelle ils ont un rôle essentiel à tenir à l'égard du mineur. Selon les caractéristiques du milieu familial actuel du jeune, il n'est pas exclu qu'un dossier d'assistance éducative soit parallèlement ouvert. Une telle pratique parasite, sans aucun doute, l'action publique engagée à l'encontre du mineur délinquant. Elle a néanmoins le grand mérite, le cas échéant, de déclencher une protection judiciaire au bénéfice des éventuels autres membres de la fratrie.

Le juge des enfants comme le juge d'instruction ont le pouvoir de prendre, par ordonnance, de nombreuses décisions. Un mandat de dépôt peut être, en ce sens, délivré après consultation obligatoire du S.E.A.T. [66] et après débat contradictoire à l'égard d'un mineur si cette mesure paraît indispensable ou s'il est impossible de prendre toute autre décision [67]. A la suite d'une « petite révolution [68], « aucun mineur de 16 ans ne peut être placé en détention provisoire en matière correctionnelle [69]. Lorsque la peine encourue n'est pas supérieure à sept ans d'emprisonnement, la détention provisoire des mineurs âgés d'au moins seize ans ne peut excéder un mois. Sa prolongation, par ordonnance motivée, est possible une seule fois pour une durée d'un mois. Dans les autres cas, la détention provisoire peut durer quatre mois et être prolongée sans jamais excéder, au total, une année de détention. En matière criminelle, la détention provisoire des mineurs de plus de treize ans et de moins de seize ans ne peut excéder six mois, renouvelables pour une même durée, une seule fois. Dans les autres cas, les mineurs de plus de seize ans ne peuvent être provisoirement détenus plus de deux années.

Le nombre de placements en détention provisoire (généralement du fait du juge d'instruction dans les deux-tiers des cas), pour être trois fois moins élevé qu'au début des années 1980, demeure encore impor-

---

66. V. en ce sens *Crim.* 11 juin 1996, *In* S.J. 1996, IV, 2259.

67. V. art. 11 et 12 *Ord.* 1945, mod. L. 6 juill. 1989, 4 janv. et 24 août 1993 ; V. art. 144, 145 et s. *C.P.P.* ; V. J.P. Céré, La spécificité de la détention des mineurs, *In* cet ouvrage, p. 201 et s.

68. V. J.P. Rosenczveig, *op. cit.*, p. 376.

69. V. L. 30 juill. 1987, appliquable le 1er mars 1989 ; Comp. M. Huyette, *op. cit.*, p. 474.

tant : 2 037 en 1993 (dont 95 enfants de moins de 16 ans) [70]. On ne saurait passer sous silence la pratique, incontestée mais extrêmement contestable, de la couverture assez automatique par la juridiction de jugement du temps passé en détention provisoire [71]. Cet effet pervers, inacceptable lorsque l'on sait le fort taux de prévenus parmi les mineurs incarcérés (environ 80 %) [72], au regard de la faible gravité des infractions commises, devrait conduire à la suppression de la détention provisoire correctionnelle à l'égard des mineurs et à la limitation (de deux à six mois) de celle applicable aux mineurs âgés de 16 à 18 ans en matière criminelle. Le non respect dans la plupart des Maisons d'arrêt où sont incarcérés les mineurs de la séparation d'avec les adultes milite, plus fermement encore, dans le même sens [73].

Le magistrat instructeur peut préférer opter pour une mesure de contrôle judiciaire socio-éducatif. Si cette mesure évite heureusement un placement en détention provisoire, elle n'est pour autant pas sans risque pour le mineur qui, à défaut de respecter les obligations afférentes à cette mesure, sera immédiatement incarcéré [74]. Une mesure de

70. En 1994, ce nombre fut de 2 231 (dont 144 mineurs de 16 ans). *In Evolution du nombre des mineurs détenus au 1er janvier*, Source P.J.J., multigraph., L 3, janv. 1996.

71. V. P. Robert et al. citant les travaux de P. Tournier sur l'incarcération des mineurs, not., *In Questions pénales*, 1992/5, p. 1 et s. ; P. Robert et R. Zaubermann, La détention provisoire des mineurs de seize ans : des textes et des pratiques, *In R.S.C.*, 1982, p. 83 et s. ; S.N.E.P.S./P.J.J., *In J.D.J.*, 1995/143, p. 8 et s. ; M. Allaix, *In J.D.J.*, 1996/156, p. 5.

72. Au 1er avril 1997, 682 mineurs sur 806 étaient en ce sens prévenus (dont 18 filles sur 20), *In Statistiques trimestrielles de la population prise en charge en milieu fermé*, 1997/71, Pub. Min. Justice, p. 13, 29, 48 et 55.

73. V. art. D 514 et s. *C.P.P.* ; Comp. les propositions de la Commission Martaguet qui souhaitait sa disparition pour les mineurs de seize ans en toutes matières, *In* Jornadas de estudio de la legislacion del minor, *op. cit.*, p. 299 et s. ; V. art. 7 Recommandation R(87)20 du Conseil de l'Europe not.

74. A condition d'être âgé de plus de 16 ans au moment des faits ; V. sur cette mesure, C. Cardet, Le contrôle judiciaire socio-éducatif : 1970-1993. Chronique d'une expérience qui dure, *In R.S.C.*, 1994/3, p. 503 et s. ; C. Pollier, Entre sanction et réhabilitation : le contrôle judiciaire socio-éducatif, *In J.D.J.*, 1996/156, pp. 15-18.

liberté surveillée préjudicielle ou d'observation peut encore, beaucoup plus judicieusement, être ordonnée par le magistrat instructeur [75].

Parallèlement à ces décisions, le juge des enfants comme le juge d'instruction peuvent avoir recours à toutes mesures d'investigation et d'orientation éducative, à toutes enquêtes sociales. Afin d'aboutir à un bilan de personnalité le plus complet possible, ils ont encore la possibilité d'ordonner tous examens médicaux ou médico-psychologiques. Ils peuvent choisir de confier provisoirement le mineur mis en examen à ses parents, à une personne digne de confiance, à un centre d'accueil ou d'observation, au Service de l'aide sociale à l'enfance, à un établissement de soins, d'éducation ou de formation professionnelle [76]. Il importe en effet d'offrir au mineur, le plus vite possible, les moyens de remédier [77] aux échecs ou obstacles de nature diverses qu'il ne peut dépasser seul. Toujours modifiable [78] et révocable, la mesure de garde ainsi décidée pourra, le cas échéant, être exercée sous le régime de la liberté surveillée afin d'initier rapidement une action éducative en milieu ouvert [79].

La juridiction chargée de l'instruction d'une affaire impliquant un mineur a reçu, récemment, la faculté de lui proposer une mesure ou activité d'aide ou de réparation à l'égard de la victime ou dans l'intérêt de la collectivité [80]. Cette mesure de réparation, dont la mise en oeuvre devrait être systématiquement confiée au secteur de la Protection Judiciaire de la Jeunesse, suppose l'accord de l'intéressé [81], que l'on peut croire plus éclairé à ce stade de la procédure. Les inconvénients cités plus haut n'en disparaissent pas pour autant.

---

75. V. art. 8 in fine *Ord.* 1945 ; Comp. art. 19 al. 2 *Ord.* 1945.

76. V. art. 10 *Ord.* 1945 ; Sur certains de ces placements, V. *Infra*, Sect. 3, § 1.

77. Sur le concept et les activités de remédiation cognitive, V. not. F.P. Büchel (Dir.), *L'éducation cognitive. Le développement de la capacité d'apprentissage et son évaluation*, Ed. Delachaux et Niestlé, 1995, 348 p.

78. V. art. 10 *in fine Ord.* 1945 ajouté par L. 8 fév. 1995.

79. V. art. 10 av. dernier al. *Ord.* 1945.

80. V. art. 12-1 *Ord.* 1945 introduit par L. 4 janv. 1993 ; V. *Infra* le contenu restauratif de la mesure (Sect. 2, § 2).

81. Sur les modalités d'application de cette mesure, V. *Circ.* Garde des Sceaux 11 mars 1993.

Plus paradoxalement, le juge instructeur peut choisir de ne prononcer aucune de ces mesures. L'obligation de motiver un tel choix n'enlève en rien à la curiosité d'une telle prévision, laquelle rend assez divinatoire la prise en considération de l'évolution de la personnalité du mineur concerné et arbitraire l'adaptation de la réponse judiciaire à celle-ci. Il est à craindre, une fois encore, que ce ne soit la faible gravité des comportements reprochés qui détermine une telle réponse, à moins que celle-ci n'ait été court-circuitée par une prise en charge au titre de l'assistance éducative...

La palette des interventions devant conduire à préparer au mieux la décision définitive, tout en sauvegardant lorsque cela s'impose les intérêts des protagonistes au conflit pénal, y compris par la contrainte, apparaît d'une richesse et d'une souplesse certaines. Tout doit effectivement être mis en oeuvre, au plus près de la commission des faits, pour ajuster la réponse judiciaire à l'évolution de la personnalité du mineur. Le sens de chacune des mesures prises doit être rappelé au mineur. La cohérence de leur enchaînement est le plus sûr moyen d'obtenir l'adhésion du mineur au programme d'éducation que construisent, à son intention, les magistrats instructeurs avec l'aide des spécialistes des disciplines médicales, psychologiques et sociales.

B - Les services d'aide à la décision

En ce domaine si particulier de la justice des mineurs, le traitement pénal des jeunes délinquants passe par le recours aux compétences multiples du travail social. Cette collaboration inévitable n'est guère contestée aujourd'hui [82], sinon au travers des pénuries assez générali-

82. V. not. J. Faget, *Justice et travail social*, Ed. Erès, Coll. Trajets, 1992, p. 5 et s. ; V. également A. Bruel, Jalons pour une dialectique du judiciaire et de l'éducatif, *In Annales de Vaucresson*, 1972/10, pp. 3-72 ; A. Garapon, L'intervention du social dans le judiciaire, *In Bulletin du C.L.C.J.*, 1990/21, pp. 15-19 ; L. Denis, *Justice et familles*, Ed. Erès, 1989, p. 111 et s. ; Comp. M.T Mazerol et J. Villier, Le métier d'éducateur, un métier symptôme, In *Annales de Vaucresson*, 1980/17, pp. 141-151 ; D. Turbellin, *La justice a-t-elle besoin d'éducateurs ?*, Ed. Erès, Coll. Trajets, 1995, 159 p.

sées en personnels et matériels [83] que connaissent les intéressés. Conçues à ce niveau de l'étude comme des aides à la décision, les missions d'investigations [84] ainsi déléguées sont placées sous la tutelle de la Protection Judiciaire de la Jeunesse [85]. Certains services participent directement du secteur public, d'autres appartiennent au secteur associatif habilité [86].

Concernant l'enfance délinquante, on doit noter l'importance croissante qu'est amené à jouer aujourd'hui le Service éducatif placé auprès du tribunal pour enfants, créé en 1987 [87]. Composé d'éducateurs et, parfois, d'assistants sociaux, il a pour principales missions d'apporter aux magistrats (substitut, juge d'instruction, juge des enfants) toutes indications utiles sur la situation du mineur, de formuler une proposition éducative et d'assurer l'accompagnement des décisions prises à titre provisoire (placement en détention provisoire, liberté surveillée, notamment) ou définitif (travail d'intérêt général, sursis avec mise à l'épreuve...). Les nouvelles dispositions introduites aux articles 8-1 à 8-3, relativement à l'accélération des procédures, s'ajoutent à ces missions déjà abondantes [88].

---

83. Comp. R. Cario, *op. cit.* (1996 a), p. 147 et s. ; D. Salas, L'enfant paradoxal, *op. cit.*, p. 61.

84. V. *Circulaires* 19 avril 1991, 18 juin 1993 et 18 déc. 1996 sur l'exercice des mesures d'investigation ordonnées par les juridictions pour mineurs, NORJUS F 96500111, *In* J.D.J., 1997/164, pp. 38-43.

85. Sur les missions générales de la P.J.J., V. not. D. 14 janv. 1988, *J.O.* du 16, p. 772 ; *La Protection Judiciaire de la Jeunesse*, Pub. Min. Justice, 1995, multigraph., 12 p.

86. Sur l'habilitation des personnes physiques, établissements, services ou organismes habilités, V. not. D. 6 oct. 1988, *J.O.* du 8, p. 12698.

87. V. Arrêté 30 juil. 1987, *J.O.* du 18, p. 9446 ; Ils sont actuellement au nombre de 134 ; V. également *Circ. Min.* 15 oct. 1991 qui incite, en toutes matières, les magistrats à recourir aux services du S.E.A.T., p. 5 ; dans le même sens, V. P. Robert et al., *op. cit.*, p. 226 ; Comp. J. Faget, *op. cit.*, p. 143 et s.

88. V. art. 12 al. 3 nouveau *Ord.* 1945 ; L'absence de consultation du S.E.A.T., pourtant obligatoire not. au cas de placement (et de renouvellement) en détention provisoire, n'est pas considérée comme une cause de nullité ! ; V. M. Allaix, *op. cit.*, p. 4 ; J.P. Rosenczveig, *op. cit.*, p. 494 et s.

Quelques auteurs ont souligné le rôle majeur que paraît dorénavant jouer le S.E.A.T. ainsi que le désengagement corrélatif des autres services d'investigation et d'orientation éducative du secteur public de la Protection judiciaire de la jeunesse notamment [89]. Cette tendance est très fâcheuse car de la qualité de l'observation clinique préalable dépend l'adéquation du traitement à la personnalité des mineurs concernés [90].

A côté de cet instrument privilégié d'aide à la décision, les magistrats peuvent encore faire appel à divers collaborateurs afin de mieux connaître la personnalité du jeune délinquant, les circonstances dans lesquelles l'acte criminel s'est inscrit et les potentialités éducatives à mettre en place. Ces investigations et orientations éducatives peuvent être accompagnées d'une mesure d'observation en milieu ouvert qui, en s'inscrivant dans la durée, permettra d'apprécier en situation les expertises transversales sollicitées auprès de médecins (généralistes ou spécialistes) de pédo-psychiatres, de psychanalystes, de psychologues ou de sociologues [91].

Durant l'année 1995, les aides à la décision se sont manifestées de la manière suivante [92].

---

89. V. not. P. Robert et al., *op. cit.*, p. 225 et s. ; Comp. J.P. Leblanc, *In J.D.J.*, 1995-143, qui souligne, p. 4, ce « dégagement » de l'institution de la Protection Judiciaire de la Jeunesse ; B. Cassagnabère, Le mineur en prison : le S.E.A.T. en première ligne, *In Rev. pénitentiaire*, 1996/2, pp. 159-182.

90. V. en ce sens J. Pinatel, Doctrine et pratique en matière de délinquance juvénile, *In R.I.C.P.T.*, 1983/1, Vol. XXXVI, pp. 50-61.

91. Conformément aux dispositions art. 81 al. 6 et 7, D 16 et s. *C.P.P.* ; Sur ces différents aspects, V. not. J. Faget, *op. cit.*, p. 78 et s. ; Y. Fleurot, *Le secteur associatif et la Protection judiciaire de la jeunesse*, Univ. de Pau, 1989, multigraph., 2 Vol., 244 et 55 p. ; L. Denis, Justice et famille, *op. cit.*, p. 89 et s. ; Comp. *Les interventions psychosociales dans le système de justice pénale*, Rapports 20è Conférence de recherches criminologiques, Pub. Conseil de l'Europe, Coll. Recherche criminologique, Vol. XXXI, 1995, 219 p.

92. V. chiffres présentés par J.C. Biscarrat *In Rapport annuel d'activité 1995 des services du secteur public* (multigraph., P.J.J., oct. 1996, p. 12 et s.) et par N. Vandembroucq *In Quelques données de l'activité 1995 des établissements et services du secteur associatif habilité*, (multigraph., P.J.J., déc. 1996, p. 8 et s.).

Tableau n° 1 - Les aides à la décision émanant du secteur public terminées en 1995

Accueils, Conseils et Enquêtes rapides (S.E.A.T.)	30 173
Enquêtes sociales	4 107
Consultations, investig. et orientations éducatives [93]	12 832

Tableau n° 2 - Les aides à la décision émanant du secteur associatif terminées en 1995

Enquêtes sociales	12 973
Investigations et orientations éducatives	13 032

Ces activités importantes regroupent l'ensemble des mineurs suivis en 1995 au titre de l'enfance délinquante comme de l'enfance en danger. Les chiffres disponibles attestent néanmoins d'une baisse substantielle des aides à la décision : de 63 837 mesures en 1992 à 47 112 en 1995 dans le Secteur public ; de 52 821 mesures en 1992 à 26 005 dans le Secteur associatif habilité en 1995. Si les chiffres disponibles ne permettent pas une exacte répartition des suivis, la situation juridique des 32 325 mineurs confiés au secteur public au 31 décembre 1995 confirme que, généralement, environ un mineur sur deux [94] a maille à partir avec la justice pénale [95].

Tableau n° 3 - Situation juridique des jeunes pris en charge au 31 décembre 1995 - Secteur public

Jeunes délinquants		Jeunes en danger		Jeunes majeurs	
nombre	dont filles	nombre	dont filles	nombre	dont filles
15 282	5,37 %	15 910	39,93	1 133	45,54%

93. Depuis 1992, dans le Secteur public, les investigations et orientations éducatives remplacent et regroupent les consultations et les observations en milieu ouvert.

94. Les statistiques relatives à l'activité des Tribunaux pour enfants en 1993 indiquent que pour 35 355 jugements rendus au pénal (concernant 51 933 mineurs) 3 841 mesures d'investigation ont été prises. Ce faible recours aux aides à la décision étonne profondément, quand bien même la pratique du «double dossier» (art. 375 *civ.*) tempère quelque peu la remarque.

95. Sur les moyens précis dont dispose le Secteur public, V. J.C. Biscarrat, Bilan statistique des services du Secteur public, *op. cit.*, 1996, p. 12 où sont recensés 443 sites géographiques dépendant de 336 établissements, employant 5 977 fonctionnaires d'Etat et disposant d'un budget de 1,36 milliards de francs (1997).

La situation apparaît bien différente dans le secteur associatif habilité puisque seulement 0,52 % des 103 450 jeunes pris en charge au 31 décembre 1995 étaient délinquants [96].

Tableau n° 4 - Situation juridique des jeunes pris en charge au 31 décembre 1995 - Secteur associatif

Jeunes délinquants		Jeunes en danger		Jeunes majeurs	
nombre	dt filles	nombre	dt filles	nombre	dt filles
543	5,52 %	98 990	46,73 %	3 917	56,13 %

Quant à la part des jeunes filles parmi ces mineurs pris en charge, elle diffère profondément selon qu'elles sont délinquantes (5,37 % dans le secteur public, 5,52 % dans le secteur privé) [97] ou en danger (pratiquement un cas sur deux) [98].

Sans l'ombre d'un doute, les collaborateurs du magistrat instructeur remplissent pleinement les missions qui leurs sont confiées, le bilan précédemment dressé en atteste formellement. Il convient néanmoins d'observer que l'essentiel du potentiel d'aides à la décision profite aux mineurs en danger. Certes la pratique du «double dossier», consistant à mettre en mouvement parallèlement à des poursuites pénales la procédure de l'enfance en danger, atténue la critique mais enlève beaucoup

96. V. N. Vandembroucq, Etablissements et services du secteur habilité justice. Quelques données de l'activité 1995, *op. cit.*, p. 91 ; Sur les moyens dont dispose le secteur associatif habilité, *Eod. loc.*, indiquant que parmi les 1 014 établissements sur les 1 016 existant, on dénombre 89 services d'enquêtes sociales, 68 S.I.O.E., 4 services de réparation, 159 services d'A.E.M.O., 51 Centres de placement familial, 645 établissements d'hébergement, employant 23 916 salariés (équivalent temps plein) et 3 469 assistantes maternelles, disposant d'un budget de 8 497 millions de francs en 1997 ; Sur cette prise en charge centrée sur l'enfance en danger, V. M. Mestrot, *Action associative et justice pénale*, Univ. Bordeaux III, 1992, p. 126 et s.

97. En réalité, dans le secteur habilité, la part des filles délinquantes apparaît supérieure lorsque l'on tient compte de l'ensemble des mesures d'investigations terminées en 1995 (135 filles sur 904 délinquants) ou de l'ensemble des jeunes sortis en 1995 (60 filles sur 936 délinquants). V. Rapport 1995, *op. cit.*, p. 56 et 85 ; Dans le secteur public, les filles représentent 5,88 % des mineurs pris en charge (investigations comprises) au 31 déc. 1995 (980 cas sur 16 665) et 7,78 % des mesures terminées en 1995 (2 661 sur 34 196), Rapport 1995, *op. cit.*, p. 38 et 40.

98. Sur cette résistance positive des filles et des femmes à la criminalité, V. R. Cario, *Les femmes résistent au crime*, Ed. L'Harmattan, Coll. Transdisciplines, 1997, p. 25 et s. et réf. citées.

de clarté au sens de l'intervention judiciaire. Si la souplesse est de principe, la cohérence doit l'être tout autant [99]. On regrettera encore que la formation de base (ou continue) des intervenants ne conduise pas davantage à une spécialisation en criminologie juvénile, aux niveaux théoriques, cliniques et techniques. D'autant plus que les interventions psychosociales sont susceptibles d'être enserrées dans des délais de plus en plus rapprochés. L'absence de généraliste en criminologie juvénile auprès des principales institutions de prise en charge et de décision nuit, dans le même sens, à la circulation, à la coordination et au traitement des informations recueillies, la décision sur le cas individuel ne cessant, jamais, d'appartenir à l'autorité judiciaire légitime [100].

Les décisions prises par le magistrat instructeur sont naturellement susceptibles d'appel, dans les dix jours de leur notification. Devant la Chambre d'accusation d'une part, qui est à la fois juridiction supérieure de l'instruction et juridiction d'appel [101], pour autant non réellement spécialisée dans les affaires de mineurs [102]. D'autre part, les recours portant sur une décision de placement provisoire sont examinés par la Chambre spéciale de la Cour d'appel qui apparaît en revanche plus spécialisée : un magistrat du parquet est spécialement chargé des affaires de mineurs et le conseiller qui la préside est normalement délégué à la protection de l'enfance [103].

Au terme de l'instruction ainsi effectuée, il est permis de penser que la plupart des éléments relatifs à la personnalité du mineur, aux circonstances objectives de l'infraction et aux contours de la réparation auront été assez justement évalués. Il appartient alors au juge de décider des suites à donner à l'affaire : non lieu [104], saisine de la Chambre d'accusa-

---

99. V. en ce sens L. Denis, *op.cit.*, p.159.

100. V. en ce sens R. Cario, A.M. Favard et R. Ottenhof (Dir.), *Profession criminologue*, Ed. Erès, 1994, 227 p. et spé. p. 91 et s.

101. V. art. 9 al. 2 *Ord.* 1945 ; art. 181, 185 et s. *C.P.P.*

102. V. art. L 223-2 et 3 *C.O.J.*

103. V. art. 24 al. 2 *Ord.* 1945.

104. Sur les effets du non lieu prononcé par le juge d'instruction saisi *in rem* mais aussi *in personam*, V. A. Vitu, Réflexions sur les juridictions pour mineurs délinquants, *In Problèmes actuels de la procédure pénale*, Mélanges L. Hugueney,

tion (pour les mineurs de plus de 16 ans), renvoi devant le Tribunal pour enfants ou renvoi devant le Juge des enfants (ou le cas échéant devant le Tribunal d'instance) [105].

III - Les spécificités des décisions rendues par les juridictions de jugement des mineurs

Quand bien même les réalités de la pratique judiciaire soulignent la part non négligeable qu'occupent les peines, il n'est pas vain de croire que l'esprit de l'Ordonnance de 1945 peut encore dominer. En ce sens, de récentes réformes sont venues compléter la palette des mesures à la disposition du juge des enfants, réservant le prononcé des peines, hiérarchiquement les plus fortes dans l'arsenal des sanctions disponibles, au Tribunal pour enfants ou à la Cour d'Assises des mineurs. Cette orientation apparaît bien conforme à la morphologie de la délinquance des jeunes ainsi qu'aux caractéristiques de personnalité de ceux qui l'alimentent : faible gravité des manquements dirigés contre les biens, fragilité psychologique et précarité socio-culturelle de leurs auteurs.

Les spécificités relatives au jugement des affaires de mineurs s'observent actuellement autant au niveau de la composition des juridictions qu'à celui de la nature des décisions prises. D'un point de vue structurel, elles devraient pouvoir se décliner en termes de spécialisation, de continuité et de souplesse. D'un point de vue opérationnel, elles étonnent par la relative inefficacité, tant instrumentale que pédagogique, des réponses apportées aux comportements posés par les jeunes délinquants [106]. Et l'accélération des procédures ne risque guère de modifier ce tableau.

La nature des décisions prises par le juge de jugement n'atteste pas du meilleur respect de l'esprit de l'Ordonnance de 1945 qui prône la

---

Ed. Sirey, 1964, pp. 239-256 et spé. p. 250 et s. ; V. art. 8 *Ord* 1945 (mod. L. 4 janv. 1993), 177 C.P.P.

105. V. art. 8 et 9 *Ord.* 1945.

106. Comp. *Adolescents menaçants ou mineurs irresponsables ? Jalons pour mieux comprendre les réponses actuelles à la délinquance des jeunes,* Pub. E.N.M./C.N.F.E-P.J.J., 1994, 156 p.

primauté de la voie éducative et, subséquemment, la subsidiarité de la voie pénale. Les infractions sont sanctionnées par trois types de juridictions (en dehors du tribunal de police qui connaît des contraventions des quatre premières classes) [107]. Dans 41,97 % des cas, le *Juge des enfants* (en audience de cabinet ou en chambre du conseil) se déclare compétent chaque fois qu'il entend prononcer une mesure éducative en matière de délits et de contraventions de 5ème classe. Dans 57,60 % des cas, le *Tribunal pour enfants* est compétent pour connaître des crimes commis par les mineurs de 13 à 16 ans ainsi que des délits ou contraventions de 5ème classe à l'égard desquels une peine est préférée ; il est composé du juge des enfants et de deux assesseurs, choisis au regard de l'intérêt qu'ils portent aux problèmes de la protection de l'enfance [108]. Dans 0,41 % des cas, la *Cour d'Assises* a compétence en matière de crimes commis par des mineurs âgés de 16 à 18 ans et, le cas échéant, par leurs co-auteurs ou complices majeurs ; elle est composée d'un président (conseiller à la Cour d'appel), de deux assesseurs (juges des enfants) et de neuf jurés [109].

Plusieurs principes organisent spécialement la décision prise. En premier lieu, les juridictions pour mineurs doivent opter entre éducatif et répressif, sans cumul [110] ou retour. En second lieu, si toutes les juridictions de jugement peuvent avoir recours aux mesures éducatives, seuls le tribunal pour enfants et la Cour d'assises des mineurs peuvent prononcer des peines. En troisième lieu, les mesures de protection ou d'éducation, prononcées pour une durée déterminée par la décision

---

107. Après le prononcé du jugement (admonestation ou amende), le tribunal de police peut toujours transmettre le dossier au juge des enfants pour placer le mineur sous le régime de la liberté surveillée. V. art. 21 *Ord.* 1945.

108. Elus pour quatre ans, les assesseurs doivent encore être de nationalité française, âgés d'au moins trente ans ; V. art. 522-3 *C.O.J.* ; *Juger les jeunes. Le guide de l'assesseur au tribunal pour enfants*, Ed. Jeunesse et droit, 1996, 71 p. ; J.P. Rosenczveig, *op. cit.*, p. 434 et s.

109. Sur l'évolution du déroulement de la procédure criminelle et, not., du double degré de juridiction, V. M.L. Rassat, *Propositions de réforme du Code de procédure pénale,* Rapport au Garde des Sceaux, Multigraph., 1997, p. 221 et s. ; *J.D.J.*, 1996/158, p. 35.

110. Sauf bien sûr au cas de sursis avec mise à l'épreuve ou de liberté surveillée (art. 19, 25 et s. *Ord. 1945*).

(sans pouvoir excéder l'âge de la majorité), sont très heureusement révisables [111]. En dernier lieu, le quantum des peines doit faire l'objet d'une atténuation au bénéfice du mineur condamné [112]. Ces principes respectés, le juge prononce la sanction que lui dicte son intime conviction, dans les limites posées par la loi applicable. Si l'on peut croire que les investigations effectuées durant l'instruction le guident dans sa décision, aucune politique globale de sentencing ne l'aide dans cette tâche éminemment délicate [113].

En 1993, les décisions rendues par les juridictions de la jeunesse se répartissaient presqu'également entre mesures éducatives (52,55 % soit 21 383 décisions, dont 14 978 admonestations et 5 806 remises à une personne) et peines (47,44 % soit 19 304 décisions, dont 15 158 peines d'emprisonnement, 2 776 amendes, les peines de substitution ne concernant que 1 370 cas)[114]. Cette absence de nuance et surtout de sens se comprend d'autant moins que trois séries de réponses sont actuellement et théoriquement susceptibles d'être appliquées au jeune délinquant. Elles sont de nature éducative (A), restaurative (B) ou pénale (entendues au sens strict) (C) [115].

---

111. V. art. 17 et s. ; art. 27 al. 1 *Ord.* 1945 ; c'est également le cas des instances en révision relatives aux incidents à la liberté surveillée (art. 26 al. 2 *Ord. 1945*) ; V. sur ces aspects, not. C. Barberger, Mesures applicables aux mineurs, In *Juris-classeur pénal,* art. 66 et 67, Fasc. 2, 8/1990.

112. Sauf application de l'art. 2, 20-2 *Ord.* 1945.

113. V. *Recommandation* R(92)17 sur *La cohérence dans le prononcé des peines,* Pub. Conseil de l'Europe, multigraph., 1993, 47 p. ; V. également *Disparités dans le prononcé des peines : causes et solutions*, 8ème Colloque criminologique, Pub. Conseil de l'Europe, Etudes relatives à la recherche criminologique, 1989, 164 p. ; Comp. M. Cavadino and J. Dignan, *The penal system : an introduction*, Sage pub., 2nd ed. 194, p. 86 et s.

114. Sur le détail de ces condamnations et, not., le nombre de mineurs incarcérés (en comptage de stock et surtout de flux), V. not. R. Cario, *op. cit.* (1996), p. 51 et s. ; L'incarcération des mineurs en France, *In J.D.J.*, 1997/166, p. 14.

115. Sur l'ensemble de ces réponses, V. not. C. Barberger, *op. cit.*, Fasc. 2 ; J.F. Renucci, *op. cit.,* p. 214 et s. ; P. Poncela, *Droit de la peine*, P.U.F., Coll. Thémis, 1995, pp. 171-180.

A - Les réponses éducatives

Les mesures éducatives, au sens large, de protection, d'assistance, de surveillance et d'éducation sont variées [116]. Quelques mesures favorisent ainsi le maintien du mineur dans son milieu naturel actuel : admonestation, remise du mineur à ses parents, à son tuteur, à la personne qui en avait la garde ou à une personne digne de confiance. Elles s'accompagnent parfois d'une action éducative en milieu ouvert, sous forme de liberté surveillée, destinée à favoriser l'épanouissement de la personnalité du mineur et l'évolution corrélative de son environnement immédiat (famille, école, groupe de pairs notamment). Mise en oeuvre par les délégués à la liberté surveillée (permanents ou bénévoles) placés sous l'autorité du juge des enfants, elle apparaît en totale conformité avec l'esprit d'éducation, de rééducation, qui anime la prise en charge judiciaire des jeunes délinquants [117]. Elle est fort malheureusement de moins en moins prononcée [118].

D'autres mesures éducatives, s'analysant comme de véritables contraintes fortement restrictives des libertés individuelles (à l'égard du mineur comme de sa famille), conduisent à déplacer le mineur dans un autre milieu, plus propice à sa protection et à son éducation : placement dans un établissement public ou privé d'éducation ou de formation professionnelle, médical ou médico-pédagogique, remise au service de l'Aide sociale à l'enfance, selon la distinction établie par les articles 15 et 16 de l'Ordonnance de 1945 relativement aux mineurs de moins de treize ans [119]. Ces placements peuvent faire suite à un place-

---

116. V. art. 8, 15, 16 et 16 bis *Ord.* 1945.

117. Sur cette liberté surveillée « d'éducation », V. art. 8, 19 et 20 *Ord.* 1945 ; sur sa mise en oeuvre et son régime, art. 25 et s. *Ord.* 1945.

118. V. B. Bouloc, Pénologie, *op. cit.*, p. 320 et s. ; Sur les raisons de ce déclin, V. not. J.P. Rosenczveig, *op. cit.*, p. 491 et s.

119. Sur « l'éloignement » du milieu de vie naturel, V. M. Longeron, La pratique de l'éloignement par la Protection judiciaire de la jeunesse des mineurs dans la région parisienne, In Adolescents menaçants ou mineurs irresponsables ? Jalons pour mieux comprendre les réponses actuelles à la délinquance des jeunes, *op. cit.*, pp. 71-78 ; P. Cardo, Pour une justice rénovée, *Ibid.*, pp. 79-96 ; Comp. les propositions du Ministre de l'intégration en termes de « dépaysement » des mineurs récidivistes, In *Le Monde,* 9 août 1995/20 ; *Adde L'enfant qui vit en institution,*

ment provisoire décidé dès l'instruction. Ils sont déterminés dans la durée et peuvent être prolongés à la demande du jeune majeur [120]. Ils s'effectuent sous le régime de l'internat (en établissement approprié ou en appartement) ou de centre de jour. Ces mesures de placement sont toujours révisables.

Une place très particulière doit être réservée au placement familial spécialisé. Proposé assez généralement aux jeunes délinquants en difficultés graves, le placement familial spécialisé est le fruit d'une collaboration institutionnalisée, dynamique et soutenue entre un service (composé de personnels médico-psychologiques et éducatifs) et des familles d'accueil. Le jeune confié à l'établissement est pris en charge, avec l'accompagnement d'un éducateur référent, par une famille d'accueil, sans substitution (à la famille d'origine) ni appropriation (du jeune). Par la séparation qu'il subit d'avec son milieu naturel (ou institutionnel) antérieur et la répétition des processus structurants de la socialisation qu'il revit dans son milieu d'accueil, le mineur est amené à symboliser son histoire personnelle et à réaménager ses rapports avec les autres. Prendre de la distance par rapport à son propre vécu, se situer quant à ses droits et devoirs dans le groupe social constituent le préalable à la (re)construction de la personnalité de l'adolescent concerné.

Le placement familial spécialisé s'épanouit en ce sens simultanément dans un contexte familial sécurisant, affectivement riche et dans un contexte institutionnel à compétence psycho-éducative étendue. Les expériences développées dans le cadre de ce type de placement attestent pour la plupart de ses fortes potentialités à réparer le lien affectif et, au-delà, à recomposer le tissu familial et social. Sans doute, le placement en famille d'accueil conduit-il à pointer les dysfonctionnements sur le jeune mais aussi et surtout sur sa famille d'origine, davantage qu'en matière de placement en établissement. Pour difficile que soit à assumer une telle réalité, elle est de nature à déclencher une prise de conscience et, le cas échéant, une évolution de la famille naturelle vers

---

Document Comité directeur sur la politique sociale, Conseil de l'Europe, Multigraph., CS WGIII (95), 62 p.

120. V. *D.* 18 fév. 1975, In P. Bouzat, *op. cit.* (Traité), *Mise à jour 1975*, pp. 289-290 ; art. 16 bis *Ord.* 1945 ; art. 17 *R (87) 20* ; J.P. Rosenczveig, *op. cit.* (1995), p. 481 et s.

un meilleur exercice de ses responsabilités parentales. Souvent tenté comme ultime mesure avant l'internat en institution, voire l'incarcération, ce mode de prise en charge des mineurs délinquants mériterait d'être privilégié, chaque fois que le maintien dans le milieu naturel n'est plus souhaitable, tant il est susceptible de répondre aux carences et souffrances accumulées, souvent dès la petite enfance, par les intéressés [121].

Les récentes créations ministérielles d'Unités à encadrement éducatif renforcé [122] se situent, évidemment, dans une autre perspective, sauf à substituer ces « Unités » aux établissements pénitentiaires pour les cas où une privation pénale de liberté est envisagée... ce que n'entrevoyait guère le projet. Ce dernier a provoqué une émotion certaine parmi les acteurs de terrain et conduit nombre de commentateurs à tenir des propos nettement défavorables. « La vanité d'une démarche pédagogique en milieu clos » [123] est en effet réelle.

Tirant profit des réactions, la Circulaire constitutive [124] comme les documents de cadrage pédagogique [125] de ces unités atténuent bon nombre de critiques. Refusant à la fois le recours accru à la prison et le retour aux maisons de correction, les acteurs de la réforme identifient

---

121. Sur cet aspect, V. les réalisations concrètes et les réflexions suscitées par l'Oeuvre de l'abbé Denis (O.A.D.) de Pau, In not. *Adolescents en difficultés graves. Recherches et pratiques d'intervention en placement familial spécialisé*, multigraph., 1989, 292 p. ; Oeuvre de l'abbé Denis, *Adolescents en famille d'accueil. Techniques et équipes du placement familial spécialisé*, Ed. C.N.F.E./P.J.J., 1994, 198 p. ; *Adolescents et placement familial*, Multigraph., O.A.D., Pau, 1996, 271 p. ; Placement familial spécialisé, In Rev. *Sauvegarde de l'enfance*, 1994/3, pp. 181-334 et 1994/5, pp. 499-510.

122. Au-delà du souvenir qu'évoque ce terme d'un type de prise en charge désastreux réservé à certains détenus majeurs, il conviendrait avant toute réforme de doter en personnels suffisamment nombreux et effectivement multidisciplinaire les institutions déjà existantes (et de surcroît très voisines).

123. V. *Le Monde* 6 déc. 1995/12, 6 janv. 1996/7 et 19 janv. p. 8 ; *Libération* 5 janv. 1996/2 ; V. Inquiétudes au Cofrade, *In* J.D.J., 1996-151, p. 17.

124. V. *Circulaire* NOR JUS 96 50047 du 7 juin 1996, *In* J.D.J., 1996/157, pp. 16-17.

125. V.Unités éducatives à encadrement renforcé, *In* J.D.J., 1996/153, pp. 24-26 ; M. Palacio, *In* J.D.J., 1996/159, p. 1 et s.

les nouvelles structures comme un lieu, non fermé, de rupture momentanée par rapport au milieu actuel. Elles sont destinées à des jeunes ayant « perdu (ou jamais acquis) des repères sociaux élémentaires, c'est à dire le sens de la relation à un autre, une relation construite autrement que dans le rapport de force et la violence » [126], auteurs de faits délictueux et rebelles à toute précédente prise en charge. Les quatre à cinq jeunes concernés sont hébergés durant trois à quatre mois et font l'objet d'un encadrement permanent de la part de cinq personnels éducatifs, ce « vivre avec » devant conduire à remobiliser les intéressés aux actes de la vie quotidienne et sociale [127].

L'expérience est désormais lancée ; seize unités sont actuellement ouvertes. A priori, elle comporte des aspects positifs. En ce sens, la globalisation de l'approche individuelle des mineurs « hébergés », en un site et un moment coordonnés, est heureuse : éducation à la santé ; amélioration des capacités de raisonnement en ateliers scolaires ; compréhension de l'environnement social ; activités culturelles, physiques et sportives... De même les relations entre les divers partenaires sont favorisées : rattachement de l'unité à un établissement (public ou privé) de la Protection judiciaire de la jeunesse ; comité de pilotage associant les institutions impliquées dans la protection de la jeunesse en difficulté ; collaboration accrue entre les acteurs de terrain en vue de préparer le retour du jeune dans le dispositif classique à l'expiration de l'encadrement éducatif renforcé.

Des inquiétudes demeurent cependant quant à l'existence et au fonctionnement mêmes de ces U.E.E.R. : était-il vraiment nécessaire d'avoir recours à une structure nouvelle permanente plutôt qu'à des dispositifs d'accueil d'urgence ? Le regroupement de personnalités fortement déstructurées en un lieu nettement repérable n'est-il pas source de stigmatisation supplémentaire, d'identification négative en modèle de délinquant confirmé ? Le nombre restreint d'unités créées ne va-t-il pas obliger à l'éloignement, géographique et social, dont les

126. *In* J.D.J., 1996/159, p. 2.

127. Comp. *Note aux Directeurs régionaux de la* P.J.J., multigraph., mai 1996, p. 2, qui nuance la prise en charge en l'étendant aux mineurs en « grande difficulté » (relevant plutôt des services décentralisés...) et fixe la prise en charge « autour de trois mois (avec des marges possibles selon les spécificités des projets) ».

bienfaits restent à démontrer ? De quels moyens supplémentaires durables (en personnels, locaux et fonctionnement) vont bénéficier ces structures (créations de poste ou redéploiement) ? S'agira-t-il de moyens spécifiques nouveaux ou provenant d'une redistribution des sommes actuellement disponibles ? Si le volontariat des éducateurs est la règle, il demeure que des compétences spécifiques à ce type d'encadrement renforcé sont inévitables : comment seront-elles évaluées ? Comment sera-t-il fait appel aux compétences pluri-disciplinaires ? Les interventions psychosociales seront de quelles fréquence et intensité ? Eviteront-elles les traumatismes psychologiques de la « rupture salutaire », auxquels cette expérience d'encadrement renforcé multivarié et intensif renvoie ? Quels critères, finalement, ont conduit à retenir une durée de prise en charge de trois à quatre mois ? Est-ce la cohérence politique avec les dispositions du Pacte de relance pour la ville, dans le cadre duquel a été menée la réforme de l'Ordonnance de 1945 destinée à accélérer la procédure ? Seule l'évaluation qui a simultanément - et très opportunément - été mise en place permettra de renseigner ces interrogations, au terme de la première année de fonctionnement des unités ainsi expérimentées.

Ces divers placements, de même que la mise sous protection judiciaire pour une durée n'excédant pas cinq années, font désormais et fort heureusement partie de la palette des mesures à la disposition du juge des enfants siégeant en audience de cabinet [128], concurremment avec le Tribunal pour enfants et la Cour d'Assises des mineurs [129]. La mise sous protection judiciaire concerne dorénavant les mineurs âgés de plus de 13 ans [130]. Ces nouvelles opportunités renforcent de manière déterminante la souplesse qui doit caractériser l'intervention du juge des enfants en particulier, des autres juridictions pour mineurs plus généralement. Ainsi, la possibilité de décider d'un placement (selon les modalités précitées) ou d'une mesure de protection en milieu ouvert, avec

128. V. art. 8 *Ord.* 1945 mod. L. 8 fév. 1995 (Comp. art. 56 à 69 *Avant-projet* 1990).

129. V. art. 16 bis qui leur offre cette dernière possibilité depuis L. 11 juil. 1975.

130. V. art. 16 bis *Ord.* 1945 (mod. L. 1er juill. 1996, dans un souci des sénateurs de sévérité accrue !).

toute latitude pour en modifier le contenu et la durée, devrait permettre d'adapter la prise en charge judiciaire à l'évolution - permanente par définition - de la personnalité du mineur. Surtout, sans méconnaître les liens étroits qui tissent le vécu des mineurs concernés, délinquants certes mais encore victimes d'une socialisation particulièrement pauvre, ces nouvelles opportunités devraient réduire les confusions opérées dans la pratique judiciaire par la technique du «double dossier» [131]. La souplesse, recherchée, qu'offrait ainsi l'assistance éducative, accompagne dorénavant l'action du juge des enfants qui n'aura plus, par exemple, à mettre en oeuvre la procédure lourde du Tribunal pour enfants pour modifier un placement.

Dans tous les cas, le juge des enfants [132] comme les autres juridictions pour mineurs [133] pourront placer l'intéressé jusqu'à un âge qui n'excédera pas celui de sa majorité sous le régime de la liberté surveillée, cumulativement ou non à toute sanction (mesure éducative ou peine) ou à titre d'épreuve. Les mesures éducatives, toutes décidées par le juge, font intervenir, selon les cas, divers services et institutions de prise en charge, habilités à recevoir des jeunes, délinquants ou en danger. Les tableaux suivants ventilent les activités développées en 1994 au titre de la protection judiciaire de la jeunesse.

Tableau n° 5 - Prises en charge secteur public en 1995 [134]

	Placement	Centre de jour	Milieu ouvert
Nombre	6 133	3 596	64 940
% de filles	23,12 %	23,47 %	24,20 %

131. V. J.F. Gazeau, *L'épreuve du double tour. Comptes et mécomptes de la justice pénale des mineurs,* Pub. C.R.I.V., 1983, p. 23 et s. ; L. Denis, *op. cit.*, p. 51 et s. ; V. *Contra* M. Huyette, *op. cit.*, p. 443 et s.

132. V. art. 8 in fine *Ord.* mod. 1995.

133. V. art. 19 et 20 in fine *Ord.* 1945.

134. Ces chiffres concernent à la fois les mineurs sortis en 1995 et ceux présents au 31 décembre 1995 (42 344 et 32 325 respectivement, hors investigations). V. Rapport annuel d'activité 1995, *op. cit.*, p. 38 et 40.

Tableau n° 6 - Prises en charge secteur associatif P.J.J. en 1995 [135]

	A.E.M.O	Placement familial	Etablissement	Réparation
Nombre	119 862	6 802	32 805	609
% de filles	48,10 %	47,54 %	42,85 %	8,53 % %

Il importe de remarquer qu'au 31 décembre 1995 environ un jeune sur deux pris en charge par le secteur public est délinquant (47,25 %) [136], occurrence bien plus exceptionnelle encore dans le secteur habilité (0,52 % en 1995) [137]. Une telle différence provient sans doute de l'obligation faite au secteur public d'assurer seul la prise en charge des mesures de milieu ouvert prononcées au titre de sanction pénale (travail d'intérêt général, sursis avec mise à l'épreuve principalement).

B - Les réponses restauratives

A la limite des mesures éducatives au sens strict se situe, en premier lieu, la dispense de mesure qui participe davantage encore à la restauration du lien social rompu par l'acte de transgression posé par le mineur. Dorénavant, le juge des enfants peut dispenser le mineur de toute mesure s'il apparaît que son reclassement est acquis, que le dommage causé est réparé et que le trouble résultant de l'infraction a cessé [138].

135. Ces chiffres concernent à la fois les mineurs sortis en 1995 et ceux présents au 31 décembre 1995 (56 628 et 103 450 respectivement, hors investigations). V. Rapport annuel d'activité 1995, *op. cit.*, p. 29 et 85.

136. Le nombre total de mineurs suivis en 1995 par le secteur public a été de 130 707 mineurs (74 669 prises en charge et 56 038 investigations) dont 29,31 % de filles (25,41 et 34,50 % respectivement). Les chiffres observés dans le secteur associatif sont les suivants : 196 526 mineurs (36 448 mesures terminées en 1995, 56 628 jeunes sortis en 1995 et 103 450 jeunes pris en charge au 31 déc. 1995) dont 47,14 % de filles (48,46 %, 46,80 % et 46,87 % respectivement).

137. Le nombre total de jeunes suivis par le Secteur associatif au titre de la protection judiciaire de la jeunesse et dans le cadre d'autres missions (juge aux affaires matrimoniales, Aide sociale à l'enfance, Commission départementale d'éducation spécialisée) a été de 224 378 en 1994 : 196 506 (dont 160 078 prises en charge et 36 428 investigations) et 27 872 (dont 27 660 prises en charge et 212 investigations) respectivement. V. Quelques données de l'activité 1995, *op. cit.*, pp. 26-27.

138. V. art. 8 *Ord.* 1945 mod. 1995 ; Comp. art. 132-59 C.P.

Cette opportunité ne manquera pas d'être saisie chaque fois qu'une mesure de réparation, décidée par le magistrat instructeur, pourra être considérée comme réussie. Plus rarement ordonnée encore, la liberté surveillée d'épreuve, prononcée avant toute décision au fond par l'une des juridictions pour mineurs, participe du même esprit [139].

A l'instar de législations américaines ou anglo-saxonnes [140], dans le prolongement d'expériences développées dans notre pays [141] et conformément aux Recommandations internationales [142], le législateur français a introduit, en second lieu, par la Loi du 4 janvier 1993, la mesure de réparation dans l'arsenal des réponses à la délinquance des jeunes. L'article 12-1 de l'Ordonnance du 2 février 1945 offre désormais au procureur de la République, à la juridiction chargée de l'instruction de l'affaire ou à la juridiction de jugement, la faculté de proposer au mineur une mesure ou une activité d'aide ou de réparation à l'égard de la victime ou dans l'intérêt de la collectivité [143].

---

139. Sur cette liberté surveillée décidée à titre provisoire, V. art. 8 et 19 al. 2 *Ord.* 1945.

140. V. not. F. Dünkel et J. Zermatten, *Nouvelles tendances dans le droit pénal des mineurs : médiation, travail au profit de la communauté et traitement intermédiaire*, Pub. Max Planck Institut, 1990, 270 p. ; J.P. Bonafé-Schmitt, *La médiation : une justice douce*, Ed. Syros, 1992, 280 p. ; M.C. Desdevises, L'évaluation des expériences de médiation entre délinquants et victimes : l'exemple britannique, *In* R.S.C., 1993/1, pp. 45-61.

141. V. not. *Les expériences de médiation-réparation en matière pénale à l'égard des mineurs. Etat des lieux et perspectives*, Pub. Dir. P.J.J., 1990, Vol. 1, Multigraph., 55 p. ; *La médiation-réparation pénale à l'égard des mineurs. Cadre juridique, pratiques et éléments de méthodologie*, Pub. Dir. P.J.J., 1991, Multigraph., 86 p. ; R. Cario (Dir.), La médiation pénale, *op. cit.*, en cours de parution.

142. V. Les expériences de médiation-réparation en matière pénale à l'égard des mineurs. Recommandations internationales et expériences étrangères, Pub. Dir. P.J.J., 1990, Vol. 2, Multigraph., 94 p. ; J.F Gazeau et V. Peyre, *La justice réparatrice et les jeunes,* Actes des XI è Journées Internationales de criminologie juvénile de Vaucresson, Pub. C.R.I.V., 1994, 265 p.

143. V. not. M. Allaix et M. Robin, La genèse de la mesure de réparation pénale à l'égard des mineurs, *In De la dette au don. La réparation pénale à l'égard des mineurs*, M. Vaillant (Dir.), Ed. E.S.F., 1994, pp. 29-41 ; V. *Circ.* 11 mars 1993 (Nor Jus F 93 500.13 C K.2 n°1) relative à la mise en oeuvre à l'égard des mineurs de la mesure de réparation pénale (pub. *In* De la dette au don, *ibid.*, p. 217 et s.).

Lorsque la réparation est directe, elle est soumise à l'accord de la victime. Mise en oeuvre par la Protection judiciaire de la jeunesse (secteur public ou secteur privé habilité), elle suppose également que les observations du mineur comme celles des personnes titulaires de l'exercice de l'autorité parentale soient préalablement recueillies par la juridiction de jugement. Dans les autres cas de recours à la mesure de réparation, avant toutes poursuites ou durant l'instruction, l'accord du mineur et des titulaires de l'autorité parentale est indispensable. Si l'on peut souscrire au souci louable de répondre «en temps réel» à l'acte posé par le jeune délinquant, on doit demeurer très réservé, pour des raisons précédemment invoquées, quant à l'opportunité de cette mesure au niveau du parquet (présomption d'innocence, suggestibilité du mineur) [144], voire même de l'instruction (en l'état actuel de répartition et de spécialisation des magistrats concernés). De telles réserves tomberaient naturellement si la mesure de réparation préalable à une décision au fond était systématiquement renvoyée et traitée par le juge des enfants, avec bien sûr la collaboration des services de la Protection judiciaire de la jeunesse.

Comme l'ont souligné initiateurs et commentateurs, la mesure de réparation offre de féconds avantages : responsabilisation du jeune, implication de la victime, participation de la communauté... dans le respect des principes fondamentaux de la justice pénale. Cette synergie réparatrice permet au mineur de « découvrir que la loi symbolique échange est préférable à celle imposée par la force » [145]. Fortement restauratrice des liens sociaux blessés par l'acte agressif, la réparation initie ainsi le délinquant à une démarche structurante [146] qui le conduira, symboliquement [147], de la dette au don [148], de la violence envers autrui (ou

144. Comp. D. Salas, Réparation, temps réel et éloignement : trois concepts pour reformuler nos réponses à la délinquance des jeunes, *In* Adolescents menaçants..., *op. cit.*, pp. 1-15 et spé. p. 7 et s.

145. V. J. Selosse, la réparation dans le champ éducatif, In De la dette au don, *Ibid.*, pp. 15-27 et spé. p. 27 ; J.F. Gazeau et V. Peyre (Dir.), *La justice réparatrice et les jeunes,* Pub. C.R.I.V., 1994/11, 265 p.

146. V. M. Vaillant, Entre envie et sollicitude. Du besoin de compensation à la capacité de compassion, *In* De la dette au don, *Ibid.*, pp. 157-197.

147. V. L. Chartier, Approche psychanalytique de la réparation, *In* La médiation-réparation à l'égard des mineurs, *op. cit.*, pp. 42-47 ; L. Dalligand, La réparation : accès au symbolique, *In* De la dette au don, *Ibid.*, pp. 153-155.

148. V. M. Vaillant, De la dette au don, *Ibid.*, pp. 123-141.

envers soi-même) à l'amour de l'autre (et de soi-même). Assez confidentielle aujourd'hui encore [149], il convient d'espérer que cette mesure sera largement utilisée par les juridictions de jugement pour mineurs [150].

Sans devoir s'y attarder dans la présente étude, il importe néanmoins de rappeler que les dispositions relatives au secret professionnel des intervenants psycho-sociaux s'appliquent lors des prises en charge, comme lors des investigations et observations diverses menées durant l'instruction. En ce sens, la révélation d'une information à caractère secret par une personne qui en est dépositaire, soit par état ou par profession, soit en raison d'une fonction ou d'une mission temporaire, est pénalement sanctionnée. Et l'obligation de se taire ne souffre que de rares exceptions légales [151]. Plus généralement, au cas d'incident(s) provoqué(s) par un mineur qui leur a été confié, la responsabilité des institutions et services de prise en charge des jeunes délinquants, en milieu ouvert comme en milieu institutionnel ou familial d'accueil, peut

---

149. V. M. Genay, La médiation-réparation pénale, *Ibid.*, pp. 143-150 ; M. Robin, Quelques chiffres à propos de la réparation pénale à l'égard des mineurs, *Ibid.*, pp. 205-210.

150. V. en ce sens A. Bruel, Originalité de la réparation en droit pénal des mineurs, *Ibid.*, pp. 65-76 ; V. également A. Snare, Les interventions psychosociales dans le système de justice pénale, *In* Recherche criminologique, Vol., XXXI, *op. cit.*, pp. 51-80 ; C. Brahinsky, La réparation pénale à l'égard des mineurs, *In* J.D.J., 1997/166, pp. 10-12 ; R. Bidart, La réparation pénale et les mineurs, *In* R. Cario (Dir.), La médiation pénale, *op. cit.*, pp. 8389 ; 5 029 mesures de réparation pénale ont été prononcées en 1996.

151. V. art. 226-13 et 14 C.P. ; Comp. art. 431-1 à 4 C.P. ; Sur ce secret professionnel auquel sont astreints les experts et les travailleurs sociaux (mandatés par le magistrat instructeur) dans l'exercice de leurs missions, V. not. C. Barberger, *op. cit.*, Fasc. 1, p. 8 et s. ; V. également art. 80 *Code de la famille et de l'aide sociale* ; Les travailleurs sociaux. Statuts et responsabilités, *In Rev. dr. sanit. et social*, 1993/4 et spé. G. Giudicelli-Delage, La responsabilité pénale des travailleurs sociaux au regard du nouveau code pénal, pp. 708-724 ; C. Chomienne et C. Guery, Secret, Révélation abstention ou les limites de la liberté de conscience du professionnel dans le nouveau Code pénal, *In Actualité Législative Dalloz*, 1995, p. 85 et s. ; J.P. Rosenczveig et P. Verdier, *Le secret professionnel en travail social*, Ed. Jeunesse et droit/Dunod, 1996, 139 p. ; M. Robin, Secret professionnel et travail social, *In* J.D.J., 1996/157, pp. 7-9.

être engagée dans les conditions du droit commun [152].

Ainsi, les mesures susceptibles d'être prononcées à titre éducatif et/ou restauratif, toujours révisables, sont d'une assez grande variété et d'une richesse évidente. Si elles s'avèrent insuffisantes à arrêter les comportements délinquantiels d'un mineur dont la personnalité criminopathique apparaît structurée (ou en cours de consolidation) ou si les circonstances l'exigent, des réponses strictement pénales pourront intervenir.

C - Les réponses pénales

Dans le même esprit de justice restaurative, à côté de la relaxe ou de l'acquittement, le mineur délinquant peut encore être dispensé, en matière correctionnelle, de toute peine et, le cas échéant, de toute mesure éducative, en récompense, éventuellement, d'une réconciliation obtenue dans le cadre d'une mesure de réparation réussie [153].

Très judicieusement, le tribunal pour enfants, après déclaration de culpabilité, se voit dorénavant expressément offrir la possibilité d'ajourner le prononcé de la mesure éducative ou de la peine dans deux séries de pertinentes situations. La première, classique, permet l'ajournement simple du prononcé de la peine lorsqu'il apparaît que le reclassement du coupable est en voie d'être acquis, que le dommage causé est en voie d'être réparé et que le trouble résultant de l'infraction va cesser [154]. La seconde situation, nouvelle et propre aux mineurs, permet l'ajournement simple dès lors que les perspectives d'évolution de la personnalité du mineur le justifient [155]. Cependant cette opportunité s'accompagne de l'obligation de fixer dans les six mois maximum l'audience de renvoi au cours de laquelle le tribunal aura le choix entre

---

152. V. Sur cette responsabilité, not. dossier présenté *In* J.D.J., 1995-143, p. 21 et s. et réf. citées.

153. V. art. 132-58 C.P. et 20-7 al. 1 *Ord.* 1945 (mod. L. 1er juill. 1996).

154. V. art. 132-60 et s. C.P.

155. Lorsqu'il apparaît que « le reclassement du coupable est acquis, que le dommage causé est réparé et que le trouble résultant de l'infraction a cessé ». V. art. 20-7 al. 2 et 3 *Ord.* 1945 (mod. L. 1er juill. 1996).

dispense ou prononcé de la peine prévue. Un nouvel ajournement ne semble pas envisageable dans ce cas précis [156]. Parallèlement, des mesures provisoires peuvent être ordonnées dans les deux situations d'ajournement précitées, telles que la liberté surveillée préjudicielle, le placement en établissement ou la mesure de réparation [157].

Hormis ces possibilités très judicieuses de réponses pénales restauratives, quatre types de peines peuvent être principalement prononcées, soit par le Tribunal pour enfants, soit par la Cour d'Assises des mineurs : l'amende et/ou la confiscation, le travail d'intérêt général, la peine privative de liberté et les mesures alternatives à l'emprisonnement. Il convient naturellement de rappeler que la liberté surveillée peut accompagner toutes les peines prononcées par les juridictions de jugement [158].

L'amende appartient curieusement à l'arsenal disponible aux juridictions répressives pour mineurs. Elle ne peut être d'un montant supérieur à la moitié de l'amende encourue sans toutefois excéder 50 000 francs [159]. Si le prononcé de l'amende peut s'accommoder du sursis, son paiement éventuel sera généralement effectué par les parents, eu égard aux moyens financiers (propres) quasi inexistants dont dispose la plupart des mineurs délinquants [160], ce qui n'est pas sans paradoxe. Quant à la confiscation spéciale de la chose qui a servi ou était destinée à commettre l'infraction ou de la chose qui en est le produit, elle peut-être retenue au titre de peine principale ou complémentaire [161].

Conçu initialement comme peine alternative à l'emprisonnement de courte durée, le travail d'intérêt général (T.I.G.) peut être prononcé à titre principal ou complémentaire, dans les mêmes conditions qu'à

156. Comp. art. 132-61 et 62 *C.P.*

157. V. art. 20-7, 12-1 *Ord.* 1945.

158. V. en ce sens l'art. 19 *Ord.* 1945.

159. V. art. 20-3 *Ord.* 1945.

160. V. en ce sens B. Bouloc, Pénologie, *op. cit.*, p. 334 et s.

161. V. art. 131-21 *C.P.* ; V. J. Pradel, Droit pénal général, *op. cit.*, n° 610 et s.

l'égard des majeurs [162]. Les travaux doivent néanmoins être adaptés aux mineurs et présenter un caractère formateur ou de nature à favoriser l'insertion sociale des intéressés [163]. L'accord du mineur délinquant est nécessaire, logiquement. La possibilité de refuser la peine, de dire non, apparaît en ce sens, ici comme en matière de médiation-réparation, la condition de l'acceptation, donc de l'adhésion du jeune condamné. On regrettera que cette réponse ne soit pas également à la disposition du juge des enfants, d'autant plus qu'elle est voisine de certaines modalités de la réparation et, surtout, qu'elle est mise en oeuvre par le juge des enfants précisément. Pour être réservée aux mineurs âgés de 16 à 18 ans, elle remplit pourtant bien, en dépit de son aspect contraignant, un rôle de recomposition du tissu social. Le travail d'intérêt général, non rémunéré, que le jeune va effectuer au profit d'une personne morale de droit public ou d'une association habilitée lui permet d'assumer, en personne, les conséquences de sa transgression dommageable socialement. Ce contact, réparateur, avec le monde du travail peut être de nature à initier un processus d'insertion professionnelle. L'inconvénient majeur de la peine de T.I.G. réside en la sanction de la violation par le jeune délinquant des obligations l'accompagnant : emprisonnement de deux ans notamment [164]. Dans l'appréciation de l'échec, le juge devra absolument intégrer les caractéristiques de personnalité du mineur défaillant.

Le travail d'intérêt général, de manière plus discutable, peut également constituer l'épreuve assortissant une peine privative de liberté bénéficiant du sursis. Le risque de voir tomber le sursis au cas d'épreuve imparfaite paraît en effet sans proportion réelle avec les faits ayant

---

162. Un tel alignement dans la durée (comprise entre 40 et 240 heures) provient des prévisions certainement pas inévitables de la L. 16 déc. 1992 ; V. art. 20-5 *Ord.* 1945 ; 131-8 et s., 131-22 à 24, 132-55, R 131-12 et s. *C.P.* ; Sur le Travail d'Intérêt Général (T.I.G.) peine complémentaire aux contraventions de 5è classe (d'une durée de 20 à 120 heures), V. art. 131-17 al. 2 *C.P.*

163. V. art. 20-5 *in fine Ord.* 1945.

164. V. art. 434-42 *C.P.* ; D'aucuns prônent alors la suppression de cette mesure « adultomorphique » ; V. en ce sens S.N.P.E.S./P.J.J., In J.D.J., *op. cit.*, p. 7 et s. ; B. Cassagnabère, *op. cit.*, p. 163 et s.

motivé la condamnation, inférieure à six mois d'emprisonnement [165]. Certains voient en ces prévisions une espèce de progressivité de la réponse pénale, du T.I.G. à l'emprisonnement ferme. C'est ignorer les conséquences très néfastes des courtes peines privatives de liberté appliquées aux mineurs.

Une peine privative de liberté, sous réserve d'être spécialement motivée, peut effectivement être prononcée à l'égard d'un mineur âgé de 13 à 18 ans, en matière de crimes et de délits seulement [166]. Par mansuétude, le mineur âgé de 13 à 16 ans bénéficiera obligatoirement d'une diminution de peine, celui âgé de 16 à 18 ans à la condition que les circonstances et sa personnalité ne l'interdisent pas [167]: réduction de moitié de la peine encourue, avec un maximum de 20 ans au cas de réclusion criminelle à perpétuité. Il ne s'agit là que des dispositions concernant l'ancienne excuse atténuante de minorité. Les choix ainsi opérés à l'occasion de la refonte du Code pénal ne prennent pas suffisamment en compte l'état de minorité du délinquant. Les propositions contenues dans l'Avant-projet de 1990 auraient dû être, *a minima*, adoptées : en matière correctionnelle, un maximum de trois ans à l'égard des seuls mineurs de 16 à 18 ans ; en matière criminelle, un maximum de cinq ans à l'égard des 13-16 ans, de dix années à l'égard des 16-18 ans [168].

Conformément au droit commun, dans un souci d'individualisation (on ne peut plus inévitable à l'égard d'un mineur), la peine pourra être partiellement ou totalement assortie d'un sursis, simple ou avec mise à l'épreuve [169]. Pour les mêmes raisons que celles évoquées à propos du

---

165. V. 132-57 *C.P.* ; Sur le travail d'intérêt général, V. R. Cario, In Eguzkilore (1993), *op. cit.*, p. 41 et s. ; *Le T.I.G. a dix ans. Le résultat en vaut la peine*, Pub. Min. Justice, 1994, 132 p. ; A. Bourrat, La mesure de travail d'intérêt général appliqué aux mineurs dans la région Rhônes-Alpes, *In Droit de l'enfance et de la famille*, 1989/2-28, pp. 111-205.

166. La réforme du Code pénal interdit dorénavant et très heureusement au pouvoir réglementaire de sanctionner les contraventions par une peine privative de liberté ; V. art. 131-12 *C.P.* ; V. art. 21 *Ord.* 1945.

167. V. art. 20-2, 19 et 2 al. 3 *Ord.* 1945 ; V. art. 50 et 55 Avant-projet 1990.

168. V. R. Cario, *op. cit.* (1996 b), p. 155 et s.

169. V. art. 132-29 et s. *C.P.*

sursis/T.I.G., il conviendrait de renoncer à cette dernière possibilité car le non respect d'une épreuve provoque l'incarcération immédiate, d'autant plus que certains magistrats et travailleurs sociaux voient en cette modalité de sursis avec mise à l'épreuve une mesure éducative ! Par ailleurs et de la même manière, l'aménagement de l'exécution de la peine d'emprisonnement est possible, pour des motifs d'ordre professionnel, familial, médical ou social : régime de la semi-liberté (*ab initio* ou en cours d'exécution de la peine), fractionnement au cas de peine inférieure à une année, voire T.I.G. [170].

Enfin et pour l'essentiel, lorsque le délit commis est susceptible d'être puni d'une peine d'emprisonnement, l'une ou plusieurs des peines privatives ou restrictives de droits de l'article 131-6 *C.P.* peuvent être prononcées, à titre principal ou, si la loi le prévoit, à titre complémentaire [171]: suspension ou annulation du permis de conduire des véhicules à deux roues, interdiction de conduire certains véhicules, confiscation ou immobilisation du véhicule appartenant au condamné, notamment.

Mais les similitudes de traitement entre mineurs et majeurs s'arrêtent là. En principe, la peine privative de liberté s'exécute dans un quartier spécial ; de même, les périodes de sûreté ne leur sont fort heureusement pas applicables [172]. La plupart des interdictions, déchéances et incapacités prévues par le Code pénal sont sans objet, logiquement, relativement aux mineurs [173]. La contrainte par corps ne les concerne pas davantage [174] et la peine des jours-amende est exclue à leur égard [175].

---

170. V. art. 132-25 et s. *C.P.*, 722 et s. *C.P.P.*, D 49-1, D 118 et s., D 137 et s. ; 132-27 et s. *C.P.* ; 132-57 *C.P.* (mod. L. 8 fév. 1995) ; V. Mineurs en prison, *In J.D.J.*, 1996-156, pp. 3-21 ; Sur le projet de baguage électronique des délinquants condamnés à une courte peine d'emprisonnement (inférieure à un an), V. C. Blatier, Placement sous surveillance électronique, *In J.D.J.*, 1997/166, p. 27.

171. V. art. 131-9 et 131-10 *C.P.*

172. V. art. 20 al. 7 et 8 *Ord.* 1945 ; V. art. D. 514 et s. *C.P.P.* ; V. J.P. Céré, La spécificité de la détention des mineurs, *Infra*, p. 201 et s.

173. V. art. 20-4, 20-6 *Ord.* 1945, 131-25 à 131-35 *C.P.*

174. V. art. 751 et s. *C.P.P.*

175. V. art. 20-4 *Ord.* 1945.

Quant au suivi, à l'aménagement et au contrôle de l'exécution des peines, il importe de regretter le transfert, opéré en 1972, des compétences jusqu'alors exercées par le juge des enfants au juge de l'application des peines, pourtant non spécialisé dans la prise en charge des mineurs. Une telle réorganisation est d'autant plus discutable qu'en de nombreuses matières, l'avis du juge des enfants doit précisément être recueilli [176]. Il conviendrait en conséquence de restituer au juge des enfants ses pleins pouvoirs comme l'a d'ailleurs justement amorcé la Loi du 16 décembre 1992, en matière de travail d'intérêt général [177].

Bien sûr, les voies de recours de droit commun sont ouvertes aux parties au procès. Tout d'abord, appel des décisions rendues par le juge des enfants et le tribunal pour enfants peut être interjeté devant la Chambre spéciale de la Cour d'appel comportant, lorsqu'ils existent effectivement, un avocat général chargé des affaires de mineurs et un conseiller délégué à la protection de l'enfance [178]. Pour produire son effet dévolutif classique, l'appel interjeté par le mineur ne peut conduire à une aggravation des sanctions (au sens large) prononcées contre lui [179]. L'opposition peut ensuite être formée par le mineur condamné par défaut [180]. Lorsque l'exécution provisoire en aura été ordonnée, le mineur devrait être conduit et retenu dans un centre ou une institution d'accueil habilitée [181]. Cette obligation faite au substitut aux affaires de mineurs est conforme aux dispositions de l'alinéa 1er de l'article 20 de l'Ordonnance en vertu duquel le juge des enfants ou le tribunal pour enfants pourront, dans tous les cas, ordonner l'exécution provisoire de leur décision, nonobstant opposition ou appel. Dans le même esprit, si un pourvoi en cassation est formé, il n'aura d'effet suspensif qu'à l'égard des condamnations pénales [182]. Devant ces diverses juridictions, un

176. V. art. D 519 al. 2, 722 *C.P.P.*

177. V. art. 20-5 *Ord.* 1945, 131-8 et 132-54 131-22 et 132-57 *C.P.*

178. V. art. 24 al. 3 *Ord.* 1945, 496 *C.P.P.*

179. V. art. 515 *C.P.P.*

180. V. art. 24 al. 1 *Ord.* 1945, 487 *C.P.P.*

181. V. art. 20 al. 2 *Ord.* 1945, 707 *C.P.P.*

182. V. art. 24 al. 5 *Ord.* 1945.

moindre formalisme offre non seulement une plus grande intimité mais encore simplicité et souplesse au procès pénal des mineurs [183].

Pour être complet et pour souligner une autre spécificité de la justice pénale des mineurs, l'inscription comme la suppression du casier judiciaire des décisions prises par les juridictions pour mineurs obéissent à des règles particulières. En premier lieu, la fiche concernant les condamnations définitives peuvent être supprimées du casier judiciaire lorsque la rééducation de l'intéressé semble acquise et qu'un délai de trois ans s'est écoulé depuis le jugement [184]. En second lieu et de manière automatique, toutes les fiches relatives aux mesures éducatives (à titre initial comme après d'éventuelles modifications ; dont l'inscription même devrait disparaître) [185], aux peines d'amende et d'emprisonnement inférieures à deux mois prononcées dans le cadre de l'Ordonnance de 1945 sont retirées du casier judiciaire lorsque l'intéressé a atteint l'âge de la majorité. Les fiches relatives aux condamnations pénales assorties du sursis simple, avec mise à l'épreuve ou accompagné de l'obligation d'accomplir un travail d'intérêt général, subissent le même et très opportun sort [186]. Ce droit à l'oubli ainsi consacré participe à n'en point douter d'une volonté de favoriser, voire de consolider, l'insertion socioculturelle des jeunes concernés [187].

On ne saurait nier, à l'issue de cette présentation des spécificités des décisions rendues par les juridictions pour mineurs, la variété des réponses, la souplesse du prononcé et de l'ajustement de la plupart d'entre elles. Rien d'étonnant en cela : à l'adhésion du mineur au traitement mis en place, à la symbolisation par les protagonistes au conflit des affects provoqués par la transgression, doit répondre une prise en charge judiciaire nuancée, dynamique, (re)socialisante. Par un dialogue soutenu entre le juge, le mineur, sa famille et les institutions de traite-

183. V. J.F. Renucci, *op. cit.*, p. 196 et s. ; R. Cario, *op. cit.* (1996 b), p. 149 et s.

184. Cette décision de suppression appartient soit au Tribunal pour enfants (sur requête du mineur) soit au parquet ; V. art. 770 *C.P.P.*

185. V. art. 28 *Ord.* 1945.

186. V. art. 769-2 *C.P.P.* (introduit par L. 16 déc. 1992).

187. Sur la communication des différents Bulletins du casier judiciaire, V. J. Bigot-Bloess, *op. cit.*, p. 61 ; Art. 772, 775 et s., R. 76 et s. *C.P.P.*

ment, le sens de l'intervention sociale doit être affirmé, la responsabilité du mineur éveillée, la réparation effectuée... bref, l'harmonie sociale rétablie. Sans précipiter le temps.

En cas d'échec des voies éducatives et restauratives, préalablement et systématiquement investiguées, ou au cas d'infractions d'une exceptionnelle gravité, la voie pénale reste ouverte, inévitablement, dans le cadre d'un procès pénal rénové par la généralisation de la césure notamment. Si aucune autre réponse n'est possible, la privation de liberté pourrait être envisagée sous la double condition de durée (raisonnable) et de spécialisation (aboutie) des établissements pénitentiaires. La privation de liberté ayant pour fonction de favoriser la (re)socialisation, on doit admettre que les courtes peines privatives de liberté inférieures à six mois voire une année n'y concourent absolument pas. Elles sont pourtant massivement prononcées. Les traumatismes provoqués par ce « choc carcéral » [188] sont multiples et dévastateurs sur le développement de la personnalité du mineur. Dans le même ordre d'idées, les carences accumulées par le mineur méritent un accompagnement psycho-social de moyenne durée. Bien plus, les établissements pénitentiaires ne sont pas dotés, à de rares exceptions près, d'équipements adaptés [189]. Surtout, l'absence de personnels qualifiés dans les domaines de la médecine, de la psychologie et du socio-éducatif au sens large est généralisée. Est-il encore besoin de rappeler que l'on ne peut sanctionner une infraction de faible gravité par le recours à la peine hiérarchiquement la plus élevée, ce que méprisent superbement les courtes peines privatives de liberté [190] ? Enfin et ce n'est pas le moins important, l'inefficacité des courtes peines privatives de liberté à éviter la récidive est patente [191].

---

188. V. Sur cette question not. Jeunes délinquants et jeunes en danger en milieu ouvert : utopie ou réalité ?, *op. cit.*, p. 59 et s.

189. Adaptation néanmoins expressément prévue aux art. 11 *Ord. 1945*, D 514 et s. *C.P.P.* ; V. également les *Circ.* Adm. Pénit. des 21 juil. 1991 et 4 fév. 1994 sur les conditions de détention des mineurs ; Comp. art. 5 *Cour Européenne des Droits de l'Homme (C.E.D.H.)* et 37 C.I.D.E.

190. V. en ce sens R. Cario, *op. cit.* (1996 a), p. 45 et s. ; Comp. M.F. Lösel, L'évaluation des interventions psychosociales en prison et en d'autres contextes pénaux, In Recherche criminologique, Vol. XXXI, *op. cit.*, pp. 81-120.

191. V. J.P. Montaron, *Jeunes en prison : «on nous enfonce»*, Ed. Le Seuil, 1977, 254 p. ; J.F. Gazeau, *op. cit.*, p. 169 et s. ; G. Gilbert, *Des jeunes y entrent,*

La confrontation des réalités statistiques de la délinquance des jeunes aux normes juridiques comme aux pratiques judiciaires étonne profondément. Tout semble se passer comme si, à l'égard du mineur délinquant pour le moins, le système de justice, tout en proclamant respecter les dispositions éducatives fécondes et innovantes de l'Ordonnance du 2 février 1945, ne les appliquait que très imparfaitement en conférant aux réponses concrètes une tonalité répressive marquée. Au risque de décevoir, on peut en effet regretter, à côté de la faiblesse assez généralisée des moyens [192] : la non spécialisation de la plupart des magistrats ayant en charge les affaires de mineurs, l'insuffisante spécialisation en criminologie juvénile des personnels socio-éducatifs, la banalisation du règlement des affaires en dehors de toute information, l'accélération des procédures de jugement, le caractère formel des mesures éducatives prononcées, la part très importante des réponses pénales dans les jugements rendus [193] et, surtout, l'absence généralisée de professionnels chargés de préparer la synthèse des divers diagnostics et/ou pronostics à l'intention des autorités de décision, de même que l'absence généralisée de professionnels chargés de coordonner le suivi des mesures prononcées.

Il devient donc urgent de casser ce balancement politique du droit pénal des mineurs entre le 'Charybde de l'interdiction et le Scylla du laisser faire' [194], au gré des émotions populaires. Le renforcement de la primauté éducative dans la prise en charge judiciaire de la jeunesse délinquante s'impose, avec détermination, au sein d'un système de jus-

---

des fauves en sortent, Ed. Stock, 1982, 283 p. ; P. Robert et al., *op. cit.*, p. 231 et s. ; K. Tomasevski, Des enfants en prison avec des adultes, Ed. Fayard, 1986, 331 p. ; P. Ferrari, *Enfants et prison : deux images difficiles à associer*, Eshel éd., 1990, 204 p. ; F. Dünkel, Réflexions au sujet de l'élaboration de Règles minima par l'O.N.U. pour la protection des mineurs privés de liberté, *In R.I.C.P.T.*, 1988/3, pp. 309-323.

192. V. Rapport Rufin, *op. cit.*, p. 64 et s.

193. Comp. L. Walgrave, La repénalisation de la délinquance juvénile : une fuite en avant, *In R.S.C.*, 1985, p. 603 et s.

194. V. M. Vaillant, Droit à l'adolescence, droit à la clémence, droit à la responsabilité, *In J.D.J.*, 1995/144, p. 23 ; de la même auteure, *L'adolescence au quotidien*, Ed. Syros, 1997, p. 103 et s.

tice pénale démocratique [195], dans le cadre d'un authentique procès de défense sociale orienté vers la resocialisation des intéressés [196]. Au regard des ruptures affectives, culturelles et sociales qui jalonnent la socialisation pauvre des jeunes délinquants, c'est fondalement une question de justice sociale.

---

195. V. sur cette évolution, R. Cario, *op. cit* (1996), p. 133 et s.

196. V. C. Lazerges, Quel droit pénal des mineurs pour l'Europe de demain, *In Droit pénal. Droit européen. Mélanges offerts à Georges Levasseur*, Ed. Litec/Gazette du Palais, 1992, pp. 435-448.

7

La spécificité de la détention des mineurs

par Jean-Paul Céré

Depuis l'Ordonnance du 2 février 1945, la protection judiciaire des mineurs n'a jamais subi de démenti profond. Le primat de l'éducatif empreigne l'ensemble des mesures opposables aux mineurs délinquants, jusqu'aux plus coercitives. Confrontés à une évolution récente de la délinquance juvénile qui semble se distinguer par des actes de plus en plus graves, d'aucuns s'interrogent sur l'efficience des réponses apportées par une ordonnance quinquagénaire [1]. A l'heure d'une réforme discutée de la justice des mineurs, il ne paraît pas souhaitable d'occulter de la réflexion la place tenue par la peine privative de liberté à leur égard.

A défaut de la supprimer, tout au moins pour les plus jeunes [2], les règles relatives à la détention ont évolué au point de témoigner d'une réelle spécificité. Il est vrai que par souci de protéger des individus en devenir, lorsqu'il s'agit d'engager une mesure coercitive, la procédure diffère peu ou prou de celle connue pour les adultes [3].

En matière de contrôle d'identité, la loi n'opère pas de nuances, selon l'âge. Les trois conditions visées par les articles 78 et suivants du

1. V. *Le Monde* du 28 mars 1996, p. 8, 16 mai 1996, p. 8.

2. V. D. Thomas, La détention des mineurs, *Revue de Science Criminelle*, 1990, p. 421.

3. V. *supra* l'étude de R. Cario, *Les spécificités de la prise en charge judiciaire des jeunes délinquants : entre virtualité de l'éducatif et réalité du répressif*.

code de procédure pénale trouvent à s'appliquer aux mineurs [4]. En cas de refus ou d'impossibilité de justifier leur identité, ils peuvent donc être retenus sur place ou dans les locaux de police pendant quatre heures au maximum. L'article 78-3 alinéa 2 relatif à la vérification d'identité prend cependant en considération la minorité par des dispositions protectrices. Une information du procureur de la République doit ainsi s'effectuer dès le début de la rétention et, « sauf impossibilité », son représentant légal doit l'assister [5].

La spécificité du droit pénal de forme s'exprime surtout par l'existence de règles dérogatoires au droit commun concernant la garde à vue. Prohibée pour les mineurs de treize ans, l'article 4 alinéa 1 de l'ordonnance de 1945 permet de retenir, à titre exceptionnel, pour les nécessités d'une enquête, un mineur de dix à treize ans « contre lequel il existe des indices graves et concordants laissant présumer qu'il a commis ou tenté de commettre un crime ou un délit puni d'au moins sept ans d'emprisonnement » [6]. Dans ce cas, cette garde à vue qui masque son nom [7] requiert l'accord préalable d'un magistrat (ministère

---

4. « Pour toute personne à l'égard de laquelle il existe un indice faisant présumer qu'elle a commis ou tenté de commettre une infraction; qu'elle se prépare à commettre un crime ou un délit; qu'elle est susceptible de fournir des renseignements utiles à l'enquête en cas de crime ou de délit; qu'elle fait l'objet de recherches ordonnées par une autorité judiciaire ; sur réquisitions écrites du procureur de la République aux fins de recherche et de poursuite d'infractions qu'il précise, l'identité de toute personne peut également être contrôlée dans les lieux et pour une période de temps déterminée par ce magistrat ; l'identité de toute personne, quel que soit son comportement peut être contrôlée pour prévenir une atteinte à l'ordre public, notamment une atteinte à la sécurité des personnes ou des biens ».

5. L'assistance du mineur risque parfois de rester hypothétique s'il refuse de décliner son identité. Il paraît difficile alors d'avertir son représentant légal.

6. La circulaire du 14 fév. 1994 n'autorise par la retenue du mineur en qualité de témoin.

7. Dispositions introduites par la loi du 1er févr. 1994 après que le Conseil Constitutionnel eut estimé inconstitutionnel de placer en garde à vue les mineurs de treize ans en cas de crime ou délit puni de sept ans au moins d'emprisonnement. L'accord préalable d'un magistrat et la durée de vingt quatre heures non renouvelable s'avéraient insuffisants, pour la haute juridiction, au regard de la présomption d'innocence. Le Conseil Constitutionnel n'avait pas cependant écarté la possibilité d'un recours à une procédure appropriée permettant de retenir les mineurs de treize ans à titre exceptionnel s'agissant d'infractions graves, sous contrôle et avec

public, juge d'instruction spécialisé dans le domaine de l'enfance ou juge des enfants) et se déroule sous son contrôle. En outre, sa durée est de dix heures renouvelable une fois par décision motivée du magistrat. Entre treize et dix-huit ans, le placement en garde à vue du mineur peut durer vingt-quatre heures ; décision susceptible de prolongation pour vingt quatre heures supplémentaires [8]. A l'égard des mineurs de seize ans et pour un délit puni d'une peine inférieure à cinq ans d'emprisonnement, la garde à vue est limitée à vingt quatre heures sans latitude de prorogation.

Les droits du mineur s'affirment surtout par la mise en place de garanties particulières. Le procureur de la République doit être informé le plus rapidement possible d'une décision de garde à vue [9]. Il est autorisé, pour les majeurs gardés à vue, à ne pas faire droit, au nom des nécessités de l'enquête, à leur demande consistant à prévenir leurs proches de la mesure dont ils sont l'objet. En revanche, en ce qui concerne les mineurs, l'information est de droit et le procureur de la République ou le magistrat chargé de l'information ne peuvent la repousser au delà de vingt-quatre heures ou lorsque la garde à vue ne peut faire l'objet d'une prolongation, de douze heures (art. 4 II al. 2 ord. 2 févr. 1945). Au surplus toute prolongation d'une garde à vue impose de présenter préalablement le mineur au procureur de la République ou au juge d'instruction. Généralement, pour les adultes, une autorisation écrite du procureur de la République suffit au renouvellement de la garde à vue, sauf à estimer nécessaire de rencontrer l'intéressé [10].

---

l'accord d'un magistrat spécialisé dans la protection de l'enfance. V. Cons. const. 11 août 1993, *J.O.*, 15 août, pp. 11599-11601.

8. Dans le silence de l'art. 4 Ord. 4 févr. 1945, il convient en effet de se référer au délai de droit commun de vingt quatre heures de l'article 63 C.P.P. Dès lors en matière de trafic de stupéfiant, la prolongation légale autorisée est de 48 heures (art. 706-29 C.P.P.).

9. « Dans les meilleurs délais » pour les mineurs de plus de seize ans et les majeurs. Art. 3 C.P.P.

10. Art. 63 al. 3 C.P.P.

La protection des droits des mineurs de seize ans procède aussi de l'entretien avec un avocat dès le début de la garde à vue [11]. Le mineur est immédiatement informé de cette possibilité et, à défaut de se prévaloir de l'assistance d'un conseil, ses représentants légaux peuvent la solliciter lorsqu'ils sont informés de la garde à vue (art. 4 IV ord. 2 févr. 1945). De même, au début de la garde à vue, le mineur de seize ans est obligatoirement examiné par un médecin [12].

Le sillon de la spécificité du droit pénal des mineurs ainsi tracé par l'ordonnance de 1945 s'étend inéluctablement sous l'égide du droit international [13]. Il est vrai qu'il est illusoire d'aboutir à une logique de réinsertion sociale du jeune délinquant en appliquant strictement des règles préconisées pour les délinquants adultes, fussent-elles conçues dans leur intérêt. L'exemple du sursis avec mise à l'épreuve, notamment, apporte un témoignage éclairant. Les principes généraux issus des articles 132-40 et suivants du code pénal (C.P.) se transposent aux mineurs [14]. Dès lors le délai d'épreuve s'avère inadapté dans sa durée et ses modalités pour des adolescents versatiles et en manque de repères. Or le contrat de mise à l'épreuve rompu, la prison, que l'on cherchait justement à éviter, s'impose alors avec force [15].

L'étude du droit pénal des mineurs dénote une volonté législative, guère démentie depuis 1945, de favoriser des mesures éducatives au détriment du répressif. Il est vrai qu'aiguiller la réponse judiciaire sur une voie plus répressive n'apporte pas l'assurance d'une meilleure effi-

---

11. Vingt heures après le début de la garde à vue pour toute personne âgée de plus de seize ans (art.63-4 C.P.P.).

12. A l'initiative du procureur de la République, de l'officier de police judiciaire, sur demande de l'intéressé ou de sa famille dans les autres cas. Art. 4 Ord. 2 févr. 1945 et art.63-3 C.P.P.

13. V. H. Schüler-Springorum, Les instruments des Nations Unies relatifs à la délinquance juvénile, *R.I.C.P.T.*, 1994/2, p. 153 et s. ; B. Cassagnabère, Une jeune quinquagénaire : l'ordonnance du 2 février 1945 relative à l'enfance délinquante, *Les Petites Affiches*, 21 juill. 1995, n° 87, p.12 et s.

14. Les principes ordinairement dévolus aux Juges d'Application des Peines et au Tribunal correctionnel appartiennent toutefois au juge des enfants et au tribunal pour enfants. V. art. 744-2 C.P.P.

15. Le projet de réforme du droit pénal des mineurs du ministre de la Justice de 1990 proposait de le supprimer.

cacité. Elle n'est pas garante d'une absence de récidive. Ainsi peut-on concevoir que la réglementation aborde spécifiquement la détention des mineurs (I). Seulement, alors que les bougies du cinquantième anniversaire de l'ordonnance n'avait pas finies de se consumer, face à des délinquants de plus en plus jeunes, désemparés et désoeuvrés, une réorientation de l'intervention judiciaire à l'égard des mineurs s'esquissait subrepticement [16]. C'est pourtant en préservant la spécificité du droit pénal des mineurs que l'on répondra aux défis posés aujourd'hui par la délinquance des jeunes. Et la prison n'a jamais été une thérapeutique miracle d'autant, que, dans la grande majorité des cas, le temps très court d'incarcération des mineurs ne laisse guère la perspective d'envisager une intervention personnalisée. Présentée, au contraire, comme corruptrice et désocialisante, elle apparaît comme un mode de répression inadapté. Parfaitement justifiées, les règles relatives à la détention des mineurs doivent, à ce titre, être préservées même si, en définitive, leur spécificité présente un caractère imparfait (II).

I - La spécificité affirmée de la détention des mineurs

L'emprisonnement des mineurs paraît difficilement conciliable avec les perspectives éducatives qui irriguent le droit pénal des mineurs. L'aspect criminogène de la prison a suffisamment été souligné pour que l'évocation de l'enfermement des mineurs témoigne d'une symbolique d'impuissance de la justice à détourner certains adolescents de la délinquance. Est-ce à dire que la primauté de la voie éducative est exclusive du recours à la détention des mineurs ? En fait l'ordonnance de 1945 ne prohibe pas une telle solution. Seulement, eu égard à la palette de mesures moins contraignantes dont peut user le juge afin de s'assurer de la personne du mineur, l'emprisonnement doit être réservé à des situations extrêmes. De fait le recours à la détention provisoire reste accessible mais répond à des règles particulières (A) à l'instar du régime de détention du mineur, une fois la condamnation prononcée (B).

---

16. V. *Le Monde* du 8 juin 1995, *Adde* la loi 94-89 du 1er févr. 1994 relative à la mise en place de la rétention judiciaire des mineurs de 10 à 13 ans.

A - Le particularisme de la détention provisoire des mineurs

Située en amont d'une éventuelle déclaration de culpabilité, la détention provisoire vient se confronter au principe général de présomption d'innocence de toute personne poursuivie. Pourtant, des infractions graves, complexes ou commises dans un contexte particulier imposent, ne serait-ce que pour l'efficience de la conduite de l'instruction (éviter toute pression sur les témoins ou les victimes, destruction de preuves etc...), une incarcération immédiate. Assurément, le recours à la détention provisoire doit s'avérer parcimonieux sous peine d'empiéter sur les libertés individuelles. Le cadre restrictif tracé, au gré des remaniements législatifs opérés ces dernières années, témoigne des difficultés à concilier des principes divergents et à brider le recours insatisfaisant à la détention provisoire [17].

Le magistrat chargé d'instruire les affaires de mineurs peut décider de délivrer un mandat de dépôt. Mais, si les raisons justifiant une incarcération préventive sont empruntées au droit commun [18], la détention provisoire des mineurs doit, plus encore que pour les majeurs, demeu-

---

17. Parmi les pays du Conseil de l'Europe, la France possède le taux de détention provisoire avant jugement le plus fort, derrière la Russie et la Pologne ; V. P. Tournier, Statistiques sur les populations carcérales dans les Etats membres du Conseil de l'Europe. Enquête 1994, *Bull. info. pén.*, 1995, n° 20, p. 74.

18. Elle est possible pour des crimes et délits réprimés par une peine supérieure à deux ans d'emprisonnement ou un an en cas de crime flagrant. La mesure s'impose, au surplus, uniquement si elle permet de conserver les éléments de preuve, empêcher soit une pression sur les témoins ou les victimes, soit une concertation frauduleuse entre personnes mises en examen et complices ou bien « lorsqu'elle est nécessaire pour protéger la personne concernée, pour mettre fin à l'infraction ou prévenir son renouvellement, pour garantir le maintien de la personne concernée à la disposition de la justice ou pour préserver l'ordre public du trouble causé par l'infraction» (art. 144 C.P.P.) ; La mise en détention provisoire suppose en outre le respect de conditions de forme à savoir l'exigence d'un débat contradictoire et une ordonnance du juge d'instruction spécialement motivée (art. 145 C.P.P.). Pour plus de précisions, V. G. Stéfani, G. Levasseur, B. Bouloc, *Procédure pénale*, Précis Dalloz, 15è éd., 1993, p. 544 et s. ; J. Pradel, *Procédure pénale*, Cujas, 8è éd., 1995, p. 635 et s.

rer exceptionnelle [19]. A cette fin, la spécificité du droit applicable aux mineurs découle de l'Ordonnance du 2 février 1945. Le mineur de plus de 13 ans peut être placé provisoirement dans une maison d'arrêt seulement si la mesure paraît indispensable ou s'il s'avère impossible de prendre toute autre disposition. Le placement s'effectue après débat contradictoire et consultation des services de la protection judiciaire de la jeunesse [20], par ordonnance motivée du juge d'instruction ou du juge des enfants [21]. A défaut de les interroger, il convient de constater le caractère inopérant du titre de détention et de prononcer la mise en liberté du mineur [22].

La jurisprudence [23] et la législation récentes fortifient encore la recherche d'un usage circonspect et modéré de la détention provisoire. En toute hypothèse, la loi impose un délai butoir au delà duquel l'élargissement du mineur devient irrémédiable. En matière criminelle [24], la réglementation distingue selon l'âge du mineur. Entre 13 et 16 ans, la détention provisoire ne peut excéder 6 mois, renouvelable une fois sous réserve du respect des dispositions de l'article 145-1 alinéa 4 du C.P.P. (avis du procureur de la République et observations du conseil du mineur). Entre 16 et 18 ans, la détention du mineur peut

---

19. Plusieurs raisons pertinentes abondent en ce sens. Que se soit pour éviter l'effet corrupteur de la prison ou ses dangers psychologiques exacerbés chez le jeune délinquant, B. Bouloc, *Pénologie*, Précis Dalloz, 1991, p. 399. Ou parce que la mise en détention va à l'encontre des objectifs de l'intervention judiciaire chez les mineurs, J.F. Renucci, L'emprisonnement des mineurs, *In Enfance et délinquance*, Actes du colloque de l'Association française de droit pénal, Rennes, Economica, 1993, p. 171.

20. Art. 12 Ord. 2 févr. 1945 ; Toutefois faute d'appel dans le délai prévu par l'art. 185 C.P.P. la décision de placement acquiert un caractère définitif alors même que les services éducatifs ne sont pas consultés. Cass. crim., 4 nov. 1986, *Lexilaser*, pourvoi n° 86-92.726.

21. Art. 11, Ord. du 2 févr. 1995.

22. Cass. crim., 11 juin 1996, *Juris data* n° 003024.

23. Cass. crim., 17 juin 1987, *Rev. dr. enf. fam.*, 1989/2, p. 137, note J.F. Renucci ; *Gaz. Pal.*, 1988, p. 12, note J.P. Doucet.

24. Rappelons que la détention provisoire est exclue pour les mineurs de 13 ans quel que soit le degré de gravité de l'infraction. Elle est repoussée, en matière correctionnelle, à 16 ans.

atteindre 1 an avec une faculté de la prolonger une année supplémentaire (application de l'art. 145-2 C.P.P.). En d'autres termes, pour le cas d'une détention provisoire renouvelée selon le temps maximum imparti par les textes, un mineur de plus de 13 ans peut subir une incarcération d'1 an, et au delà de 16 ans, de 2 ans. En matière correctionnelle, la distinction dépend de la durée de la peine encourue. Si cette dernière est inférieure ou égale à 7 ans, la détention provisoire des mineurs âgés de plus de 16 ans ne doit pas excéder 1 mois. Une prorogation unique d'1 mois est envisageable sous réserve du respect des exigences de l'article 145-1 alinéa 4 C.P.P. [25]. Si la peine encourue dépasse les 7 ans, la durée de détention est de 4 mois, renouvelable tous les 4 mois sans qu'il soit possible de la prolonger au delà d'un an.

La protection du mineur délinquant se perçoit aussi à travers les différentes règles destinées à éviter qu'il ne soit soumis aux contacts nocifs de détenus majeurs. Les mineurs sont détenus dans un quartier spécial de la prison. Autant que possible, ils sont soumis à l'isolement de nuit [26]. La circulaire NOR JUS E 93 40.147 C du 4 février 1994 précise que, dès la mise sous écrou, le chef d'établissement avise le directeur départemental de la protection judiciaire de la jeunesse de l'incarcération d'un mineur, qu'il soit connu ou non des services éducatifs. En réalité, prévenu ou condamné, le mineur fait l'objet d'une prise en charge typique au sein de la prison.

B - Le particularisme du régime de détention des mineurs

Les mineurs ont de tout temps disposé d'une législation personnifiée afin d'adapter leur prise en charge [27]. Récemment encore, leur détention s'effectuait dans un quartier particulier des maisons d'arrêt au sein duquel étaient regroupés les mineurs et les jeunes majeurs jusqu'à 21 ans [28]. Finalement, les mineurs se retrouvaient fréquemment isolés de la

---

25. Le mineur peut de surcroît être maintenu en détention au delà du délai de deux mois si le juge d'instruction a rendu une ordonnance de renvoi devant le tribunal pour enfants. Cass. crim., 13 oct. 1992, *Lexilaser*, pourvoi n° 92-82.414.

26. Art. 11, ord. 2 févr.1945 ; V. aussi l'art. D 85 C.P.P.

27. V. par ex. B. Bouloc, *op. cit.*, p. 338 et s.

28. Décret du 12 sept. 1972, art. D 519 C.P.P.

vie intérieure de la prison. De la sorte, ils étaient privés d'activités faute de pouvoir participer à celles mises en place pour les adultes. Il s'avérait souvent matériellement impossible de proposer des occupations spécifiques pour un nombre très restreint de détenus mineurs.

Désormais, seules les maisons d'arrêt habilitées reçoivent des mineurs prévenus ou condamnés à de courtes peines d'emprisonnement [29]. Une cinquantaine d'établissements ont reçu, à ce jour, l'accréditation requise. Cette solution s'explique par la volonté de mettre véritablement en place un régime de détention pour les mineurs convenant « aux exigences d'une prise en charge adaptée particulièrement pour ce qui concerne les activités socio-éducatives et de formation à caractère continu ».

A l'identique des mineurs prévenus, le principe de l'isolement de nuit s'applique. S'il s'avère délicat à honorer (surpopulation, personnalité des intéressés), un placement de deux mineurs par cellule est toléré [30]. Les mineurs, séparés des détenus majeurs, sont regroupés ensemble dans un lieu particulier de la détention proche d'une salle d'activité ou de la cour de promenade. Tout comme sous l'empire de la législation précédente, les règles de détention spécifiques aux mineurs peuvent continuer à s'appliquer au delà de leur majorité. Dans une perspective de continuité, d'efficacité de la prise en charge du jeune délinquant, le maintien (et donc le bénéfice du particularisme du régime de détention) dans un quartier pour mineur peut continuer après la majorité, jusqu'à 21 ans [31].

---

29. Cette situation introduite par la circulaire du 23 juill. 1991 enjoint les chefs d' établissements de traduire localement les objectifs définis par la circulaire. Ainsi ils doivent définir un projet de service, les objectifs et les moyens mis en oeuvre, y compris ceux mobilisant des partenaires extérieurs pour assurer une prise en charge adaptée. Les règlements intérieurs sont censés reprendre ces orientations et comporter des dispositions particulières au régime des mineurs.

30. On ne peut que se féliciter de cette limite imposée par les textes en souhaitant vivement son respect dans la pratique. Rappelons que pour les majeurs, en maison d'arrêt, le principe de l'isolement de nuit est aussi la règle (art. D 84 C.P.P.) mais que l'exception posée par l'art. D 85 supplante largement le principe dans la réalité en raison de la surpopulation chronique dans les maisons d'arrêt.

31. V. P. Tournier, Jeunes en prison, *Rev. pénit.*, 1994/2, p. 135 et s.

L'affirmation du caractère obligatoire de la promenade quotidienne pour les mineurs (sauf raisons médicales) est à souligner. Cette disposition assortie de propositions d'activités régulières doit contribuer à éviter l'oisiveté récurrente chez les autres détenus [32]. A ce propos, on peut émettre le souhait, afin d'accréditer la fòrce de la règle, de la reproduire dans tous les règlements intérieurs des établissements accueillant des mineurs.

Le régime de détention applicable aux mineurs favorise la recherche de leur resocialisation. Outre les facilités de travail ou de formation professionnelle offertes en cours de détention [33], le mineur doit pouvoir participer à diverses activités et surtout bénéficier d'actions éducatives et d'enseignement. Le caractère obligatoire de la scolarité des détenus mineurs est affiché par le C.P.P. [34]. Des instituteurs détachés par l'Education nationale auprès de l'Administration pénitentiaire dispensent les cours. Des activités de loisirs et d'enseignement fleurissent en prison depuis quelques années, organisées par des visiteurs bénévoles généralement regroupés en association. Ainsi, en 1995, plus de cent cinquante mineurs ont pu bénéficier d'interventions de membres du Groupement Étudiant National d'Enseignement aux Personnes Incarcérées (Génépi) [35].

Pour des raisons pratiques, la séparation des mineurs d'avec le reste de la population pénale peut souffrir de quelques exceptions. « Il convient d'admettre que des activités (à l'exception des promenades) puissent être communes avec celles des jeunes majeurs ». Elles sont autorisées sous réserve « que celles ci soient adaptées à un public mineur et

32. Une heure de promenade quotidienne est en théorie aussi imposée à tous les détenus (art. D 261 C.P.P.). Mais cette obligation n'est pas assurée dans la majorité des établissements pénitentiaires où les détenus effectuent ou non, à leur guise, la promenade.

33. Art. D 516 al. 3 C.P.P.

34. Art. D 450 et D 451 C.P.P. ; V. aussi l'art. 79 de la Recommandation R (87) 3 du Conseil de l'Europe qui prévoit que l'éducation des jeunes détenus doit retenir l'attention des administrations pénitentiaires et l'art. 28 de la Convention internationale des droits de l'enfant selon lequel « les Etats parties reconnaissent le droit de l'enfant à l'éducation ».

35. *Rapport d'activité* 1995 du Génépi.

se déroulent sous étroite surveillance » [36]. Limiter l'accueil des mineurs au sein d'un nombre restreint d'établissements pénitentiaires distend le fil des relations entre le mineur et sa famille. Il devient alors complexe de trouver un lieu d'incarcération à proximité de la résidence de ses parents comme on pouvait le rechercher précédemment. Néanmoins, le maintien des liens familiaux étant particulièrement crucial pour les jeunes détenus, pour tenter de pallier cet obstacle, des parloirs prolongés doivent être aménagés (sauf décision contraire des autorités judiciaires concernées) entre le mineur et sa famille notamment lorsque celle ci réside loin de l'établissement [37].

Il convient de préciser que la spécificité de la détention des mineurs se manifeste à d'autres égards. La période de sûreté à laquelle peut recourir la juridiction de jugement pour les adultes ne touche pas les mineurs [38]. Par conséquent, d'une part, ils gardent toujours vocation au bénéfice des diverses mesures d'individualisation de la peine, contrairement aux majeurs qui peuvent les perdre temporairement (permission de sortir, libération conditionnelle, placement à l'extérieur, suspension ou fractionnement de peine). D'autre part, l'interdiction du territoire français [39], à l'instar de l'ensemble des interdictions prévues par le code pénal ne concernent pas les mineurs [40]. Il en est de même pour la peine des jours amendes [41] ou la contrainte par corps [42]. Tous ces aménagements au droit commun témoignent sans doute de ce que l'emprisonnement se révèle foncièrement inadapté pour des jeunes sujets. Au

---

36. Circ. du 4 févr. 1994, précitée. Elle prévoit uniquement des activités communes avec des jeunes majeurs. Ce qui est un progrès en soi si l'on compare la situation antérieure où les activités pouvaient se dérouler avec des majeurs. V. J.F. Renucci, L'emprisonnement des mineurs, *op cit*, p. 179.

37. Circ. 4 fév. 1994, précité, n° 54 ; Un parloir prolongé reste soumis à un accord discrétionnaire du chef d'établissement pour des condamnés majeurs même si la famille réside à plusieurs centaines de kilomètres.

38. Art. 20-2 al. 3 Ord. 2 févr. 1945. La jurisprudence applique fermement cette règle, V. Cass. crim. 11 mai 1988, *Bull. crim.*, n° 210.

39. V. art. 131-30 C.P.

40. Art. 20-4, 20-6 Ord. 2 févr. 1945 ; Art. 131-25 à 131-35 C.P.

41. Art. 20-4 Ord. 2 févr. 1945.

42. Art. 751 C.P.P.

point que la législation tente de contenir son usage et d'amoindrir ses effets. Ce qui amène à se poser la question de savoir si elle parvient à ses fins.

II - La spécificité imparfaite de la détention des mineurs

Les objectifs modelés à partir des années 1980 pour endiguer le taux de mineurs détenus, que l'on s'accordait à trouver trop important, ont permis d'inverser cette tendance. Au point de penser que la prison en ce qui les concerne s'approche de sa fonction de peine *ultima ratio*. Une analyse plus fine de la situation des mineurs incarcérés tempère cette impression (A). L'évolution récente de la délinquance juvénile et les choix de politique criminelle abondent en ce sens (B).

A - Une spécificité insuffisante

Le hiatus entre le mode de vie à l'extérieur et les règles intra muros de la prison transparaît rapidement au travers du rituel incontournable et déshumanisant des premiers instantanés de l'incarcération (écrou, fouilles, période d'observation...). Chez certains sujets, des manifestations psycho-pathologiques, généralement transitoires et curables, traduisent le choc provoqué par l'emprisonnement. La personnalité d'un mineur est assurément sujette à des perturbations plus irréversibles. Les incidences nocives et criminogènes de la prison, maintes fois dénoncées, ne sauraient être ignorées quand il s'agit d'y diriger un jeune délinquant [43]. Au long terme, si besoin en était, les chiffres relatifs aux conduites disciplinaires des mineurs en prison témoignent de leur inadaptation criante à l'enfermement et les spécificités de la législation applicable aux mineurs ne parviennent pas à contrecarrer cette réalité.

Quelle que soit la durée de leur incarcération, les mineurs commettent un nombre d'infractions disciplinaires en prison plus conséquent

43. C. Pauchet, *Les prisons de l'insécurité*, Les éditions ouvrières, 1982, p. 38 ; M. Fize, L'impossible socialisation des jeunes dans des conditions de contraintes maximales : l'exemple de la prison, *Annales de Vaucresson*, 1988/1, n° 28, p. 201 et s. ; A. Grisay et P. Thys, Adolescents et enfermement, *Revue de Droit Pénal et de Criminologie*, 1988, p. 369 et s.

que les adultes [44]. Si leur difficulté à intégrer les contraintes disciplinaires de la prison ignore le temps et faisait l'objet d'un constat identique dès le XIXème siècle [45], les sanctions disciplinaires se sont encore multipliées ces dernières années [46]. La récurrence des actes d'indiscipline des mineurs semble donc patente. En 1995, alors que la proportion des mineurs de moins de dix huit ans représente 1% de la population carcérale totale, ils attiraient 4,8% de l'ensemble des sanctions prononcées [47]. En d'autre termes, cela revient à dire que le nombre de sanctions prises contre les mineurs est de plus de quatre fois supérieur à celui obtenu pour l'ensemble de la population carcérale.

En affinant l'analyse, on remarque que la catégorie d'infractions prévalante concerne les manquements à la discipline (ex. refus d'obéissance, trafic...) mais pour un taux moindre que dans l'ensemble de la population (29,9 % contre 48,3 %). Les mineurs se distinguent en contrepartie par la commission relativement plus importante d'infractions contre le personnel (23,7 % au lieu de 15,7 %), contre les autres détenus (24,1 % au lieu de 14,8 %) et contre les biens (20,7 % au lieu de 15,8 %). Les infractions contre les personnes émergent donc des statistiques relatives aux mineurs.

Plus souvent sanctionnés et pour des infractions sensiblement plus graves, les mineurs le sont aussi plus rigoureusement. Jusqu'à ce que le décret du 2 avril 1996 réforme le régime disciplinaire en prison, il n'existait pas de liste de sanctions disciplinaires propres à chaque catégorie de détenus [48]. Encore pouvait-on relever l'impossibilité de recou-

---

44. V. J.P. Céré, Le nécessaire contrôle du pouvoir disciplinaire dans les prisons françaises, *R.S.C.*, 1994/3, p. 597 et s., not. p. 605.

45. V. A. De Tocqueville, *Ecrits sur le système pénitentiaire en France et à l'étranger*, Ed. Gallimard, 1984 (rééd.), p. 458.

46. 24,4 % en 1994, 5,1 % en 1995.

47. Pourcentages similaires en 1994.

48. V. P. Couvrat, Le régime disciplinaire des détenus depuis le décret du 2 avril 1996, *R.S.C.*, 1996/3, p. 709 ; J. Pradel, Le nouveau régime disciplinaire des détenus depuis le décret n° 96-287 du 2 avril 1996. Une révolution en droit pénitentiaire, *D.*, Chron., 1996, p. 319 ; J.M. Larralde, La réforme du régime disciplinaire des détenus, *A.J.D.A.*, 1996, p. 780 ; M. Herzog-Evans, La réforme du régime disciplinaire dans les établissements pénitentiaires. Un plagiat incomplet du droit pénal, *Revue Pénitentiaire*, 1997/1, p. 9 et s. ; J.P. Céré, Le décret du 2 avril 1996

rir à une punition de cellule (sanction la plus grave dans l'échelle des peines) de plus de 15 jours pour des mineurs contre 45 jours pour les adultes [49]. L'essence intrinsèquement désocialisante et austère de cette sanction devrait inciter à en faire un usage parcimonieux. Elle entraîne, par exemple, une restriction automatique des visites pour le détenu puni. En pratique pourtant, les mineurs sont très fréquemment sanctionnés par une punition de cellule : elle représente en 1995 à elle seule près des 2/3 des sanctions prononcées (65 %), soit un taux un peu plus élevé encore que dans l'ensemble de la population carcérale (62,6 %).

Surtout, en violation des dispositions du code de procédure pénale, certains mineurs subissent des punitions de cellules fermes de plus de 15 jours (2,6 %) [50]. Doit-on expliquer cette sévérité comme un impondérable entretenu par une indiscipline incontestable des mineurs ou ne faut-il pas plutôt y trouver l'expression d'une inadaptation frappante à l'emprisonnement ?

Heureusement, l'emprisonnement des mineurs doit rester une réponse exceptionnelle. Partant, il est sans doute permis de se féliciter de la décroissance, ces dernières années, de la détention des mineurs (757 détenus mineurs au 1er janv. 1980, 514 pour 1996). Ils représentaient 2,1 % de la population pénale en 1980 au lieu de 1 % maintenant (pourcentage invariable depuis plusieurs années). Seulement une étude plus fine des chiffres impose d'autres remarques. La baisse constatée du nombre de mineurs détenus résulte d'une analyse de stock. En rai-

---

et le nouveau régime disciplinaire applicable aux détenus, *In* R.F.D. *adm.*, 1997/3, pp. 614-623.

49. Art. D 167 ancien C.P.P. ; Et le maximum de 15 jours n'était encouru que pour des violences d'une particulière gravité. V. Circ. A.P. 14 avr. 1969 et du 18 mai 1984.

50. Il convient d'espérer que le récent regard du juge administratif sur les punitions disciplinaires en milieu carcéral permettra d'anihiler de telles pratiques. V. Cons. d'Et. 17 févr. 1995, Marie, *R.F.D. adm.*, 1995, p. 353 et s., concl. P. Frydman ; *D.*, 1995, p. 381 et s., note N. Belloubet-Frier ; *J.C.P.*, 1995, p. 173 et s., note M. Lascombe et F. Bernard ; *R.S.C.*, 1995/2, p. 381 et s., note P. Couvrat ; *Gaz. Pal.*, 30-31 Août 1995, p. 10 et s., note V.A. Otekpo ; *Dr. pénal*, août 1995, note A. Maron ; *R.D. publ.*, 1995/5, p. 1338, note O. Gohin ; *R.F.D. adm.*, 1995, p. 822 et s., note F. Moderne et J.-P Céré ; M. Herzog-Evans, Droit commun pour les détenus, *R.S.C.*, 1995/3, p. 621 et s.

sonnant en terme de flux, il faut compter plusieurs milliers d'incarcérations par an (2936 en 1995). Entre le début des années 1980 et aujourd'hui, le nombre d'incarcérations annuelles de mineurs a quasiment été divisé par deux. La remarque vaut avec encore plus de rigueur pour les mineures [51]. On pourrait estimer que les caractéristiques de flux rejoignent celles de stock mais elles apportent un témoignage plus éclairant [52]. Elles soulignent, depuis 1993, une tendance significative à la hausse du nombre d'incarcérations des mineurs (2247 en 1993, 2661 en 1994, 2936 en 1995). La proportion de mineurs par rapport à l'ensemble des incarcérations sur la même période confirme cette observation (respectivement 2,7 %, 3,1 %, 3,6 %) [53].

Alors que l'on pourrait estimer le choix de la voie éducative privilégié, conformément à la finalité du droit pénal des mineurs, l'emprisonnement emporte les faveurs à l'égard de plus d'un mineur sur trois [54]. D'autre part, en dépit de l'affirmation renouvelée récemment par la circulaire ministérielle du 15 octobre 1991 [55] du caractère encore exceptionnel du recours à la détention provisoire des mineurs [56], il est étonnant de constater un taux de prévenus supérieur à 75 % [57]. Au regard de la durée d'incarcération des mineurs, inférieure à six mois dans neuf

---

51. Sur les mineures incarcérées, V. R. Cario, Filles et femmes prisonnières, *Rev. Eguzkilore*, 1990/4 p. 117 et s.

52. En ce sens, R. Cario, *Jeunes délinquants : à la recherche de la socialisation perdue*, Ed. L'harmattan, 1996, p. 53.

53. *Cahiers de démographie pénitentiaire*, Publ. Ministère de la Justice, Direction de l'administration pénitentiaire, S.C.E.R.I., juin 1996, n° 1, p. 3.

54. V. R. Cario, Jeunes délinquants : à la recherche de la socialisation perdue, *ibid.*, pp. 52-53.

55. Circ. NOR JUS F 91 50 0083 C.

56. La détention provisoire n'est pas en soi contraire à l'art. 5 de la Convention européenne des droits de l'homme ; Cass. crim. 22 mai 1990, *D.*, 1990, p. 456, note J.-F. Renucci ; ni d'ailleurs à l'article 40 de la Convention internationale sur les droits de l'enfant, Cass. crim 27 nov. 1990, *Lexilaser*, pourvoi n° 90-85.658.

57. Au 1er janv. 1993 (77,4 %); 1994 (74,1 %), 1995 (75,6 %), 1996 (76,7 %). Le taux est encore plus élevé chez les mineures, au 1er janv. 1993 (86,4 %), 1994 (76,2 %), 1995 (ND), 1996 (89,4 %). Source : Rapport annuel de l'administration pénitentiaire.

cas sur dix [58], il semble primordial de souligner le risque réel de voir dans certains jugements une simple « couverture » de la détention provisoire [59]. Les ordonnances de mise en liberté représentent 68 % des motifs de sortie en 1995 chez les mineurs (23 % pour l'ensemble des libérations). En ajoutant les libérations motivées par un non lieu, une condamnation sans peine d'emprisonnement et les cas où la peine prononcée a été couverte par la détention provisoire, on obtient près de 71 % de détentions exclusivement constituées de détention provisoire [60]. Il semble pourtant que rien ne soit véritablement mis en oeuvre pour endiguer ce constat regrettable.

B - Une spécificité en danger ?

Au vu des développements précédents, il convient de penser que la détention provisoire doit à tout prix occuper un rôle moins saillant. Un pas supplémentaire en ce sens a été à nouveau effectué. Depuis la loi du 24 août 1993, les services éducatifs auprès des tribunaux (S.E.A.T.) doivent obligatoirement fournir un rapport de prolongation de la détention. La jurisprudence de la Cour de cassation qui refusait l'intervention des services de l'éducation surveillée aux cas où le juge était appelé à se prononcer sur la validité ou l'opportunité du maintien de la détention devrait en toute logique être abandonnée [61].

---

58. V. Cahiers de démographie pénitentiaire, *op. cit.*, p. 4.

59. V. P. Tournier, La détention provisoire et sa mesure, *Rev. Criminologie,* 1995-2, XXVIII, p. 27 et s., notamment p. 31; Ph. Robert et R. Zauberman, La détention provisoire des mineurs de seize ans : des textes et des pratiques, *R.S.C.*, 1982/1, p. 92.

60. V. Cahiers de démographie pénitentiaire, *ibid.* ; ces chiffres confirment les résultats d'une étude de P. Tournier. L'auteur fait apparaître le poids considérable des levées d'écrou motivées par une ordonnance de mise en liberté. Ce mode de libération varie selon qu'il s'agit d'une détention liée à une seule affaire où à plusieurs. En examinant les détentions motivées par une affaire unique (cas le plus fréquent) il obtenait 86 % de détentions exclusivement constituées de détention provisoire. P. Tournier, *Jeunes en prison*, C.E.S.D.I.P., 1993, Etudes et données pénales, n° 67, p. 44.

61. Cass. crim., 26 sept. 1989, *Bull. crim.* n° 329 ; *R.S.C.*, 1990, 596 ; *J.C.P.*, 1990.IV.6.

Seulement les effets bénéfiques de cette mesure sur le taux de détention que l'on aurait pu attendre ont été contrecarrés par une fréquence plus élevée des mises en détention depuis 1993. Nous l'avons vu, les mineurs détenus le sont essentiellement à titre provisoire ; or les dernières réformes en date éludent totalement cet aspect de la politique répressive. D'une part, la loi n° 95-125 du 8 février 1995 met en place la convocation par officier de police judiciaire (O.P.J.) devant le juge des enfants afin de permettre une mise en examen du mineur. Cette procédure accélère la réponse de la justice à la délinquance juvénile. La loi n° 96-585 du 1er juillet 1996 précise et accentue cette vision [62].

Elle la précise car un officier ou un agent de police judiciaire, sur instruction du procureur de la République, peut désormais délivrer une convocation aux fins de jugement dès lors qu'il existe des charges suffisantes de culpabilité contre le mineur [63]. Elle l'accentue en instituant, en matière correctionnelle, une procédure de comparution à délai rapproché. Lors de la saisine du juge des enfants par le parquet, ce dernier peut solliciter du juge « qu'il ordonne la comparution du mineur devant le tribunal des enfants ou devant la chambre du conseil dans un délai qui ne pourra être inférieur à un mois ni supérieur à trois mois »[64].

Comme la décision finale revient toujours au juge des enfants [65] et que la demande de comparution à délai rapproché n'est requise par le parquet uniquement si les diligences relatives à la personnalité du mineur « ont déjà été accomplies le cas échéant à l'occasion d'une procédure antérieure, et qu'elles sont suffisantes » et si « les investigations

---

62. Sur cette loi, V. J. Bigot-Bloess, Justice et délinquance juvénile : la tentation répressive, *Regards sur l'actualité*, nov. 1996, pp. 49-65 ; A. Giudicelli, Présentation des dispositions procédurales de la loi du 1er juill. 1996 modifiant l'ordonnance du 2 févr. 1945 relative à l'enfance délinquante, *R.S.C.*, 1997/1, p. 29 et s.

63. La convocation vaut saisine du juge. La comparution du mineur ne pouvant s'effectuer avant l'expiration d'un délai de dix jours ; V. art. 5 al. 3 ord. 1945.

64. Pour le détail des effets de la saisine, V. art. 8-1 à 8-3 ord. 2 févr. 1945 ; *Circ.* NORJUSF 9650076 C du 16 sept. 1996.

65. Le juge peut décider de ne pas faire droit aux réquisitions du parquet par décision motivée. Le procureur dans les 24 h suivant la notification de la décision peut faire appel. C'est alors le président de la chambre spéciale des mineurs de la Cour d'appel ou son remplaçant qui statue dans les quinze jours.

sur les faits ne sont pas nécessaires », l'esprit de l'Ordonnance de 1945 est sauf en apparence.

Néanmoins, si une réponse rapide de la justice permet de freiner la démarche délinquante de certains mineurs, il est malheureusement à craindre qu'elle étouffe un peu plus l'inspiration éducative et intensifie le recours à la détention provisoire. Ceci alors que les conditions de détention fixées par la circulaire du 4 février 1994 sont d'ores et déjà difficilement respectées par les établissements habilités à recevoir des mineurs [66]. Il est déjà patent « que la mise en place de la convocation par O.P.J. devant le juge des enfants semble remplacer dans les faits certaines présentations trop lourdes à organiser, supprimant l'éclairage éducatif de l'article 12 »[67]. Au surplus, la prise en compte de l'intérêt du mineur, depuis la réforme du 1er juillet 1996, se trouve encore dévaluée par la non reconnaissance du droit à intenter un recours contre l'ordonnance de renvoi du juge des enfants en comparution à délai rapproché.

D'autre part, dans le cadre de la réforme de 1996 portant modification de l'ordonnance du 2 février 1945, le garde des sceaux a proposé d'instaurer des centres pour mineurs délinquants baptisés Unités à Encadrement Éducatif Renforcé (U.E.E.R.) [68]. A mi-chemin entre la prison et les foyers existants, ils auront vocation à recevoir les jeunes les plus durs ou les multirécidivistes. Quatre ou cinq jeunes par centre bénéficieront d'une prise en charge éducative étoffée et continue. Un groupe d'éducateurs spécialisés « ayant une expérience significative » assurera l'encadrement 24 h sur 24, 7 jours sur 7 [69].

L'augmentation du nombre d'écrous de mineurs depuis plusieurs années légitime la recherche d'alternatives à la prison. La solution qui laisse entrevoir la création de structures éducatives nouvelles, palliatives, pour certain sujets, de l'emprisonnement, apparaît séduisante. Elle

---

66. Constatation personnelle après visite d'établissements pour mineurs.

67. B. Cassagnabère, Le mineur et la prison, *Rev. pénit.*, 1996/2, p. 167.

68. Initialement elles devaient se nommer Unités Educatives à Encadrement renforcé. V. *J.O.A.N.*, Séance du 27 mars 1996 ; Entretien avec le Garde des Sceaux, *La Croix*, 7 nov. 1995, p. 6.

69. V. *Circ.* NOR JUS 9650047 C du 7 juin 1996.

s'inscrit dans l'esprit fidèle de l'ordonnance de 1945. Seulement il convient de se demander si ce projet ne rendra pas une version édulcorée des objectifs assignés. Les difficultés d'application sont à la mesure de l'ampleur du programme envisagé [70]. Les U.E.E.R. induisent de dégager des moyens humains, financiers et matériels considérables. Maintenir un encadrement permanent par un groupe d'éducateurs, dans chaque unité, ne pourra se faire sans un effort exemplaire de recrutement qui devra rompre avec les chiffres connus ces dernières années. A moins d'opérer un transfert de personnel appartenant à la protection judiciaire de la jeunesse comme cela se dessine [71] ce qui ne manquera pas de porter préjudice à la mission éducative aux autres niveaux d'intervention. En tout état de cause, il faut sans doute s'attendre à ce que la latitude d'action des éducateurs soit entachée par la nature même de l'institution dans laquelle ils devront manoeuvrer. Comment pourront ils concilier leur rôle de gardien [72] et témoigner d'une réelle efficacité éducative ? Les contraintes seront d'autant plus fortes qu'il semble plutôt épineux de réunir sur un lieu identique des jeunes ayant pour trait commun de profondes difficultés d'insertion ou une inclination caractérisée à la violence. La durée de séjour limitée à quatre mois maximum [73] pose, dans le même sens, la question de la crédibilité du travail éducatif accompli sur un temps aussi restreint.

En guise de conclusion, on reconnaîtra dans le débat soulevé par la délinquance juvénile et dans les réflexions qui l'accompagnent le signe d'un droit pénal des mineurs contemporain qui tend à se montrer fidèle à l'esprit avant gardiste de l'ordonnance du 2 février 1945. Il convient néanmoins de ne pas rompre cette logique par un cheminement conduisant à accroître le recours à l'emprisonnement (ou à son succédané) des mineurs. Il n'est pas sûr que des mesures de droit commun garan-

---

70. Cinquante U.E.E.R. sont prévues dont vingt avant la fin de 1996 (dix dépendant du secteur public et dix du secteur associatif habilité) ; Circ. *préc.* du 7 juin 1996, n° 2.1.

71. B. Cassagnabère, Le mineur et la prison, *op. cit.*, p. 181.

72. Le Garde des Sceaux a indiqué très clairement que ces unités fonctionneraient d'après un règlement intérieur qui fixerait des règles de vie contraignantes.

73. Circ. du 7 juin 1996, *préc.*, n° 1.

tes d'une réelle efficience chez les adultes, le soient tout autant pour les mineurs.

La spécialisation de la justice des mineurs n'a sûrement pas encore atteint sa version aboutie [74]. Il faut donc s'imprégner de la nécessité de remédier au taux trop imposant des mineurs prévenus et prendre garde à ce que la célérité de la procédure pénale à leur égard ne conduisent pas à retenir des solutions d'urgence, inaptes à pénétrer leur personnalité évolutive. Le contrôle judiciaire socio-éducatif malgré ses atouts [75], à défaut de le conforter par un accompagnement éducatif, paraît peu approprié pour les mineurs. D'autant que sa révocation emporte une incarcération. C'est pourquoi, l'usage plus raisonné de la liberté surveillée préjudicielle sollicitée par le juge des enfants devrait davantage profiter aux mineurs [76]. Il semblerait tout aussi opportun de repenser l'ensemble des règles relatives à la détention provisoire des mineurs. A tout le moins celles en vigueur ne remplissent pas leur mission. Or, si « punir c'est aussi éduquer, la prison ne semble pas la meilleure école » [77].

---

74. V. R. Ottenhof, La spécialisation des fonctions et des juridictions en droit pénal des mineurs, *Mélanges Vitu*, Cujas, 1989, p. 405 et s. ; M. Allaix, La spécialisation des magistrats de la jeunesse : une garantie pour les mineurs de justice, *In La Justice des mineurs. Evolution d'un modèle*, A. Garapon et D. Salas (dir.), L.G.D.J., 1995, p. 73 et s. ; R. Cario, Jeunes délinquants, *op. cit.*, p. 133 et s. ; S. Lorvellec, Procédure pénale et mineurs : à propos de quelques lois françaises récentes, *R.I.C.P.T.*, 1996/2, spéc. p. 158 ; A. Dunant, La privation de liberté des mineurs avant jugement, *J.D.J.*, n° 151, janv. 1996, pp. 18-19.

75. Sur cette mesure. V. Ch. Cardet, Le contrôle judiciaire socio-éducatif : 1970-1993. Chronique d'une expérience qui dure, *R.S.C.*, 1994/3, p. 503 et s.

76. Art. 8 Ord. 1945 modifié par la loi du 8 févr. 1995.

77. Avoir quinze ans sous les verrous, dossier du *Nouvel Observateur*, 1996, p. 26.

8

Le système écossais d'audition des enfants

« ...In the best interests of the child... »[1]

par Isabelle Joly

Les auteurs écossais ou les auteurs étrangers écrivant sur l'Ecosse précisent souvent que l'Ecosse n'est pas l'Angleterre [2]. Cette contribution n'échappera pas à la règle : l'Ecosse n'est pas l'Angleterre ; l'observation est d'autant plus pertinente dans le domaine du traitement de l'enfance délinquante et de l'enfance en danger où l'Ecosse présente une institution originale au regard de l'Angleterre mais également du reste du monde : *the Children's Hearing System*, le Système d'Audition des Enfants. En effet, conformément à la *Social Work (Scotland) Act 1968*, la Loi Ecossaise de 1968 sur le Travail Social [3], c'est une commission, composée de membres de la communauté locale, indépendante de tout

---

1. Étude rédigée en novembre 1996.

2. V. par exemple et dans notre domaine d'étude, R. Kinsey, Les plus belles années de votre vie ?, *In Déviance et Société*, 1994, n° 1, p. 56 ; de manière plus générale, V. également M. Linklater, R. Denniston (Dir.), *Anatomy of Scotland. How Scotland works*, Ed. Chambers, Edinbourg, 1992, p. 1.

3. V. pour le texte commenté de la loi, E. A. Marshall, R. Gray, *The Social Work (Scotland) Act 1968*, Ed. W. Green and Son Limited, Law Publishers, Edinbourg, 2è éd., 1984, p. 3 et s.

magistrat qui est compétente pour connaître des problèmes relatifs à l'enfant [4].

Ce système fut inspiré par les principes exposés dans le célèbre rapport rendu en 1964, le Rapport Kilbrandon « sur les enfants et les jeunes gens en Ecosse » [5]. Il convient cependant de noter que le souci de traiter de manière spécifique les mineurs ayant commis une infraction est apparu dès 1908 : la législation britannique (applicable à l'Angleterre, au Pays de Galle et à l'Ecosse) prévoyait la mise en place d'un tribunal rattaché aux tribunaux de droit commun [6] qui devait siéger à un endroit et à un moment distincts des audiences des adultes. Outre ces particularités pratiques, l'objectif poursuivi y était l'éducation plus que la punition de l'enfant délinquant. Cependant, le système ne fonctionna pas : la plupart des mineurs étaient entendus devant les juridictions de droit commun. En 1925, le Comité Morton fut réuni pour

---

4. Définition contenue dans la loi de 1968, section 34 (1), *op. cit.*, p. 25 et reprise dans la loi de 1995 relative aux Enfants, section 39 (3), H.M.S.O., Londres, 1995. V. aussi N. Bruce, Children's Hearings : a retrospect, *In British Journal of Criminology*, 1975, n° 4, p. 383. Pour une brève description du système en français, V. R. Kinsey (1994), *op. cit.*, p. 60 et s. ; le lecteur se reportera également de façon instructive à l'arrêt rendu par la Cour Européenne des Droits de l'Homme, Affaire McMichael c. Royaume-Uni, 23 févr. 1995, qui explique globalement le Système d'Audition des Enfants écossais.

5. Ce Rapport, longtemps épuisé, a fait l'objet récemment d'une réédition : *The Kilbrandon Report, Children and young persons, Scotland*, Series : Children In Society, Ed. H.M.S.O., Edinbourg, 1995.

6. En anglais, *Juvenile Courts attached to the Justice of the Peace Courts* ; V. sur ce point, The Kilbrandon Report, *op. cit.*, para. 41 et s. Le Rapport Kilbrandon présente la loi de 1908 comme la législation posant les principes fondamentaux dans le domaine de la justice des mineurs : « ...later legislation being more in the direction of amplifying and expanding the detailed arragnents rather than introducing any new basis of approach ». V. également, J. P. Grant, Juvenile justice : Part III of the Social Work (Scotland) Act 1968, *In Judicial Review*, 1971, p. 149 et suiv. ; J. Rose, Children and young persons, *In The Laws of Scotland*, vol. 3, Ed. Butterworths, Edinbourg, 1994, para. 1277 ; R. Breustedt, B. Kearney, A. Stevens, E. Sutherland, *Scotland's children : the evolution of the Children's Hearing System over the last 25 years*, conférence donnée en mars 1995 en Israël, polycopié, p. 1 et s. ; K. Murray, Children's hearings, *In Social services in Scotland,* J. English (Dir.), Scottish Academic Press, Edinbourg, 1988, 3è éd., p. 141 et s.

examiner de nouvelles alternatives en matière de justice pour mineurs [7]. Le Comité proposa, en premier lieu de relever l'âge de la responsabilité pénale de sept à huit ans [8]. En second lieu, ses membres ont recommandé la constitution de tribunaux spéciaux pour connaître des problèmes relatifs à l'enfance délinquante [9]. Mais le système mis en place présenta, à nouveau, de graves dysfonctionnements que le Comité Kilbrandon, nommé en 1961, dénonça. Ainsi, pour l'ensemble de l'Ecosse, seuls quatre tribunaux pour enfants furent effectivement constitués et, en pratique, les mineurs pouvaient donc comparaître devant quatre types de tribunaux différents, trois tribunaux de droit commun ou les juridictions spécialisées [10]. De nombreux témoignages et enquêtes reçus par le Comité demandaient la création d'un système uniforme. En outre, il releva l'incompatibilité entre les deux fonctions principales de ces tribunaux : la détermination de la culpabilité ou de l'innocence de l'enfant et le prononcé de mesures éducatives pour celui-ci [11].

En conséquence, le Rapport Kilbrandon proposa un dispositif fondé sur les principes de dépénalisation des actes posés par le mineur, de déjudiciarisation des autorités compétentes pour connaître des questions de l'enfance délinquante et de l'enfance en danger et entièrement tourné vers les intérêts de l'enfant [12]. Pratiquement, les nouvelles au-

---

7. J. P. Grant, *ibid.* ; J. Rose, *ibid.* ; Rapport Kilbrandon, *op. cit.*, para. 42 ; R. Breustedt et autres, *op. cit.*, p. 2.

8. C'est encore aujourd'hui l'âge de la responsabilité pénale en Ecosse ; V. R. Breustedt et autres, *op. cit.*, p. 2. Sur l'âge de la majorité en Ecosse, V. K. McK Norrie, The age of legal capacity (Scotland) Act 1991, *In Journal of the Law Society of Scotland*, 1991, p. 434 et s.

9. Les tribunaux spéciaux pour mineurs (*Juvenile Courts*) furent mis en place par la Children and Young Persons (Scotland) Act of 1932, complétée par la Children and Young Persons (Scotland) Act of 1937.

10. Rapport Kilbrandon, *op. cit.*, para. 40 et s.

11. Rapport Kilbrandon, *op. cit.*, para. 50 et s.

12. Le système écossais est également perçu ainsi par les auteurs étrangers. J. Zermatten, Face à l'évolution des droits des enfants, quel système judiciaire : système de protection ou système de justice ?, *In R.I.C.P.T.*, 1994, p. 170 ; le concept est également présent en droit français, J. Rubellin-Devichi, Le principe de l'intérêt de l'enfant dans la loi et la jurisprudence françaises, *In Journal du Droit des Jeunes*, 1996, n° 159, p. 6 et s.

torités compétentes dans le domaine de la justice pour mineurs devaient être saisies des questions relatives à l'enfance délinquante et à l'enfance en danger, sans distinction. Ainsi encore, le prononcé de mesures d'éducation et de formation devait avoir pour objectif unique, quel que soit le motif de saisine originaire, les intérêts de l'enfant plutôt que la responsabilité de celui-ci. L'idée de la prise en compte première des intérêts de l'enfant gouverne donc l'ensemble du système et il est également intéressant de remarquer la prépondérance du principe de prévention que les auteurs parent de toutes les vertus. Un système fondé sur l'idée de prévention de la délinquance permettait, selon eux, une intervention précoce auprès de l'enfant, le prononcé de mesures appréhendant de façon globale l'enfant et ses besoins et permettant de recueillir la coopération de la famille et, enfin, l'adaptation du traitement en termes de contenu et de temporalité à la personne et au développement du mineur [13]. La majorité des dispositions contenues dans le rapport Kilbrandon fut adoptée dans le Livre Blanc de 1966 puis dans la troisième partie de la Loi Ecossaise sur le Travail Social de 1968. Aujourd'hui, celle-ci est intégrée dans la *Children (Scotland) Act of 1995*, la loi de 1995 sur les Enfants [14].

---

13. Rapport Kilbrandon, *op. cit.*, para. 72 et suiv. ; Pour une analyse des principes gouvernant le système, V. notamment, R. Breustedt et autres, *op. cit.*, p. 3 à 5 ; D.J. Cowperthwaite, *The emergence of the Scottish Children's Hearing System*, Institute of Criminal Justice, Faculty of Law, University of Southampton, 1988, p. 41 et s. ; J. Rose, *op. cit.*, para. 1278 et s. ; B. Kearney, Children's Hearings, *In Scottish Family Law Service*, Ed. Butterworths, Edinbourg, 1995, para. 1751 ; V. encore l'introduction à la nouvelle édition du Rapport Kilbrandon écrite par le Pr. F. H. Stone, *op. cit.*, p. XI ; Pour une appréciation plus critique, lire également, D. Watson, The underlying principles : a philosophical comment, *In Children's Hearings*, F. M. Martin, K. Murray (Dir.), Scottish Academic Press, 1976, p. 193 et s. ; D. May, Delinquency control and the treatment model : some implications of recent legislation, *In British Journal of Criminology*, 1971, p. 359 et s. ; F. M. Martin, K. Murray, Principles, practice and policy with juvenile justice system, *In The Scottish Child*, 1984, n° 2, p. 6 et s. ; K. Murray *In* J. English, *op. cit.*, p. 141 et s. ; A. Kelly, *Introduction to the Scottish children's panel*, Waterside Press, 1996, p. 21 et s. ; L. Gelsthorpe, A. Morris, Juvenile Justice 1945-1992, *In The Oxford Handbook of Criminology*, M. Maguire, R. Morgan, R. Reiner (Dir.), Clarendon Press, Oxford, 1994, p. 984 et s.

14. Children (Scotland) Act 1995, *op. cit.* ; Cette loi a pour objectif de simplifier et d'améliorer les dispositions législatives relatives aux soins et à la protection

En pratique, le dispositif comporte des acteurs dont le nombre et la fonction spécifiques n'ont pas subi de modifications essentielles y compris depuis la promulgation et l'entrée en vigueur de la loi de 1995. En premier lieu, les *children's hearings*, commissions d'audition des enfants, constituent l'élément principal du système de justice pour mineurs écossais [15]. La volonté de Lord Kilbrandon, reprise par le législateur, était de créer des commissions implantées localement et composées de membres de la communauté indépendants (*lay panel*) plutôt que d'experts ou de professionnels [16]. Ces deux principes gouvernent le processus de formation des commissions. Ainsi, chaque autorité locale reçoit l'obligation de former un *Children's Panel Advisory Committee*. Le comité consultatif est composé pour partie de personnes nommées par le *Secretary of State* (le Secrétaire d'Etat pour l'Ecosse) et pour une autre, par l'autorité locale [17]. Ils désignent alors, parmi ceux-ci, un président et des substituts. Les membres du comité ont, entre autres, pour fonction de proposer des candidats aux fonctions de membres de la commission au Secrétaire d'Etat pour l'Ecosse qui les nomme, en général, pour une durée de cinq ans renouvelable [18]. Les textes définissent deux critères de recrutement qui sont apparus contradictoires. En effet, le Rapport Kilbrandon recommandait la prise en compte des

---

des mineurs et intègre, en la modifiant la loi de 1968. Les apports de la nouvelle législation seront précisés dans la suite de cette contribution.

15. Le Rapport Kilbrandon présente la commission comme la « nouvelle alternative » pour remédier aux imperfections du système de justice pour mineurs antérieur, Rapport Kilbrandon, *op. cit.*, para. 72 et s. ; l'auteur J. P. Grant écrit également : « Il semble clair que le Rapport Kilbrandon a vu la commission comme le centre du nouveau système... », *op. cit.*, p. 152.

16. Rapport Kilbrandon, *op. cit.*, para. 74.

17. Sur la composition et les fonctions précises de ces comités, V. J. Rose, *op. cit.*, para. 1306 ; K. Murray, The children's panel, *In* F.M. Martin., K. Murray (1976), *op. cit.*, p. 57 et s. ; N. Bruce et J. Spencer, *Face to face with families*, Ed. MacDonald Publishers, Loanhead, 1976, p. 38 et s. ; J. D. Haldane, Children's Panel Advisory Committees : development of function and future responsabilities, *In British Journal of Criminology*, 1971, p. 394 et s. ; A. Kelly, *op. cit.*, p. 33.

18. La durée du mandat varie suivant l'autorité locale dont les membres de la commission dépendent. Ainsi, dans la région de Lothian, comprenant Edinbourg, les membres sont recrutés pour une première période de trois ans, avec la possibilité d'être nommés à nouveau pour une période de cinq ans, renouvelable une fois.

qualités personnelles des candidats alors que le *White Paper of 1966* (le Livre Blanc) [19] et une circulaire du *Scottish Office* (Ministère de l'Intérieur Ecossais) publiée après la loi de 1968 [20] insistent sur la nécessité pour la commission d'être représentative de la communauté locale. Il semble que ce soit le premier critère qui soit retenu par les recruteurs au détriment de la représentativité de la communauté [21]. Les nouveaux membres du *children's panel* (du collège des spécialistes de l'enfance) suivent une formation qui présente des différences suivant les autorités locales dont ils dépendent [22]. Le président et les substituts du

---

19. White Paper *Social work and the community*, Cmnd. 3065, 1966, par. 76.

20. Social Work Services Group Circular, SW7/1969/App. A, para. I, *In* J. Rose, *op. cit.*, para. 1303 ; K. Murray, *In* F. M. Martin., K. Murray (1976), *op. cit.*, p. 59 ; K. Murray, *In* J. English, *op. cit.*, p. 143.

21. De nombreux travaux soulignent le manque de représentativité des commissions : D. May, Rhetoric and reality. The consequence of unacknowledged ambiguity In the Children's Panel System, *In British Journal of Criminology*, 1977, p. 209 et s. ; D. F. Clark, Personality characteristics of applicants and members of the children's panels, *In British Journal of Criminology*, 1977, p. 228 et s. ; G. Smith, D. May, The appointment of the Aberdeen City Children's Panel : a comment on the Social Work (Scotland) Act, 1968, *In British Journal of Social Work*, 1971, p. 5 et s. ; N. Bruce, J. Spencer, *op. cit.*, p. 46 ; The Open University, *Delivering justice. Part 4b : Scottish Children's Hearings : the case for welfare*, D310 3(3-4), 1990, p. 123 et s. ; K. Murray, *In* F. M. Martin., K. Murray (1976), *op. cit.*, p. 58 et s. ; J. P. Grant, *op. cit.*, p. 154 et s. ; Anonyme, Children's panels. Are they really successful ?, *In Journal of the Law Society of Scotland 1973*, vol. 18, p. 330 et s. Une étude plus récente dresse le profil-type d'un membre de la commission : « Il a 43 ans, 85% sont ou ont été mariés, 86% sont parents... malgré des variations considérables en termes d'éducation et de classe sociale, les membres des commissions sont supérieurs à la moyenne relativement à l'éducation et à la mobilité sociale..., ils sont aussi impliqués dans d'autres activités bénévoles... », *In* J. Rose, *op. cit.*, para. 1304.

22. A. Kelly, *op. cit.*, p. 37 ; J. Rose, *op. cit.*, para. 1307 et s. ; Lors d'un entretien, Mrs. Rose, chargée de la formation des membres des commissions dans la région de Lothian, a précisé les matières essentielles de la formation initiale. Celle-ci comporte des matières fondamentales comme le droit de l'enfant et de la famille, les règles de procédure applicables devant les commissions, mais également des cours de communication et des journées consacrées à des problèmes spécifiques tels que les maltraitances sexuelles ou consacrées à des études de cas. Les futurs membres sont encore informés des options en matière de mesures de soin et de protection pouvant être prononcées de la réunion d'une commission. Au bout de trois années, les membres des commissions sont invités à suivre à nouveau une forma-

comité consultatif organisent ensuite la tenue des sessions des commissions en choisissant, parmi les membres du collège, un président de session et deux autres membres, avec l'obligation de retenir au moins un homme et une femme, pour chaque session [23]. Elément central du système écossais de justice pour mineurs, la commission prend, s'il y a lieu, les mesures de prise en charge relatives aux enfants qu'elle reçoit et écoute avec leur famille.

Cependant, elle ne pourrait exercer ses compétences sans une étroite collaboration avec le *Reporter* (le Rapporteur) et ses services qu'il convient de présenter, en second lieu. Le Rapporteur est décrit comme le Janus [24], le gardien [25], de l'entrée dans le Système d'Audition c'est à dire de la présentation d'un enfant devant une commission. En effet, lorsqu'un enfant est signalé par une institution (notamment la Police, les services sociaux, l'école ou le juge) ou un particulier aux services du Rapporteur, celui-ci réalise une enquête, dite initiale, à l'issue de laquelle il dispose de trois alternatives. En premier lieu, il peut décider de ne pas donner de suite au cas signalé [26] ; le Système d'Audition des Enfants étant essentiellement non interventionniste, cette solution est souvent choisie [27]. En second lieu, il peut présenter le cas de l'enfant à l'autorité locale compétente, à charge pour celle-ci de proposer aide et assistance à l'enfant et à sa famille avec leur consente-

---

tion (refresher course) où, conjointement à des matières imposées, ils peuvent choisir de travailler des points précis relatifs à leurs expériences.

23. Section 39 (5) de la loi de 1995 ; section 34 (2) de la loi de 1968 .

24. N. Bruce, J. Spencer, *op. cit.*, p. 31.

25. The Open University, *op. cit.*, p. 120 ; B. Kearney, *op. cit.*, para. 1793.

26. Section 56 (4a) de la loi de 1995 ; section 39 (1) de la loi de 1968 ; V. également B. Kearney, *op. cit.*, para. 1803 et 1804 ; J. Rose, *op. cit.*, para. 1287. Le Rapporteur doit alors notifier sa décision à l'enfant, à sa famille et à la personne ou à l'institution ayant signalé l'enfant ; V. B. Kearney, *ibid.* ; J. Rose, *ibid.*

27. D'après *les Statistical Bulletin* de 1994 et 1995, la non intervention est la solution choisie respectivement pour 1994, dans 55,9% et, pour 1995, dans 56,1% des cas ; V. *Statistical Bulletin*, Social Work Series, n° SWK/CH/1994/18, déc. 1994, p. 2 et n° SWK/CH/1995/19, déc. 1995, p. 2 ; Ce pourcentage important ne semble pas une tendance nouvelle : 40% des cas ne donnaient lieu à aucun intervention dans les années 1970 et 50% dans les années 1980 ; V. The Open University, *op. cit.*, p. 120.

ment [28] ; enfin, il peut considérer que l'un des motifs de saisine énuméré par la loi est rempli et que le mineur a besoin de mesures de prise en charge et demande la réunion d'une commission d'audition [29]. Le Rapporteur devient le « bras administratif » [30] du système. En effet, il doit convoquer le mineur à la session de la commission sept jours au moins avant la tenue de celle-ci [31] ; il doit également et, dans les mêmes délais, en informer les parents [32] ainsi que les membres de la commission.

---

28. Section 56 (4b) de la loi de 1995 ; section 39 (2) de la loi de 1968 ; en 1993, 9,5% des cas ont conduit à une prise en charge volontaire des services sociaux locaux et 9,6% en 1994 ; V. Statistical Bulletin (1994), *op. cit.*, p. 2 et Statistical Bulletin (1995), *op. cit.*, p. 2.

29. Section 56 (6) de la loi de 1995 ; section 39 (3) de la loi de 1968 ; une commission d'audition a été réunie dans 32,9% des cas en 1994 et en 1995 ; V. Statistical Bulletin (1994) et (1995), *ibid.* Les critères retenus par les Rapporteurs pour réunir une commission varient suivant les cas, V. N. Bruce, J. Spencer, *op. cit.*, p. 33 ; A. F. Finlayson, The Reporter, *In* F. Martin., K. Murray, *op. cit.*, p. 50. Par exemple, le fait de commettre une infraction ne signifie pas *ipso facto* qu'il y aura session de la commission lorsque le Rapporteur considère que l'enfant n'a pas besoin de mesures de prise en charge. Il peut juger qu'une simple admonestation policière ou dans ses services est suffisante ; V. G. Moore, C. Wood, *op. cit.*, p. 103.

30. G. Moore, C. Wood, *op. cit.*, p. 103 ; N. Bruce, J. Spencer, *op. cit.*, p. 35.

31. Section 45 (5) de la loi de 1995 ; section 35 (5a) de la loi de 1968. L'enfant a alors l'obligation de se rendre à la session, sauf si la commission considère sa présence inutile ou inopportune au regard de ses intérêts ; section 40 (1) et (2) de la loi de 1968. De façon contradictoire, certains auteurs ont noté la tendance à tenir des sessions en l'absence des enfants ; V. J. Raeburn, Not In front of the child, *In The Scottish Child*, févr. 1989, p. 30 et s. où l'auteur propose deux justifications : le bas-âge de certains enfants qui ne peuvent comprendre les débats et l'inadaptation des locaux pour recevoir ceux-ci. Dans un autre article, A. Lockyer répond à l'auteur en critiquant le manque de sources statistiques fiables pour appréhender réellement le phénomène, A. Lockyer, Not hearing, not knowing, *In The Scottish Child*, juin-juill. 1989, p. 31 et s. ; A. Sinclair, Rapporteur dans la région des Borders, répond encore que des arguments « philosophiques » (les enfants de moins de six ans ne peuvent comprendre les débats) et plus pratiques ont conduit le Rapporteur et les membres des commissions à conclure un accord selon lequel les jeunes enfants sont exclus des auditions ; V. aussi l'opinion de J. Rose, *op. cit.*, para. 1320. V. une analyse détaillée sur ce point, dans la seconde partie de cette contribution.

32. Section 45 (9) de la loi de 1995 ; loi de 1968, *ibid.* ; L'absence d'un parent convoqué est constitutive d'une infraction, passible d'une amende.

Durant l'audition, il informe les membres de la commission sur les dispositions légales auxquelles ils doivent se conformer [33]. Enfin, après la tenue de la commission, il notifie la décision au mineur, à ses parents ou à son représentant leur permettant ainsi d'exercer leur droit à l'appel de la décision devant le *Sheriff*, le magistrat du tribunal local [34]. Alors que les pouvoirs et devoirs du Rapporteur sont étendus et éclectiques, il est intéressant de noter que le Secrétaire d'Etat pour l'Ecosse n'a jamais indiqué les qualifications requises pour accéder à ce poste, comme l'y invite la loi [35], et le recrutement des Rapporteurs s'organise essentiellement parmi les avocats et les travailleurs sociaux [36]. Personnage essentiel du système écossais de justice pour mineurs, le Rapporteur bénéficie d'un statut spécial lui permettant d'assurer ses fonctions en toute indépendance. Ainsi, jusqu'au 1er avril 1996, il était nommé par l'autorité locale compétente et ne pouvait être révoqué sans le consentement du Secrétaire d'Etat pour l'Ecosse. Depuis l'entrée en vigueur de la Loi Ecossaise de 1994 sur le Gouvernement Local etc..., les fonctions de Rapporteur Principal ont été créées ainsi que l'Administration Ecossaise du Rapporteur, situées au niveau national [37]. Ce fonctionnaire, nommé par le Secrétaire d'Etat, reçoit l'ensemble des missions conférées aux anciens Rapporteurs locaux par la loi de 1968 [38]. Il décide également du nombre et du lieu où seront nommés les substituts

33. G. Moore, C. Wood, *op. cit.*, p. 103.

34. Pour un bref aperçu des fonctions et rôles du Sheriff, V. D. Manson-Smith, *The legal system of Scotland*, H.M.S.O., Edinbourg, 1995, p. 17, 25, 37 et s.

35. Section 40 de la loi de 1995 ; section 36 (2) de la loi de 1968.

36. Pour des informations historiques sur ce point, consulter : N. Bruce, J. Spencer, *op. cit.*, p. 36 ; Pour des données plus récentes, V. notamment, A. Finlayson, *Reporters to Children's Panels. Their role, function and accountability*, Scottish Office, 1992, p. 31 et s. ; Ainsi, les statistiques disponibles (1984) font apparaître que sur 134 Rapporteurs, 32 possèdent un diplôme en droit et 34 un diplôme ou une expérience en travail social. Cependant, l'auteur note que l'équilibre entre ces deux origines n'est plus atteint : le salaire élevé des travailleurs sociaux expérimentés ne les incite plus à intégrer les services du Rapporteur pour un traitement plus modeste.

37. C.M.G. Himsworth, *The Local Governement etc... (Scotland) Act 1994*, Green/Sweet 1 Maxwell, Edinbourg, 1995, part III.

38. Loi de 1994, *op. cit.* ; section 127 (1) et (2).

sur le territoire écossais [39]. La centralisation des services du Rapporteur ne constitue pas l'unique transformation du système de justice pour mineurs.

D'autres évolutions apparaissent dont il convient de rendre compte en étudiant le mineur, le troisième acteur du système que les auteurs et praticiens écossais qualifient aussi de « client » [40]. La loi de 1968 est applicable aux mineurs de 16 ans et à certains mineurs de 16 à 18 ans bénéficiant d'une mesure de prise en charge [41]. Depuis 1971, date d'entrée en vigueur de la loi de 1968, des différences interviennent dans cette population. Elles peuvent être appréhendées à deux moments distincts de la procédure, lors du signalement initial de l'enfant au Rapporteur puis, lors de l'audition du mineur par la commission. Ces différences sont, à la fois, d'ordre quantitatif et qualitatif. Quantitativement, il convient de remarquer une augmentation importante et constante du nombre des saisines initiales du Rapporteur ainsi que des enfants impliqués, comme le montre le tableau suivant [42].

---

39. Loi de 1994, *op. cit.*, section 131 (1) et (2).

40. V. par exemple N. Bruce, J. Spencer, *op. cit.*, p. 74 et s. ; J.P. Grant, *op. cit.*, p. 157 et s. ; The Open University, *op. cit.*, p. 120.

41. Section 30 de la loi de 1968. La compétence des commissions est vaste. Il arrive cependant que le mineur comparaisse devant un tribunal, conformément aux instructions du Lord Advocate, le Procureur Général pour l'Ecosse (recouvrant notamment les infractions les plus sérieuses telles que la trahison, le meurtre, le viol) ; V. Lord Advocate's directions to Chief Constables, *In* J. Rose, *op. cit.*, para. 1387. Les mineurs peuvent aussi être jugés devant un tribunal lorsqu'ils ont commis une infraction avec un adulte ou lorsque la commission est incompétente, comme en matière d'actes passibles d'un retrait de permis de conduire. La commission de telles infractions demeure rare ; V. J. Rose, *op. cit.*, para. 1218 ; B. Kearney, *op. cit.*, para. 1757 et s. ; R. Breustedt et autres, *op. cit.*, p. 5 ; Il faut encore noter, même dans ces cas précis, la possible présence des commissions de l'enfance dans la procédure auxquelles les tribunaux renvoient l'affaire pour décision au mieux des intérêts du mineur (Sections 49 et 50 de la loi de 1995, sections 56 et 57 de loi de 1968).

42. D'après Statistical Bulletin 1995, *op. cit.*, p. 1 et R. Breustedt et autres, *op. cit.*, p. 15.

Année	Nombre de saisines initiales du Rapporteur	Nombre d'enfants impliqués
1972	24 219	17 950
1973	29 566	20 939
1983	30 071	19 365
1993	40 503	24 304
1994	42 924	25 232

Qualitativement, si le nombre des filles a sensiblement augmenté (35,8% des mineurs, en 1994 [43]), ce sont essentiellement les mineurs de sexe masculin qui font l'objet d'un signalement. Le type de motifs pour lesquels les mineures de sexe féminin sont initialement présentés au Rapporteur a également évolué : si en 1972, 57% des filles ont commis une infraction [44], en 1994, elles ne sont plus que 31% dans ce cas [45]. Un phénomène similaire est observable chez les garçons : en 1972, 92% avaient commis une infraction [46] alors qu'en 1994, 69% seulement étaient présentés au Rapporteur pour ce motif [47]. En considérant les mineurs effectivement auditionnés par une commission de l'enfance, une différence encore plus nette apparaît entre garçons et filles : sur 2978 décisions rendues pour les mineurs de sexe féminin en 1994, la commission d'une infraction occupe 16,1% seulement des motifs de saisine contre 49,1% pour les mineurs de sexe masculin et ce pour 5711 décisions rendues [48]. Conformément à la loi et outre la commission d'une infraction, il faut distinguer onze autres motifs de saisine [49] ; parmi ceux-ci, le Rapporteur reçoit majoritairement le signalement d'enfants victimes d'une infraction : en 1994, c'est le cas pour 30% des

43. Statistical Bulletin 1995, *op. cit.*, p. 1.

44. R. Breustedt et autres, *op. cit.*, p. 16.

45. Statistical Bulletin 1995, *op. cit.*, p. 9.

46. R. Breustedt et autres, *op. cit.*, p. 15.

47. Statistical Bulletin 1995, *op. cit.*, p. 8.

48. Statistical Bulletin 1995, *op. cit.*, tableaux p. 17 et 18.

49. Section 52 (2) de la loi de 1995 ; section 32 (2) de la loi de 1968. Pour une analyse plus détaillée des différents motifs de saisine, V. la première partie de cette contribution.

garçons et pour 40% des filles [50]. Il convient de noter la proportion importante de garçons et de filles de 14 et 15 ans ayant commis une infraction et signalés pour ce fait au Rapporteur. La même observation n'est pas réalisable pour les autres motifs de saisine, où, notamment, pour les filles aucun âge spécifique ne peut être distingué.

En dernier lieu et pour compléter l'exposé sur les acteurs impliqués dans le Système d'Audition des Enfants, il ne faut pas négliger de signaler la présence et la fonction de certaines institutions [51]. Bien que ne faisant pas intégralement partie de celui-ci, elles jouent un rôle manifeste soit au moment du signalement des enfants au Rapporteur [52], soit au moment de la mise en oeuvre des mesures prononcées par les commissions de l'enfance [53]. En effet, l'effectivité de l'ensemble du système induit une grande implication et le travail en partenariat des différentes institutions. Par exemple, au moment du signalement initial au Rapporteur, le rôle de la Police est primordial en tant que « pourvoyeur » du système. L'importance des bonnes relations entre les Rapporteurs et les *Procurator Fiscals*, les procureurs de la République, doit être soulignée : c'est souvent lors de réunions entre ces acteurs que se décide si le mineur sera envoyé devant une commission de l'enfance ou s'il comparaîtra devant un tribunal, dans les cas précis où la commission n'est pas obligatoirement compétente [54].

---

50. Ce pourcentage est calculé sur le nombre total de motifs autres qu'une infraction, Statistical Bulletin 1995, *op. cit.*, p. 10.

51. Pour une analyse détaillée de la place des institutions dans le Système d'Audition des Enfants, V. dans N. Bruce, J. Spencer, *op. cit.*, p. 65 et suiv. (pour la Police), p. 47 et suiv. (pour les travailleurs sociaux), p. 68 et suiv. (pour les tribunaux) ; J. P. Grant, *op. cit.*, p. 159 (pour la Police) ; F. Martin., K. Murray, 1976, *op. cit.*, p. 19 et suiv (pour les tribunaux), p. 43 et suiv. (pour la Police), p. 67 et s. (pour les travailleurs sociaux).

52. Dans ce cas, les institutions principales sont la Police avec, en 1994, 71% des signalements, les Services du Travail Social (10% des signalements) et les écoles (9% des signalements) ; V. Statistical Bulletin 1995, *op. cit.*, p. 12.

53. Ici, ce sont notamment les Services du Travail Social qui s'occupent de la mise en oeuvre des mesures prononcées.

54. Lors d'un entretien avec un Procureur de la République d'Edinbourg, celle-ci a donné l'exemple d'un enfant immature de plus de 16 ans bénéficiant d'une mesure de prise en charge et dont le dossier a été transmis au Rapporteur et non

La présentation des principaux acteurs et des principes gouvernant le Système d'Audition des Enfants Ecossais permet de traduire le caractère remarquable de celui-ci. D'aucuns ont réaffirmé récemment l'unicité de l'institution [55] ; d'autres encore expliquent la spécificité de la délinquance juvénile en Ecosse au regard des faits observables en Angleterre notamment, par l'existence des commissions de l'enfance [56]. Pourtant, il serait erroné de penser que l'introduction d'un nouveau système de justice pour mineurs n'a suscité aucune critique. Ainsi, les défenseurs d'une approche plus répressive de la délinquance juvénile perçoivent le système écossais comme libéral, laxiste [57]. Certains auteurs, notant le « mythe » [58] qui entoure le Rapport Kilbrandon, formulent principalement trois remarques relativement aux institutions instau-

---

aux tribunaux ; au regard d'un environnement familial instable et du fait qu'il n'avait commis qu'une infraction, son cas a été jugé de la compétence du Système d'Audition des Enfants. Sur l'amélioration des relations Rapporteurs/Procureurs, V. aussi J. Rose, *op. cit.*, para. 1285.

55. V. l'opinion de Lord Fraser de Carmyllie qui qualifie la vision de Lord Kilbrandon de « radicale et même courageuse » et le système écossais « d'unique », dans R. Breustedt et autres, *op. cit.*, p. 14.

56. R. Kinsey souligne la difficulté et la rareté des études comparatives dans le domaine de la délinquance juvénile. Il se hasarde cependant à formuler deux remarques. D'une part, le phénomène prend, en Ecosse, une forme différente de celle connue en Angleterre (notamment en matière de flambées de violence en zone urbaines, inconnues en Ecosse). D'autre part, il note une diminution des infractions telles que le vandalisme ou le vol à la roulotte, « ...délits dont on peut présumer qu'ils sont fréquemment commis par des jeunes ». R. Kinsey, *op. cit.*, p. 56 et s. ; Une opinion différente est émise par un autre auteur qui constate que 60% des enfants bénéficiant de mesures de prise en charge sont signalés au Rapporteur, sur le fondement d'un nouveau motif. Elle note cependant, en amont dans la procédure que, lorsque le Rapporteur décide de ne pas intervenir - soit dans 50% des cas -, trois mineurs sur quatre ne sont plus signalés à ses services, K. Murray, *In* J. English, *op. cit.*, p. 154 et s. et 152.

57. The Open University, *op. cit.*, p. 127 et s. ; K. Murray, *In* J. English, *op. cit.*, p. 152 et s.

58. Le Professeur F. Stone fait ainsi part de « ...crainte au regard du statut acquis par le Rapport... s'élevant presque au rang de texte sacré pour les défenseurs du Système d'Audition des enfants » ; V. l'introduction à la nouvelle édition du Rapport, *op. cit.*, p. XI ; Dès 1977, D. May décrit également le Rapport comme une sorte d'écriture sainte, *op. cit.*, p. 211.

rées par la loi de 1968 [59]. En premier lieu, ils dénoncent la philosophie du Rapport Kilbrandon ; leur analyse démontre que, contrairement aux termes de la législation, le nouveau système ne rompt pas complètement avec l'ancien notamment en matière de culpabilité et de punition de l'enfant [60]. En effet, originairement le Rapport opposait les idées de peine en vigueur devant les tribunaux avec celle de prise en compte des intérêts de l'enfant qui gouverne la nouvelle procédure. Or, les détracteurs du Système d'Audition des Enfants montrent que l'idée de peine n'est pas totalement absente : les mesures prises par les commissions ne diffèrent pas de celles mises à la disposition des tribunaux et, dans l'esprit du mineur, elles continuent d'être vécues comme des peines même si les membres des commissions tentent de recueillir l'acceptation et la coopération du mineur et de sa famille à la mesure prononcée. En outre, une lecture attentive du Rapport montre que l'objectif principal du système est la prévention de la délinquance : les intérêts de l'enfant ne constituent donc pas le but suprême du système ; celui-ci tend à la protection de la société et des victimes potentielles rejoignant ainsi « la préoccupation traditionnelle du système pénal,...la réduction du crime » [61]. Le manque de clarté et de précision du Rapport sur ce point entraînerait une confusion plus ou moins consciente chez les membres des commissions et des difficultés pratiques de mise en oeuvre des principes [62]. En second lieu, la procédure d'audition devant les com-

---

59. Pour une approche globale des critiques formulées contre le système, V. The Open University, *op. cit.*, p. 127 et s. ; A. Morris, Scottish juvenile justice : a critique, *In Crime, criminology and public policy*, R. Hoods (Dir.), Heinemann, London, 1974, p. 347 et s. ; R.M. Adler, *Taking juvenile justice seriously*, Scottish Academic Press, Edinbourg, 1985, p. 75 et s.

60. T.D. Campbell, Punishment in juvenile justice, *In British Journal of Law and Society*, 1977, p. 77 et s. ; D. Watson, *In* F. Martin., K. Murray, 1976, *op. cit.*, p. 193 et s. ; D. May 1971, *op. cit.*, p. 359 et s.

61. T.D. Campbell, *op. cit.*, p. 83.

62. Sur l'influence de la commission d'une infraction dans le prononcé de mesures, v. S. Asquith, Relevance and lay participation in juvenile justice, *In British Journal of Law and Society*, 1977, p. 61 et s. ; l'auteur montre comment l'infraction reste un critère pour prononcer des mesures d'éloignement du mineur de sa famille, mesure assimilée à une peine dans l'esprit des membres de la commission. En ce sens, V. également D. May 1977, *op. cit.*, p. 209 et s. où l'auteur écrit que « ...la grande majorité des enfants entendus devant une commission le sont, non comme

missions pourrait porter préjudice aux droits de l'enfant et de sa famille [63]. Les défenseurs du système répondent que les commissions n'étant pas concernées par les questions relatives à l'innocence ou la culpabilité du mineur, la présence d'un représentant légal n'est pas nécessaire ; en outre, les parents peuvent être accompagnés d'une personne de leur choix [64] (néanmoins, ils ne pourront bénéficier de l'aide judiciaire ce qui exclut souvent la représentation par un avocat [65]). Enfin, ils invoquent qu'un appel de la décision devant le Sheriff est toujours possible et garantit le respect des droits de la défense [66].

Cependant, la question de la défense et du respect des droits de l'enfant et de sa famille devant les commissions demeure essentielle [67]. Dès 1975, la section 34 A est ajoutée à la loi de 1968 [68] qui permet la nomination par le Président de la commission d'un *Safeguarder*, un tuteur, pour préserver les droits de l'enfant en cas de conflit entre les intérêts de l'enfant et ceux de ses parents [69]. Le tuteur ne doit en aucun

---

la doctrine l'aurait voulu, pour ce qu'ils sont, mais essentiellement pour ce qu'ils ont fait » (p. 219).

63. J. P. Grant, The legal safeguards for the rights of the child and parents in the Children's Hearing System, *In Judicial Review*, 1975, p. 209 et s. ; Pour une version abrégée de cet article, V. également, J. P. Grant, Protecting the rights of the child, *In* F. Martin., K Murray 1976, *op. cit.*, p. 206 et s. ; K. Murray, *In* J. English, *op. cit.*, p. 155 et s.

64. Lord Kilbrandon, 1968, *op. cit.*, p. 239.

65. J.P. Grant, 1975, *op. cit.*, p. 217 ; J. Rose, *op. cit.*, para. 1322.

66. Lord Kilbrandon, 1968, *ibid.* ; K. Murray, *ibid.*

67. B. Kearney, Children's hearings in Scotland : justice, discretion and civil procedure sui generis, *In Civil Justice Quaterly*, 1985, p. 144 et s. ; K. Murray, *ibid.*

68. Ajouté à la loi de 1968 par la section 66 de la Children Act 1975. Il faudra cependant attendre 1984 pour qu'un texte permette la mise en place effective des tuteurs, le Social Work (Panels of persons to safeguard the interests of the children) (Scotland) Regulations 1984, Part II.

69. Sur l'absence de définition du conflit d'intérêt entre l'enfant et ses parents, V. notamment J. H. Curran, *Safeguarders In the Children's Hearings System, Scottish Office*, Central Research Unit Papers, mars 1989, p. 8 et s. où l'auteur souligne le caractère vaste du désaccord : il convient de ne pas se réferrer uniquement à un désaccord connu et ouvert, ni même à un accord entre parents et enfant sur une solution qui ne préserverait pas les intérêts de celui-ci.

cas être confondu avec un avocat. Au travers d'un rapport, il fait connaître aux membres de la commission ses recommandations relativement au mineur entendu, sa décision étant uniquement dictée par le souci de protéger celui-ci [70]. Une étude réalisée une année après l'introduction du tuteur dans le Système d'Audition des Enfants prouve qu'il est le plus souvent nommé dans les cas où l'enfant est signalé en danger [71]. En outre, malgré l'importance manifeste de la nomination d'un acteur indépendant, notamment dans les cas complexes impliquant un mineur, les statistiques montrent que les tuteurs ne sont présents que dans 4,8% des auditions en 1994 [72]. En dernier lieu, la troisième critique relève de la mise en oeuvre du système : le danger de stigmatisation des mineurs consécutivement à sa présence devant une commission. La non distinction entre les motifs de saisine relevant de l'infraction et les autres fondements permettrait une ingérence dans la vie de l'enfant et de sa famille plus importante que dans un système de justice traditionnel [73]. Cependant, une étude réalisée auprès de 105 mineurs et publiée en 1981 a pu démontrer que le Système d'Audition des Enfants ne renforçait pas la stigmatisation [74].

---

70. V. J. H. Curran, *op. cit.*, p. 9 : « ...son rôle n'est pas de résoudre le conflit mais plutôt de prendre une décision à la lumière du conflit ».

71. J. H. Curran, *op. cit.*, p. 37 et s.

72. Statistical Bulletin, 1995, *op. cit.*, p. 20. A la lumière de ces chiffres, les travaux préparatoires de la Children (Scotland) Act 1995 ont recommandé le développement du rôle du tuteur dans la procédure. V. Review Group, *Review of the Child Care Law in Scotland*, Scottish Office, Ed. H.M.S.O., Edinbourg, 1990, p. 41 (recommendation 85) ; Scottish Office, *Scotland's Children. Proposals for child care policy and law*, Ed. H.M.S.O., 1993, p 33 et s. ; Ces recommendations ont été retenues dans la législation, Children (Scotland) Act 1995, section 41.

73. The Open University, *op. cit.*, pp. 127-128 ; K. Murray, *In* J. English, *op. cit.*, p. 152 et s.

74. Pour une analyse détaillée des résultats, V. F. Martin., S. J. Fox, K. Murray et autres, *Children out of court*, Ed. Scottish Academic Press, 1981, p. 207 et s. Les auteurs tentent de mesurer l'impact d'une audition sur le mineur en termes d'image de soi et de relations avec les acteurs signifiants du milieu social (Police, futurs employeurs, entre autres). Ils démontrent, au regard d'études réalisées aux Etats-Unis auprès de mineurs ayant comparu devant un tribunal, que le système écossais est en théorie et pratiquement moins stigmatisant pour l'enfant, bien qu'une stig-

L'ensemble de ces considérations critiques ainsi que, paradoxalement, le peu de changements constatés dans le Système d'Audition des Enfants, conduit à s'interroger sur l'actuelle mise en oeuvre des principes posés par le Rapport Kilbrandon. La problématique est pertinente à maints égards. En effet, le contexte social et économique a considérablement évolué depuis 1971. Ainsi, il convient de noter l'importance quantitative des familles monoparentales, l'accroissement du chômage qui a conduit au développement de l'aide sociale, l'évolution du rôle des femmes dans la société écossaise et les conséquences de ces phénomèmes sur la vie des enfants [75]. Plus spécifiquement, les développements précédents ont montré l'augmentation du cas des enfants en danger, alors que le Rapport Kilbrandon visait essentiellement l'enfance délinquante. Enfin, le droit communautaire et international, au travers de la Convention Européenne des Droits de l'Homme ainsi que de la Convention des Nations Unies sur les Droits de l'Enfant influencent de façon manifeste les tendances gouvernant les pratiques internes en matière de traitement de l'enfance délinquante et en danger [76]. L'ensemble de ces raisons a conduit l'Ecosse à adopter la loi de 1995 sur les Enfants qui tend à synthétiser et à améliorer les dispositions législatives relatives au mineur. De l'analyse de ce texte, il résulte deux réflexions permettant de structurer l'étude du système écossais. Conformément à l'esprit du rapport Kilbrandon, la loi de 1995 maintient le principe de la prise en compte suprême de l'intérêt de l'enfant (I) mais organise également le renforcement des droits du mineur et de sa famille (II).

I - Une législation principalement axée vers l'intérêt de l'enfant

L'analyse introductive des principes gouvernant la loi de 1968 a montré l'importance primordiale accordée à l'intérêt de l'enfant [77].

---

matisation par anticipation peut être notée envers les policiers et les futurs employeurs.

75. Ces observations ont été développées dans les travaux préparatoires de la loi de 1995. V. notamment Scottish Office, *op. cit.*, p. 1 et s.

76. Les principes posés par la Convention Internationale des Droits de l'Enfant ont guidé les réflexions relatives à la réforme écossaise de 1995 ; V. notamment, Review Group, *op. cit.*, p. 3 ; Scottish Office, *op. cit.*, p. 5 et s.

77. V. *supra* la partie introductive de cette contribution.

L'idée est réaffirmée dans la loi de 1995 sur les Enfants qui dispose dans sa section 16 (1) que le respect du bien-être de l'enfant doit gouverner les décisions des commissions de l'enfance et des tribunaux visés par la loi. Ce principe directeur est donc présent tant dans la procédure devant la commission d'audition (A) que dans le contenu des décisions prises par ces instances relativement au mineur (B).

A - L'intérêt de l'enfant gouverne la procédure devant la commission d'audition

Le Rapporteur, jugeant que l'un des motifs de saisine énuméré par la loi existe et que l'enfant a besoin de mesures obligatoires de prise en charge, décide de présenter le mineur devant une commission d'audition. Il convoque donc celui-ci et ses parents. Parmi les trois membres du collège des spécialistes de l'enfance qui forment la commission, le *Chairman* (le Président de session) a des responsabilités spécifiques [78] : il doit notamment procéder à un ensemble de formalités préliminaires déterminantes pour la procédure (1°) et mener les débats durant l'audition (2°).

1°) Les formalités préliminaires à la session de la commission

Si la procédure devant la commission se veut informelle pour permettre à l'enfant, mis en confiance, de s'exprimer, en vue de recueillir sa coopération et celle de sa famille à la mesure prononcée, cette caractéristique ne doit pas être confondue avec une absence totale de règles de procédure [79]. Ainsi, conformément à la section 65 de la loi de 1995 (section 42 de la loi de 1968), le Président de session remplit des formalités précises. Il s'assure, tout d'abord, de l'identité et de l'âge exacts du mineur présenté à la commission. Il doit encore lui expliquer ainsi qu'à ses parents, les motifs de saisine pour lesquels il sera entendu (a). Enfin, le Président doit recevoir relativement aux faits énoncés, l'acceptation du mineur et de ses parents (b).

---

78. Section 65 de la loi de 1995 ; section 42 de la loi de 1968.

79. J. Rose, *op. cit.*, para. 1314. L'auteur défend la même idée dans Procedure in Children's Hearings, *In Scots Law Times*, 1994, p. 140 et s.

a) L'explication des motifs de saisine par le Président de session

L'existence de l'un au moins des motifs de saisine constitue l'une des conditions légales pour réunir une commission d'audition. La loi de 1995 en prévoit douze qu'il est possible de classer en sept groupes distincts : l'enfant peut être entendu parce qu'il a échappé au contrôle de personnes ayant une autorité sur lui ; parce qu'il a de mauvaises fréquentations ou est exposé à un danger moral ; parce qu'il est susceptible de subir une souffrance ou de compromettre sa santé ou son développement du fait d'un manque de soins de la part de ses parents ; parce que, lui-même ou un enfant de sa famille est en danger moral, physique, a ou est susceptible de subir des maltraitances d'origine sexuelle ; parce qu'il a manqué l'école ; parce qu'il a commis une infraction ; enfin, parce que l'enfant a usé d'un produit psychotrope ou d'un solvant [80].

Ici encore, peu de changements sont constatés depuis 1968. Le Rapport du Groupe de Travail sur la Révision de la Législation Relative aux Enfants recommandait la simplification des typologies mais le maintien d'une énumération de motifs plutôt que la rédaction d'un motif unique et général comme fondement à l'action du Rapporteur [81]. Ces propositions, retenues par le législateur, servent l'intérêt de l'enfant : sa situation est appréciée sur le fondement d'une section unique, par une juridiction spécialisée en tenant compte d'une diversité de situations néfastes ou dangereuses pour lui [82].

En outre, les auteurs du Rapport soulignent que l'enfant doit connaître la raison de son audition et considèrent que des motifs précis sont plus facilement compréhensibles pour le mineur [83]. En effet, c'est le

---

80. Section 52 de la loi de 1995.

81. Review Group, *op. cit.*, p. 27. En Angleterre et au Pays de Galle, la législation comporte un fondement unique et général à l'action des tribunaux (sect. 32 (2) de la loi de 1989 relative aux Enfants) ; V. J. Rose, *op. cit.*, para. 1331, note 2.

82. Review Group, *ibid.*

83. Il fut proposé d'éliminer le motif concernant l'absentéisme scolaire et de laisser aux services de l'Education Nationale le soin de traiter ce problème. L'idée a été écartée car l'audition d'un enfant sur le fondement d'absences à l'école peut permettre aux membres de la commission d'appréhender des problèmes plus graves dans la vie du mineur. Ainsi, un directeur d'internat où sont envoyés des mineurs

Président qui doit expliquer au mineur et à ses parents le ou les motifs de saisine de la commission, en termes simples [84]. La tâche est souvent difficile, surtout dans les cas complexes : ainsi, dans les cas de maltraitances sexuelles, le Président doit expliquer clairement le sens de termes tels que « attitude impudique et libidineuse », contenus dans la loi et doit s'assurer que le mineur a compris à quelle partie du corps il était fait référence [85]. L'acceptation par l'enfant et ses parents des faits est alors indispensable à la continuation de l'audition.

b) La nécessaire acceptation des faits par l'enfant et ses parents

Conformément au Rapport Kilbrandon, le Système d'Audition des Enfants écossais organise une dissociation entre la question de la culpabilité ou de l'innocence du mineur et la nécessité de prendre des mesures de soins et de protection à son égard [86]. Les membres des commissions ne sont donc pas concernés par les problèmes de preuve et le Président de session doit recevoir, au sujet des faits énoncés, l'acceptation du mineur et de ses parents.

---

bénéficiant d'une mesure de prise en charge et d'éloignement de leur famille, note qu'à leur admission, 25% des enfants ont été abusés sexuellement, les autres étant accueillis pour d'autres motifs. Or, au cours du séjour, 50% des mineurs restant révèlent avoir subi ce type de maltraitances ; Review Group, *op. cit.*, p. 29 et J. Rose, *op. cit.*, para. 1345. De plus, la lutte contre l'absentéisme scolaire demeure essentielle en matière de prévention de la délinquance ; Scottish Office, *op. cit.*, p. 35.

84. Section 65 (4) de la loi de 1995 ; section 42 (1) de la loi de 1968. B. Kearney, *op. cit.*, para. 1923 ; R. Breustedt et autres, *op. cit.*, p. 8 et s.

85. J. Rose, *op. cit.*, para. 1332. Certains auteurs regrettent d'ailleurs que le législateur n'ait pas formulé de façon plus simple les termes de la loi ; K. McK Norrie, *Children (Scotland) Act 1995*, Greens Annotated Acts, W. Green/Sweet and Maxwell, 1995(a), note sous section 68 (9) de la loi de 1995, p. 94.

86. Rapport Kilbrandon, *op. cit.*, para. 72 et s. ; La suppression de la recherche de la culpabilité ou de l'innocence de l'enfant était basée sur l'observation suivante : dans 95% des cas, les mineurs plaidaient non coupables devant les tribunaux et la question de la preuve des faits allégués n'était pas soulevée.

Concrètement, trois situations peuvent se présenter. En premier lieu, l'enfant et ses parents acceptent les faits [87]. L'acceptation ne doit faire aucun doute et le Président doit veiller à n'exercer aucune contrainte sur le mineur et ses parents [88]. En second lieu, l'enfant et ses parents n'acceptent les faits que partiellement : la session peut se poursuivre mais en considérant uniquement les motifs acceptés [89]. Enfin, lorsqu'un mineur ou ses parents dénient l'existence des faits allégués ou lorsque le mineur est trop jeune pour comprendre ceux-ci, son cas ne peut être examiné par la commission et doit être déferré devant le Sheriff, autorité judiciaire compétente pour établir les faits [90].

La présence de l'autorité judiciaire à ce stade de la procédure garantit un débat équitable et le respect du principe du contradictoire en cas de non acceptation des faits. Les pouvoirs du Sheriff sont encadrés de manière stricte. En premier lieu, il dispose seulement d'une alternative, révoquer la saisine [91] ou établir la véracité des faits qui lui sont soumis [92]. Il outrepasse ses fonctions lorsqu'il recherche d'autres motifs de saisine que ceux contestés devant lui [93], lorsqu'il se dessaisit du cas de l'enfant pour vice de procédure devant la commission alors qu'il apparaît que le vice n'entraînait pas la nullité de celle-ci [94], ou lorsqu'il révise une décision prise antérieurement par une commission de l'en-

87. Section 65 (5) de la loi de 1995 ; section 42 (2a) de la Loi de 1968.

88. J. Rose, *op. cit.*, para. 1332.

89. Section 65 (6) de la loi de 1995 ; section 42 (2b) de la loi de 1968 ; J. Rose, *op. cit.*, para. 1333 ; B. Kearney, *op. cit.*, para. 1923.

90. Section 65 (7) et (9) de la loi de 1995 ; sections 42 (2c) et (7) de la loi de 1968. Le Sheriff dispose alors d'un délai de 28 jours pour rendre une décision ; les parents peuvent bénéficier de l'aide judiciaire devant ce tribunal ; V. notamment B. Kearney, *op. cit.*, para. 1981 et s.

91. Section 68 (9) de la loi de 1995 ; section 42 (5) de la loi de 1968. Il annule alors, s'il y a lieu, les dispositions non pertinentes prises par la commission au regard de l'enfant (par ex. l'annulation d'une ordonnance de placement en lieu sûr).

92. Section 68 (8) et (10) de la loi de 1995 ; section 42 (6) et (6a) de la loi de 1968.

93. K. McK Norrie, 1995(a), *op. cit.*, p. 140.

94. Sloan v. B., 1991, *In Scots Law Times*, p. 546G et s. ; V. aussi le commentaire de J. Thomson, Sloan v. B., The legal issues, *In Scots Law Times* 1991, p. 421 et s.

fance [95]. En second lieu, le fait que le Sheriff statue sur le cas d'un enfant précédemment auditionné par une commission emporte des conséquences sur les procédures applicables devant lui, notamment en matière de preuve. Lorsque l'enfant est signalé comme auteur d'une infraction, le Sheriff doit établir les faits « au delà du doute raisonnable » alors que pour les autres motifs de saisine - les cas où l'enfant est en danger - le Sheriff applique le critère de « l'équilibre des probabilités », beaucoup moins contraignant [96]. Cette règle de procédure implique que, si le Sheriff doit établir l'existence d'une infraction commise contre le mineur, il utilise les règles civiles de preuve quelles que soient les conséquences juridiques de l'établissement des faits contre l'auteur de l'infraction par ce système de preuve peu contraignant [97]. Le système probatoire renforce la protection de l'enfant et accorde une attention renouvelée aux intérêts de celui-ci. Il faut cependant noter que la commission est liée par les décisions du Sheriff : lorsqu'il considère certains faits non prouvés, d'autres établis et qu'il renvoie le cas du mineur devant la commission, celle-ci ne peut fonder une mesure de prise en charge sur les faits non établis [98]. Il est possible d'interjeter

95. Sloan v. B., *op. cit.*, p. 546L et s.

96. En schématisant, le premier système de preuve (*beyond reasonnable doubt*) s'applique en matière pénale, le second en matière civile (*balance of probabilities*). Peuvent être utilisées dans ce second système, les dépositions sur la foi d'autrui (*hearsay*) et les éléments de fait n'ont pas besoin d'être coroborrés de façon aussi précise que dans le premier système ; V. Laws of Scotland, vol. 10 : Evidence, para. 758 et s. ; V. encore McGregor v. D., 1977, *In Session Cases*, p. 330 et s. ; J.P Grant 1971, *op. cit.*, p. 166 ; N. Bruce, J. Spencer, *op. cit.*, p. 68 et s. ; F. Martin., K. Murray 1976, *op. cit.*, p. 26 et s. ; G. Moore, C. Wood 1982, p. 105 ; B. Kearney, *op. cit.*, para 2033 et s. ; J. Rose, *op. cit.*, para. 1335 et s.

97. C.B. v. Kennedy, 1987, *In Scots Law Times*, p. 765 et s. ; *In Scottish Civil Law Reports*, p. 647 et s. La jurisprudence précise que, contrairement à l'opinion de certains auteurs, il n'existe pas, dans ce cas, de système de preuve intermédiaire. V. aussi, Harris V. F., 1991, *In Scottish Civil Law Reports*, p. 124 et s. Le juge suprême rappelle que la procédure en cas d'appel sur le fondement de la section 42 de la loi de 1968 est de nature civile, conformément à la loi de 1968 et à la jurisprudence antérieure (Kennedy v. O., 1975, *In Scots Law Times*, p. 235 et s.). La législation de 1995 consacre les décisions jurisprudentielles citées, dans sa section 65 (3) interprétée *a contrario*.

98. M. and another v. Kennedy, 1995, *In Scottish Civil Law Reports*, p. 898 et s. et *In Scots Law Times*, p. 431 et s. Cette jurisprudence semble contredite

appel de la décision du Sheriff devant le Sheriff Principal et/ou devant la *Court of Session* (la Cour de Session) [99].

La loi prévoit que c'est le Rapporteur qui se charge de présenter le dossier du mineur devant le Sheriff [100]. L'augmentation des cas d'enfants en danger (enfants négligés ou ayant subi des abus) emporte à ce niveau de la procédure une conséquence notable sur la tâche du Rapporteur. Souvent, dans ces situations, les parents dénient l'existence de maltraitances ou l'enfant n'est pas en âge de comprendre les faits [101]. Le cas du mineur est alors fréquemment présenté devant le Sheriff ce qui entraîne un surcroît de travail pour le Rapporteur (étude de dossiers

---

par un cas postérieur dans lequel la Cour de Session admet que la commission de l'enfance prenne en compte la globalité de la situation de l'enfant présenté, au nom du principe de la protection des intérêts de celui-ci ; V. O. v. Rae, 1991, *In Scots Law Times*, p. 570 et s. et *In Scottish Civil Law Reports*, p. 319 et s., ainsi que le commentaire de la décision p. 325 et suiv. ; Cependant, l'auteur de ce commentaire explique que dans la jurisprudence M. v. Kennedy, le Sheriff n'avait effectivement pas établi les faits, alors que dans le cas O. v. Rae, les faits avaient été supprimés par le Rapporteur avant le début de la session sans que le cas soit porté devant le Sheriff, ce qui permettrait d'y faire référence ensuite ; V. encore K. McK Norrie, In defence of O. v. Rae, *In Scots Law Times*, 1995(b), p. 353 et s. ; J. Rose, *op. cit.*, para. 1345.

99. La Cour de Session est l'autorité judiciaire suprême en Ecosse dans le domaine du droit civil ; contrairement à la Cour de cassation, elle peut juger le droit et les faits ; V. notamment D. Manson-Smith, *op. cit.*, p.18 et suiv. Pour une analyse des procédures d'appel devant le Sheriff Principal et la Cour de Session, V. la seconde partie de cette contribution.

100. Section 65 (7) de la loi de 1995 ; section 42 (2c) de la loi de 1968. Devant les difficultés légales soulevées par la présence, devant les Sheriff de Rapporteurs sans formation juridique, la loi de 1968 a été amendée en 1975. Elle les autorise depuis lors à présenter le cas des mineurs devant le tribunal ; V. J. Rose, *op. cit.*, para. 1284.

101. Statistical Bulletin 1995, *op. cit.*, p. 17. Pour l'année 1994, le tableau 11 montre que lorsque l'enfant est signalé parce qu'en danger moral (section 52 (2b) de la loi de 1995), sur 224 cas, 112 sont parvenus (50%) devant le Sheriff et dans 90 cas, les faits ont été établis. Dans les affaires où le défaut de soins parentaux était invoqué (section 52-2c) de la loi de 1995), sur 1926 affaires, 1579 (82%) parvenues devant le tribunal et 1425 ont vu les faits établis ; enfin, lorsque l'enfant a été signalé comme victime d'une infraction (section 52-2d) de la loi de 1995), les faits ont été refusés dans 1368 cas (71%) et établis devant le Sheriff dans 1174 cas.

médicaux, entretiens et préparation de témoins, présence devant les tribunaux) [102].

Une fois les faits acceptés ou établis devant le Sheriff (le magistrat renvoie alors le cas du mineur devant la commission), la commission est compétente pour connaître du cas du mineur et entendre celui-ci ainsi que ses parents.

2°) Les débats devant la commission

Le mode de fonctionnement devant une commission est censé différer de celui d'un tribunal afin de faciliter le dialogue avec le mineur pour appréhender sa situation de la façon la plus complète et la plus exacte possible et pour recueillir sa coopération et celle de ses parents à la mesure prononcée [103].

Afin de parvenir à ces objectifs, la loi prévoit, en premier lieu, le respect de la confidentialité de l'identité des personnes impliquées et des débats devant la commission. Elle énonce que l'autorité locale doit fournir au Rapporteur et à ses services un lieu discret, distinct des tribunaux ou des locaux de la police, où se tiendront les sessions des commissions [104]. Outre les dispositions qui répriment la publicité ou la divulgation d'informations sur l'identité de l'enfant ou sur les débats devant la commission, le Président n'autorise qu'un nombre restreint de personnes à assister aux sessions [105]. Il dispose encore du pouvoir d'exclure momentanément toute personne dont la présence nuit à l'intérêt de l'enfant : la loi de 1995 énonce, par exemple, un journaliste ou un étudiant faisant une recherche [106] mais autorise également et de manière plus surprenante, le Président à exclure les parents ou les repré-

102. A. Finlayson 1992, *op. cit.*, p. 7 et s.

103. Rapport Kilbrandon, *op. cit.*, p. 50 ; J. Rose, *op. cit.*, para. 1344 ; B. Kearney, *op. cit.*, para. 1927.

104. Section 34(3) de la loi de 1968 ; B. Kearney, *op. cit.*, para. 1908 ; A Edinbourg, le bâtiment des services du Rapporteur se situe dans une rue excentrée de la ville et n'est identifié par aucun autre signe distinctif qu'une plaque en cuivre.

105. Sections 43 et 44 de la loi de 1995 ; sections 35 et 58 de la Loi de 1968.

106. Section 43 (4) de la loi de 1995.

sentants de l'enfant [107]. Dans le premier cas, au retour des personnes exclues, le Président peut expliquer ce qui s'est dit durant leur absence [108] alors que dans le second cas, il est légalement tenu de révéler la teneur des débats [109]. Ces dispositions nouvelles garantissent la confidentialité des débats mais permettent également de faciliter le dialogue avec le mineur qui éprouve quelquefois des difficultés à divulguer ou à discuter certains faits devant ses parents ou ses représentants [110].

En second lieu, le Système d'Audition des Enfants est caractérisé par l'aspect informel des débats dans le but de faciliter le dialogue avec le mineur et sa famille, d'obtenir leur coopération et de prendre la décision la plus conforme aux intérêts de l'enfant [111]. La pièce où se tiennent les sessions est organisée de manière spécifique : par exemple, la table autour de laquelle les débats ont lieu est de forme ovale ou rectangulaire pour éviter la domination physique de certains acteurs [112]. Le dialogue tant souhaité n'est pas toujours évident à mettre en place et il est de la responsabilité du Président de session de mener les débats et de donner à chacun la parole [113]. Pour les aider dans cette tâche, les membres de la commission disposent de rapports fournis par les écoles, les services de police ou les services sociaux et demandés par la Rapporteur, conformément à la loi [114]. Ces documents permettent d'obtenir une information relativement complète sur le mineur entendu et servent de fondement aux débats.

---

107. Section 46 (1) de la loi de 1995.

108. Section 43 (5) de la loi de 1995.

109. Section 46 (2) de la loi de 1995.

110. Review Group, *op. cit.*, p. 39 et suiv. (recommendation 82). Un auteur attire l'attention sur les limites de ces dispositions : l'enfant éprouvera certainement les mêmes difficultés que sous l'empire de la loi ancienne puisqu'il n'ignore pas que le Président de session doit révéler les informations transmises au retour des parents ou représentants dans la pièce ; K. McK Norrie, 1995(a), *op. cit.*, p. 82.

111. Ce trait caractéristique du Système a déjà été souligné ; V. encore F. Martin., S. J. Fox, K. Murray et autres, *op. cit.*, p. 110 ; A. Kelly, *op. cit.*, p. 38.

112. N. Bruce, J. Spencer, *op. cit.*, p. 123.

113. N. Bruce, J. Spencer, *op. cit.*, p. 112 et s., J. Rose, *op. cit.*, para. 1344.

114. Section de la loi 56 (7) de 1995, section de la loi 39 (4) de 1968.

Cependant, certaines recherches menées lors des sessions démontrent que le Système d'Audition des Enfants est sujet à des critiques importantes sur ce point, pouvant largement remettre en cause les objectifs poursuivis. Ainsi, une étude menée sur 301 sessions révèle que les informations contenues dans les différents rapports ont une part déterminante dans la prise de décision contrairement aux événements survenus durant la session (participation des parents et des enfants, notamment) [115]. Une recherche récente confirme ces résultats. Ainsi deux tiers des enfants présentés devant une commission et interrogés pour l'enquête avouaient n'avoir pas participé à la session soit pour des motifs personnels (nervosité), soit parce qu'ils n'avaient pas été écoutés ou sollicités [116]. Pour certains encore, « Les décisions étaient prises sur la base des rapports avant le début de la session et... les idées des jeunes gens étaient prises en compte seulement si elles coïncidaient avec ce que les membres de la commission désiraient » [117].

Enfin, les parents n'avaient pas d'accès direct aux rapports remis par les différentes institutions. Il appartenait au Président de session de juger si les informations étaient pertinentes et si leur divulgation n'était pas contraire aux intérêts de l'enfant [118]. Cette règle de procédure avait pour conséquence un sentiment de mise à l'écart pour les parents [119] ;

---

115. F. Martin, S. J. Fox, K. Murray et autres, *op. cit.*, p. 169 et suiv. ; Des observations similaires sont menées par d'autres auteurs, V. N. Bruce, J. Spencer, *op. cit.*, p.118 et s.

116. J. Triselotis et autres, *Teenagers and the social work services*, H.M.S.O., London, 1995, p. 212.

117. *Eod. loc.* ; Une nuance doit cependant être apportée : 75% des mineurs interrogés approuvaient la décision prise par la commissison à leur égard.

118. The Children's Hearings (Scotland) Rules 1986, règle 19 (3), *In Statutory Instruments*, 1986, p. 8620. Le principe de l'intérêt de l'enfant supérieur aux droits des parents est affirmé dans la décision Kennedy v. A., 1985, *In Scots Law Times*, 1986, p. 358.

119. N. Bruce, J. Spencer, *op. cit.*, p. 117 et s. ; G. Moore, C. Wood, *op. cit.*, p. 109 ; J. Rose, *op. cit.*, para. 1346 ; B. Kearney, *op. cit.*, para. 1926 et 1930.

elle est aujourd'hui en cours de réforme suite à la condamnation du Royaume-Uni devant la Cour Européenne des Droits de l'Homme [120].

En moyenne, les débats devant une commission d'audition durent pendant 45 minutes [121]. Ceux-ci achevés, les membres parviennent à une décision relativement au mineur entendu.

B - L'intérêt de l'enfant gouverne la décision de la commission

Le Système d'Audition des Enfants est essentiellement non interventionniste : l'affirmation se vérifie au moment du signalement au Rapporteur qui, souvent, n'organise pas l'audition du mineur [122], mais également devant la commission qui peut considérer qu'aucune mesure n'est nécessaire et se dessaisit du cas [123]. Cependant, lorsqu'une commission constate que l'enfant a besoin d'une attention particulière, elle rend une ordonnance de placement sous tutelle (1°). Il faut noter qu'en cas de désaccord avec la décision prise, les parents et l'enfant disposent d'un droit d'appel devant le Sheriff (2°).

1°) Les ordonnances de placement sous tutelle

Lorsqu'une commission juge qu'un mineur a besoin de mesures de prise en charge, elle prononce une ordonnance de placement sous tutelle. La loi dispose que la prise en charge est entendue de façon vaste comme incluant « la protection, le contrôle, la direction et le traitement » que le mineur n'aurait pu obtenir sans la décision de la commis-

---

120. Cour Européene des Droits de l'Homme, Affaire McMichael c. Royaume-Uni, 24 févr. 1995. Pour une analyse détaillée de cette décison, V. la seconde partie de cet article.

121. J. Rose, *op. cit.*, para. 1314.

122. V. *supra* dans la partie introductive des développements.

123. Section 69 (1b) de la loi de 1995 ; section 43 (2) de la loi de 1968. La commission peut également considérer qu'il est nécessaire d'obtenir des informations complémentaires sur l'enfant et ajourne la session afin d'obtenir celles-ci ; section 69 (2) de la loi de 1995 ; section 43 (3) de la loi de 1968.

sion [124]. Les ordonnances de placement sous tutelle ont donc pour objectif de fournir à l'enfant protection, contrôle, direction ou traitement.

Originairement, la loi de 1968 distinguait deux sortes d'obligations : celle de soumettre l'enfant à une surveillance conformément aux conditions fixées par la commission d'audition, le mineur devant, par exemple, résider dans un lieu - autre qu'un établissement spécialisé - ou avec des personnes déterminées (le placement sous tutelle en milieu ouvert) [125] ; celle de résider dans un établissement désigné et d'être assujetti aux conditions imposées par la commission (le placement sous tutelle résidentiel) [126]. La loi de 1995 ne reprend pas cette dichotomie : le placement sous tutelle consiste à « imposer au mineur de résider en un lieu ou dans des lieux déterminés par l'ordonnance » [127] et « à suivre les conditions contenues dans cette même ordonnance » [128]. En intégrant les propositions formulées dans les travaux préparatoires, la nouvelle législation autorise les membres de la commission à spécifier et à responsabiliser la ou les personnes ou institutions ayant principalement la charge de l'enfant durant la tutelle ainsi qu'à préciser en quoi consistent les conditions de la prise en charge [129].

Les mesures contenues dans les ordonnances peuvent être très diverses. En 1994, 5522 ordonnances de placement sous tutelle ont été rendues par des commissions de l'enfance écossaises (ce chiffre comprend les ordonnances rendues de manière initiale ainsi que les ordonnances révisées par les commissions) [130]. Lors d'un placement sous tutelle en milieu ouvert, le mineur est souvent confié à un travailleur social qui tente de tisser avec lui une relation privilégiée [131] alors que dans le placement en mileu résidentiel, l'enfant sera confié à un établissement

124. Section 52 (3) de la loi de 1995 ; section 32 (3) de la loi de 1968.

125. Section 44 (1a) de la loi de 1968.

126. Section 44 (1b) de la loi de 1968.

127. Section 70 (3a) de la loi de 1995.

128. Section 70 (3b) de la loi de 1995.

129. Review Group, *op. cit.*, p. 34 et s. (recommendation 69).

130. Statistical Bulletin, 1995, *op. cit.*, p. 19.

131. R. Ford, Consequences, *In The Scottish juvenile justice*, F. Martin., K. Murray (Dir.), Scottish Academic Press, 1982, p. 81 et s.

agréé [132]. Un troisième type de mesure appelle un commentaire au regard de sa spécificité : le traitement intermédiaire. Il consiste en une méthode de travail social qui ajoute une dimension nouvelle à la simple surveillance en cherchant à améliorer les conditions de vie des jeunes au travers d'opportunités locales, dans le but de développer leur maturité [133]. Les expériences menées se situent dans des domaines divers telles que les activités sportives, culturelles, artistiques, de formation mises en place par les services sociaux en collaboration avec les associations et la communauté locale. Malgré les alternatives proposées, les membres des commissions de l'enfance soulignent souvent le manque de moyens dont ils disposent lors de la prise de décision relative au mineur [134].

L'ordonnance de placement sous tutelle prend effet immédiatement sauf si la commission décide de différer son entrée en vigueur [135] ; elle s'impose pour une durée ne devant pas excéder ce qui est nécessaire à l'intérêt de l'enfant [136]. Elle devient caduque lorsque le mineur atteint l'âge de 18 ans [137] ou lorsque l'ordonnance n'a subi aucune modification durant une année [138].

---

132. R. Ford, *op. cit.*, p. 87 et s.

133. R. Ford, *op. cit.*, p. 84 et s. ; A. Robertson, D. McClintock, The community based alternative : intermediate treatment for young offenders, *In Children and young people in conflict with the law*, S. Asquith (Dir.), Research highlights In social work 30, 1996, p.131 et s.

134. Les membres du collège de spécialistes de la région de Lothian, rencontrés lors d'entretiens dans le cadre d'une recherche doctorale, ont fait part de leurs sentiments sur ce point, dénonçant le manque de moyens mis à leur disposition. V. en ce sens, A. Lockyer, The Scottish Children's Hearings System : internal developements and the U.N. Convention, *In Justice for children*, S. Asquith, M. Hill (Dir.), Martinus Nijhoff Publishers, 1994, p. 124 et s.

135. Section 44 (3) de la loi de 1968.

136. Section 73 (3) de la loi de 1995 ; section 41 (1) de la loi de 1968.

137. Section 73 (3) de la loi de 1995 ; section 47 (2) de la loi de 1968. Concrètement, au regard du manque de moyens, des pratiques développées par les travailleurs sociaux et de la volonté des mineurs eux-mêmes, les commissions mettent très fréquemment fin aux ordonnances pour le seizième anniversaire de l'enfant, âge de la majorité. Peu de jeunes adultes entre 16 et 18 ans bénéficient donc d'une ordonnance de placement sous tutelle ; V. J. Rose, *op. cit.*, para. 1356 ; Sur les

La révision des mesures prononcées par la commission peut être réclamée par des acteurs divers. En premier lieu, le mineur lui-même peut demander cette révision après l'écoulement d'un délai de trois mois suite à l'entrée en vigueur de l'ordonnance ou de la dernière révision [139]. En second lieu, la faculté de demander une révision appartient encore à l'autorité locale légalement en charge de l'enfant durant la tutelle [140]. Enfin et conformément à la législation de 1995, la commission d'audition peut, lors de la décision, fixer une date de révision des mesures prononcées [141]. Cette disposition nouvelle prend en compte l'intérêt de l'enfant en permettant l'adaptation de la mesure prononcée au développement du mineur [142]. Quelle que soit l'origine de l'initiative de la révision, une commission est alors convoquée par le Rapporteur [143]. Elle examine à nouveau le cas de l'enfant et décide soit de poursuivre la tutelle, soit d'apporter des changements aux mesures initialement prononcées, soit de mettre fin à l'ordonnance de placement sous tutelle [144].

A la fin de l'audition et afin de maintenir la transparence instaurée lors des débats, les membres de la commission ont l'obligation d'annoncer et de motiver leur décision devant l'enfant et ses parents. Le Président de session demande à ses deux assesseurs d'exprimer leur décision et de la justifier ; puis il énonce sa propre décision et récapitule les rai-

---

problèmes spécifiques posés par les jeunes adultes, V. Scottish Office, *op. cit.*, p. 39 et s. ; R. Breustedt et autres, *op.* cit., p. 31 et s.

138. Section 73 (2) de la loi de 1995 ; section 48 (3) de la loi de 1968. Le délai est porté à six mois dans le cas où l'ordonnance a déjà été révisée par une commission.

139. Section 73 (6) de la loi de 1995 ; section 48 (4) de la loi de 1968.

140. Section 73 (4) de la loi de 1995 ; section 48 (2) de la loi de 1968.

141. Section 70 (7) de la loi de 1995.

142. Review Group, op. cit., p. 40 (recommendation 83) ; Scottish Office, *op. cit.*, p. 31 et s.

143. Section 73 (8) de la loi de 1995 ; section 48 (5) de la loi de 1968.

144. Section 73 (9) de la loi de 1995 ; section 44 de la loi de 1968.

sons énoncées par chacun [145]. Enfin, il informe l'enfant et ses parents de leur droit d'appel de la décision de la commission de l'enfance.

2°) La possibilité de faire appel de la décision de la commission

La loi ouvre le droit à l'enfant et à ses parents d'interjeter appel de la décision d'une commission devant le Sheriff territorialement compétent [146]. L'appel peut porter soit sur le fond de la décision, soit sur une irrégularité de procédure. La présence de l'autorité judiciaire garantit, à ce stade de la procédure, le respect des droits des enfants et de leur famille contre la décision d'une commission de l'enfance.

En outre, le mineur et sa famille disposent de la faculté de demander la suspension de l'ordonnance de placement sous tutelle contre laquelle ils ont fait appel [147]. Leur demande est présentée et examinée devant une commission de l'enfance, non devant le Sheriff. Les auteurs et les praticiens notent que cette disposition est rarement usitée ; l'ordonnance de placement sous tutelle prend donc effet, malgré l'appel dont elle est frappée.

Le Sheriff, après avoir examiné les documents remis par le Rapporteur, entendu divers témoignages et demandé lui-même les informations qu'il juge nécessaires, dispose de plusieurs options. En premier lieu, il peut considérer que la commission de l'enfance a pris une décision pertinente et confirmer celle-ci [148]. En second lieu, si la décision lui apparaît injustifiée, il l'annule dans toutes ses dispositions [149]. En troisième lieu, il peut effectuer le renvoi motivé du cas de l'enfant devant une commission de l'enfance qui reconsidère alors la décision à la lu-

---

145. J. Rose, *op. cit.*, para. 1353 et s., B. Kearney, *op. cit.*, para. 1948 ; Le Président de session devra ensuite avec l'aide de ses assesseurs rédiger les raisons justifiant la décision de la commission. Le Rapporteur s'assure que le mineur et sa famille reçoivent une copie du document qui pourra également servir au Sheriff pour apprécier la décision, en cas d'appel.

146. Section 51 (1) de la loi de 1995 ; section 49(1) de la loi de 1968.

147. Section 51 (9) de la loi de 1995 ; section de la loi 49 (8) de 1968.

148. Section 51 (4) de la loi de 1995 ; section de la loi de 1968.

149. Sections 51 (5a) et (5b) de la loi de 1995 ; section de la loi de 1968.

mière des arguments du Sheriff. Cette disposition démontre que, malgré la présence de magistrats, les commissions de l'enfance demeurent, aux yeux de la loi, les plus compétentes pour apprécier le cas du mineur.

Cependant, deux dispositions nouvelles viennent contredire l'affirmation précédente. D'une part, la loi de 1995 autorise le Sheriff à prendre une décision relativement à l'enfant et vise expressément la section 70 ce qui signifie que le Sheriff dispose des mêmes options qu'une commission de l'enfance [150]. D'autre part, c'était la Cour de Session qui était seule compétente pour connaître des appels relatifs aux décisions du Sheriff [151]. Le mineur, ses parents, mais également le Rapporteur [152], insatisfaits par le sens de la décision du magistrat, pouvaient porter leur action devant la haute juridiction écossaise. Or, la loi de 1995 instaure un nouveau degré de juridiction : le Sheriff Principal peut connaître désormais des décisions du Sheriff avant la Cour de Session [153]. Le renforcement de la présence et des pouvoirs de l'autorité judiciaire fait craindre à certains auteurs des conséquences importantes sur le Système d'Audition des Enfants [154].

Une fois l'affaire examinée soit par le Sheriff Principal, soit par la Cour de Session, elle est renvoyée devant le Sheriff compétent qui doit rendre une décision conforme à celle de l'autorité judiciaire supérieure.

---

150. Section 51 (5c) de la loi de 1995.

151. Section 51 (11b) de la loi de 1995 ; section 50 de la loi de 1968. Contrairement à la procédure en matière civile, aucun autre appel n'est possible notamment devant la House of Lords anglaise. Le Système Ecossais d'Audition des Enfants garde ainsi toute sa spécificité, sans être influencé ou modifié par les décisions d'une juridiction anglaise. Enfin, la Cour de Session est la seule compétente pour connaître d'une procédure exceptionnelle, *Nobile Officium*, qui est mise en oeuvre en cas de lacune de loi et de la jurisprudence sur une question de droit et permet à la Cour de disposer sur le point de droit donné ; D. Manson-Smith, *op. cit.*, p.25 ; K. McK Norrie, Children's hearings, new evidence and the Nobile Officium, *In Scottish Law Gazette*, 1994, p. 4 et s.

152. Le Rapporteur exerce ce pouvoir pour la commission de l'enfance ; section 51 (12b) de la loi de 1995.

153. Section 51 (11a) de la loi de 1995.

154. Pour une analyse détaillée de ce problème, V. *infra* seconde partie.

Les développements précédents ont permis de souligner l'objectif suprême de la législation écossaise relative au traitement des mineurs délinquants ou en danger : la protection des intérêts de l'enfant. Le principe gouverne l'ensemble des dispositions législatives et fonde également certaines décisions jurisprudentielles, critiquables du point de vue du respect du contradictoire, par exemple. Conjointement à cette caractéristique déterminante du système d'audition des enfants, il a cependant été noté le renforcement de la présence et des pouvoirs de l'autorité judiciaire. Un second axe de lecture apparaît alors et permet d'analyser globalement la loi de 1995 au travers du renforcement des droits du mineur et de sa famille. La loi de 1995 sur les Enfants tente ainsi de réaliser une alliance subtile entre deux modèles de traitement des questions relatives à l'enfance et intègre des exigences de justice dans un système de protection du mineur.

II - Une législation organisant le renforcement des droits du mineur et de ses parents

Dès la mise en place de la loi de 1968, le Système d'Audition des Enfants a subi un certain nombre de critiques dont les plus importantes concernaient le non respect des droits des parents et du mineur. L'actualité récente a permis à ces observations, jusqu'à présent essentiellement théoriques, de prendre corps. Il est donc nécessaire d'étudier cette actualité (A) afin de comprendre les fondements et la portée des dispositions nouvelles mises en place par la loi de 1995 sur les Enfants dans le domaine du respect des droits du mineur et de ses parents (B).

A - Les origines de l'évolution du système d'audition des enfants relativement aux droits du mineur et de ses parents

Le système écossais de traitement des questions relatives à l'enfance en danger et à l'enfance délinquante fêtait, en 1991, son vingtième anniversaire. A cette occasion, des événements sont intervenus dans l'actualité qui ont précipité l'évaluation et l'évolution des institutions mises en place en 1971. D'une part, l'Ecosse a connu une affaire dans le domaine des abus sexuels sur des mineurs qui a eu un retentissement et des conséquences juridiques importants. D'autre part, le Royaume-Uni a subi une condamnation devant la Cour Européenne des Droits de l'Homme pour non respect de la Convention par le Système d'Audition des Enfants écossais. Les éléments énoncés permettent de distinguer les fondements internes (1°) et les fondements externes de la réforme de 1995 (2°).

1°) Les fondements internes de l'évolution du système

En février 1991, trois enfants placés dans une famille d'accueil révélaient avoir subi, avec neuf autres mineurs, des violences sexuelles au cours de pseudo-cérémonies religieuses organisées par leurs parents. Lors d'une opération conjointe entre la police et les services sociaux, les neufs enfants mentionnés furent retirés de leurs quatre familles respectives. Les faits de l'espèce et leurs conséquences juridiques bénéficièrent d'une large publicité dans la presse et dans l'opinion publique locale et nationale. Le cas des mineurs donna lieu à l'intervention de la Cour de Session (a) ainsi qu'à une série d'enquêtes sur différents acteurs et sur les pratiques du Système d'Audition des Enfants (b).

*a) L'affaire d'Orkney (*Orkney case*)* [155] *: la décision* Sloan v. B.

La complexité des faits est un trait caractéristique des affaires de maltraitances sexuelles organisées, impliquant plusieurs enfants. Le cas d'Orkney n'échappe pas à la règle et il est nécessaire d'en retracer les étapes principales [156] ainsi que les éléments essentiels de la procédure avant d'exposer la décision de la Cour de Session.

---

155. Ainsi appelé suivant le nom de l'île sur laquelle les enfants habitaient, située au Nord de l'Ecosse, dans la Mer du Nord.

156. Les faits de l'espèce ont été précisément exposés dans les ouvrages de Lord Clyde, *The Report of the inquiry into the removal of children fom Orkney in February 1991-Extract*, H.M.S.O., Edinbourg, 1992, p. 16 et suiv. ; A. Kelly, *op. cit.*, p. 68 et s. ainsi que dans la décision de la Cour de Session, Sloan v. B., *op. cit.*, p. 530 et s.

Les neuf mineurs, âgés de huit à quinze ans, retirés de leurs quatre familles d'origines, furent placés en lieux sûrs [157], sur le continent [158]. Une commission de l'enfance fut immédiatement constituée en réunion préliminaire [159] et décida que la présence des enfants lors de la session concernant leur situation n'était pas nécessaire. Elle justifia cette décision par le possible traumatisme causé lors de la lecture des motifs de saisine. Comme la loi le requiert, le Rapporteur organisa une session de la commission, un jour après le début de la détention des mineurs [160]. Elle se déroula en l'absence des mineurs et les parents dénièrent les motifs de saisine relatifs aux sections 32 (2b), « L'enfant a de mauvaises fréquentations ou est exposé à un danger moral » et (2d) visant les cas de maltraitances sexuelles, de la loi de 1968. Le cas fut donc déféré devant le Sheriff sur le fondement de la section 42.

La question principale que le Sheriff Kelbie devait trancher concernait la présence de l'enfant lors de la session de la commission. Selon son analyse, la section 40 (1) de la loi de 1968 pose une obligation

157. En anglais, *place of safety*. La loi de 1968 (dans cette partie de l'exposé, il sera uniquement fait référence à la règle de droit applicable en 1991, c'est-à-dire la loi de 1968), dans sa section 37, ouvrait la possibilité à un officier de police ou à toute personne autorisée par un magistrat à placer un enfant dans un lieu sûr (un internat, ou un établissement agréé par une autorité locale ou encore un poste de police, ou un hôpital) lorsqu'il existait une possibilité de maltraitances ou de négligences sur la personne du mineur. La durée de détention ne pouvait pas être supérieure à 91 jours (sept jours puis une période vingt jours renouvelable quatre fois, deux fois par une commission de l'enfance et deux fois par le sheriff) ; J. Rose, *op. cit.*, para. 1363 et s. ; B. Kearney, *op. cit.*, para. 1809 et s.

158. Pour un Ecossais habitant sur une île au Nord de l'Ecosse, le continent, « *mainland* », est l'île constituée par l'Angleterre, le Pays de Galles et l'Ecosse.

159. *Preliminary meeting* ou *business meeting*, en anglais. Cette pratique consistait, dans les cas complexes, à réunir les membres de la commission et le Rapporteur pour leur permettre de discuter certaines questions, telles que la présence des parents ou des enfants lors de la session officielle. Les décisions prises lors de ces réunions n'avaient pas de valeur et pouvaient être réexaminées durant la session véritable. Autorisée par la jurisprudence, une pratique plus formelle, requérant notamment la notification de l'enfant, est aujourd'hui consacrée dans la loi de 1995, section 64 ; Sur l'ancienne formule, V. B. Kearney cité dans Sloan v. B., *op. cit.*, p. 535 ; B. Kearney, *op. cit.*, para 1921.

160. Section 37 (4) de la loi de 1968.

pour le mineur de se rendre à la session. La section 40 (2) organise les exceptions à ce principe, lorsque la section 32 (2d) - abus sexuels - constitue le motif de saisine ou que la commission considère qu'il est contraire aux intérêts de l'enfant de participer, « sous réserve des dispositions de la section 42 (1) », visant le moment de l'explication des motifs par le Président de session. Ainsi, la lecture combinée des deux alinéas énoncés accorderait un droit de présence au mineur lors de cette phase explicative même lorsque la commission dispense ensuite l'enfant de présence [161]. En l'espèce, les mineurs, absents, n'avaient pu bénéficier de ce droit et la procédure était donc atteinte d'un vice entraînant sa nullité [162]. Avant d'étudier les faits et témoignages apportés devant lui comme la loi l'y oblige, le Sheriff rejeta les demandes pour irrecevabilité, la commission s'étant mise dans l'impossibilité de déposer une quelconque requête, du fait du vice de procédure [163]. Devant les membres de la presse, le Sheriff commenta la décision prise, justifiant celle-ci par référence aux éléments de fait ; il critiqua également la procédure antérieure suivie devant la commission ainsi que la manière dont les mineurs avaient été interrogés notamment par les services sociaux [164].

Le Rapporteur Sloan se pourvut devant la Cour de Session sans demander le renvoi du cas des mineurs devant un Sheriff. En effet, selon lui, l'attitude du Sheriff Kelbie à l'issue de sa décision avait eu des effets irrémédiables sur les témoins potentiels qui empêchaient dorénavant la découverte de la vérité dans l'affaire d'Orkney [165]. La Cour de Session soulignant qu'il n'était pas dans ses habitudes de connaître de questions de droit sans portée pratique directe, accepta néanmoins

161. Sloan v. B., *op. cit.*, p. 534 et s.

162. En outre, pour le magistrat, la commission n'a jamais pu établir si les enfants, absents, comprenaient ou non les motifs de saisine, ce qui rendait infondé le recours à la section 42 (7).

163. Sloan v. B., *op. cit.*, p. 535K.

164. Sloan v. B., *op. cit.*, p. 537F-538G ; Les critiques très directes adressées aux services du Rapporteur et aux services sociaux déclenchèrent un fort mécontentement contre ces institutions dans l'opinion publique locale ainsi que dans la presse qui soutenaient les familles des mineurs.

165. Sloan v. B., *op. cit.*, p. 544E.

d'examiner l'affaire car elle cristallisait d'importants dysfonctionnements dans la mise en oeuvre du Système d'Audition des Enfants [166].

En premier lieu, la Cour de Session rappela les limites de l'action du Sheriff agissant sur le fondement de la section 42 de la loi de 1968 [167]. D'une part, si le magistrat était compétent pour relever le vice de procédure devant la commission de l'enfance, il ne pouvait en aucun cas annuler celle-ci, l'irrégularité pouvant être corrigée lors d'une nouvelle session de la commission après renvoi du Sheriff. La Cour de Session justifiait son analyse en soulignant que, conformément à l'esprit de la législation de 1968, la procédure durant les sessions est informelle et rapide évitant les lourdeurs d'un procès [168]. En l'espèce, le Sheriff devait examiner les faits, établir leur existence et renvoyer le cas des mineurs devant une commission ou révoquer la saisine [169]. La seule exception à ce principe réside dans le cas où une irrégularité absolue empêche l'établissement des faits [170]. D'autre part, le Sheriff outrepasse ses pouvoirs en appréciant la décision de la commission de dispenser le mineur de se présenter à la session. Dans ce domaine, la commission bénéficie d'un pouvoir discrétionnaire important [171].

En second lieu, la Cour de Session qualifia la nature de la règle posée par la section 42 (1) de la loi de 1968 relative à la présence de l'enfant lors de l'explication des motifs par le Président de session [172]. Contrairement au raisonnement présenté par le Sheriff Kelbie, la règle ne comprendrait pas un droit à l'explication et à la participation mais

166. Sloan v. B., *op. cit.*, p. 544F-I.

167. Ce faisant, elle répond par la négative à la question 11 du pourvoi relative aux pouvoirs du Sheriff pour apprécier la régularité d'une procédure devant une commission de l'enfance ; Sloan v. B., *op. cit.*, p. 538J.

168. Sloan v. B., p. 546I.

169. Conformément à la section 42 (5) et (6) de la loi de 1968.

170. La Cour suprême cite une jurisprudence dans laquelle le Sheriff devait établir la commission d'une infraction par un mineur de 8 ans, alors que l'âge de la responsabilité pénale est 8 ans ; Merrin v. S. cité dans Sloan v. B., *op. cit.*, p. 546F et s.

171. Sloan v. B., *op. cit.*, 546L et s.

172. Question 13 du pourvoi, Sloan v. B., *op. cit.*, p. 538J.

permettrait au mineur d'exercer son droit de nier l'existence des faits [173]. L'interprétation des juges suprêmes se fonde sur l'esprit de la loi de 1968 qui organise une dissociation entre la preuve des faits allégués et la nécessité de prendre des mesures de protection et de soin à l'égard du mineur [174]. En l'espèce, ils considèrent que les enfants n'ont subi aucun préjudice du fait de leur absence puisque ce droit a été exercé par leurs parents [175].

En dernier lieu [176], la Cour de Session reconnut au Sheriff le pouvoir d'autoriser la presse lors des débats. Cependant, elle condamna l'attitude du Sheriff consistant à discuter et à justifier sa décision devant les membres de la presse à la lumière d'éléments de faits n'ayant pas encore été discutés devant lui [177].

Comme le souligne un auteur, le cas d'Orkney illustre le conflit entre deux principes fondamentaux en matière de justice pour mineurs : la prise en compte des intérêts du mineur et la protection de ses droits [178]. En ce sens d'ailleurs, la décision rendue par la Cour de Session suscita des critiques importantes [179] et provoqua la mise en place d'enquêtes gouvernementales sur l'ensemble du fonctionnement du Système d'Audition des Enfants.

---

173. Sloan v. B., *op.* cit., p. 548C.

174. Sloan v. B., *op. cit.*, p. 548D. La Cour de Session qualifie le principe exposé de « génie de la réforme Kilbrandon » qui perdrait son sens si l'enfant devait être présent à tous les stades de la procédure et priverait de sens la section 40 (2) de la loi. En effet, la commission ne disposerait plus alors d'un pouvoir discrétionnaire pour apprécier la présence du mineur au regard de ses intérêts.

175. Sloan v. B., *op. cit.*, p. 549E.

176. Questions 10 et 14 du pourvoi, Sloan v. B., *op. cit.*, p. 538 I et 538K.

177. Ce qui, pour elle, est constitutif d'une « violation des règles du droit naturel » ; Sloan v. B., *op. cit.*, p. 551E et s.

178. S. Asquith, Coming of age : 21 years of the Children's Hearing System, *In Scottish Government Yearbook*, 1992, p. 164.

179. Les auteurs, dans leur majorité, étaient contre l'interprétation donnée par la Cour de Session relativement à la présence du mineur lors de la phase d'explication des motifs de saisine ; J. Rose, *op. cit.*, para. 1320 ; K. McK Norrie, 1993, *op. cit.* ; J. Thomson, *op. cit.*, où l'auteur qualifie la décision de la Cour « d'exemple imaginatif de prétendue interprétation » (p. 421).

b) Les conclusions des rapports d'enquête sur le fonctionnement du Système d'audition des Enfants

Durant l'année 1992, quatre rapports majeurs furent publiés. Chacun d'eux traitait d'un aspect particulier du Système d'Audition des Enfants. En premier lieu, le rapport Clyde enquêtait directement sur le cas d'Orkney, c'est-à-dire sur « les institutions du Conseil Ilien d'Orkney impliquées dans la décision de placer neuf enfants en lieu sûr et la mise en oeuvre de celle-ci ; les conditions de la détention des mineurs dans des lieux sûrs ; la décision d'interrompre la procédure devant le Sheriff chargé de rechercher les preuves des faits allégués » [180]. En second lieu, le Rapport Kearney, moins connu, fut rendu le même jour que le précédent. Depuis 1989, son auteur étudiait la politique sociale mise en oeuvre par le Département social du Conseil Régional de Fife visant à développer l'utilisation de mesures volontaires de prise en charge pour les enfants ainsi que les conséquences de cette politique sur les mineurs en danger [181]. En troisième lieu, le Rapport Finlayson portait sur un acteur fondamental du Système d'Audition des Enfants : le Rapporteur, ses rôles, fonctions et responsabilités [182]. Enfin, le Rapport Skinner enquêtait dans le domaine des établissements résidentiels pour mineurs et réclamait l'amélioration de leur prise en charge et des conditions de celle-ci [183].

L'étude des recommandations faites par les rapporteurs cités peut être organisée autour de deux axes principaux. D'une part, les rapports soulignent tous à des degrés et dans des domaines divers, la nécessité de renforcer la protection des droits du mineur. Par exemple, l'enquête de Lord Clyde propose la mise en place de procédures spécifiques en matière de placement des mineurs en lieu sûr [184] ; le Rapport Skinner

180. S. Asquith (Dir.), 1993, *op. cit.*, p. 10. En aucun cas, les auteurs du rapport n'avaient compétence pour enquêter sur les faits eux-mêmes.

181. B. Kearney, *The Report of the inquiry into child care policies in Fife*, H.M.S.O., Edinbourg, 1992, p. V.

182. A. Finlayson, *op. cit.*

183. A. Cleland, Legal solutions for children : comparing Scots law with other jurisdictions, *In Scottish Affairs*, 1995, n° 10, p. 8.

184. S. Asquith (Dir.), 1993, *op. cit.*, p. 12 ; Lord Clyde, Lessons from the Orkney inquiry, *In* S. Asquith (Dir.), 1993, *op. cit.*, p. 21 et s.

demande l'amélioration du respect des règles relatives à l'intimité dans les établissements résidentiels pour mineurs [185]. D'autre part, au regard des acteurs impliqués, les enquêtes montrent la nécessaire clarification des rôles et du statut des partenaires (Rapporteur, travailleurs sociaux, membres des commissions d'audition) [186] ainsi que leur insuffisante coopération dans un domaine où le travail en collaboration apparaît essentiel [187].

Au travers du cas complexe d'Orkney ainsi que des enquêtes gouvernementales mises en place, les principaux aspects du Système d'Audition des Enfants furent étudiés mettant en lumière des dysfonctionnements importants notamment en matière de protection des droits de l'enfant et de sa famille. Dans ce domaine, la législation relative au traitement des mineurs délinquants et des mineurs en danger doit également se conformer aux normes édictées aux niveaux communautaire et international.

2°) Les fondements externes de l'évolution du système

La Grande-Bretagne a ratifié le 16 décembre 1991, la Convention Internationale des Droits de l'Enfant dont l'influence sur les travaux préparatoires de la loi de 1995 et les travaux de doctrine est incontestable tandis que la portée de ce texte reste essentiellement théorique [188].

Il en va autrement de la Convention Européenne des Droits de l'Homme dont le non-respect est sanctionné par les arrêts de la Cour Européenne. Ainsi, la Cour a condamné le Royaume-Uni, le 24 février

---

185. A. Cleland, *op. cit.*, p. 8.

186. B. Kearney, 1992, *op. cit.*, p. 597, 617 ; Lord Clyde, 1992, *op. cit.*, p. 362 et s. ; A. Finlayson, *op. cit.*, notamment p. 13 et s. et p. 31 et s.

187. V. notamment, B. Kearney, 1992, *op. cit.*, p. 593, 596, 598, 599 ; A. Finlayson, *op. cit.*, p.23 et s., p. 43.

188. Pour les travaux préparatoires, V. Scottish Office, *op. cit.*, p. 1 ; Review Group, *op. cit.*, p. 2 ; pour les auteurs, A. Kelly, op. cit., p. 57 et s. ; R. Breustedt et autres, *op. cit.*, p. 37 et s. ; S. Asquith, 1992, op. cit., p. 167 ; S. Asquith, 1995, *op. cit.*, p. 9 et s. ; A. Cleland, *op. cit.*, p. 10 et s. ; R. Milne, Children's rights, *In Scottish Child*, déc. 1990-janv. 1991, p. 28 et s.

1995 [189], au motif que la règle de procédure n'accordant pas de droit d'accès direct aux rapports transmis à la commission et au Sheriff au bénéficie des parents des mineurs présentés à une audition, ne respectait pas les dispositions des articles 6, paragraphes 1er et 8 de la Convention [190]. Les faits et les principales étapes de la procédure complexe de l'espèce doivent être exposés [191]. Conformément à la loi, le Conseil Régional de Strathclyde retire un enfant à sa mère, souffrant de troubles psychiatriques intermittents. L'enfant est ensuite présenté devant une commission de l'enfance ; la mère dénie l'existence du motif de saisine [192]. Le Sheriff de Glasgow, saisi du cas, considère ceux-ci établis permettant à l'enfant de rester dans son foyer d'accueil. De 1988 à 1990, les commissions de l'enfance et le Sheriff réexaminent à plusieurs reprises la situation du mineur sans changer le sens de leur décision. Durant la durée de la procédure, la mère se voit refuser l'accès direct aux rapports psychiatriques décrivant son état. En 1991, l'appel de la mère est rejeté par la Cour de Session. La plaignante dépose une requête devant la Commission Européenne des Droits de l'Homme. La Commission accueille la demande [193] et la Cour Européenne rend un arrêt condamnant le Royaume-Uni, aux motifs, d'une part, que la règle de procédure énoncée viole le droit de la plaignante à un procès équitable (article 6 paragraphe 1er). Ce faisant, la Cour rejette la justification du gouvernement britannique consistant à relever la spécificité du Système d'Audition des Enfants et de la procédure mise en oeuvre devant les commissions, en disposant que « ...nonobstant les caractéristi-

---

189. Cour Européenne, *op. cit.*, arrêt McMichael c. Royaume-Uni ; V. également le commentaire de la décision, M. Huyette, *In Recueil Dalloz Sirey*, 1995, II, p. 449, où l'auteur étudie les implications de la décision sur les procédures applicables devant le Juge des Enfants en matière d'assistance éducative.

190. Pour les références exactes de la règle évoquée, V. première partie, note n° 118.

191. Cour Européenne, *op. cit.*, p. 3 et s.

192. Le motif de saisine avait pour fondement la section 32 (c) de la loi de 1968 : « le défaut de soins de la part des parents risque de causer à l'enfant des souffrances évitables ou de porter gravement atteinte à sa santé ou à son développement ».

193. Commission Européenne des Droits de l'Homme, Rapport sur la requête d'Anthony et Margaret McMichael, adopté le 31 août 1993, Strasbourg.

ques particulières de la décision à rendre, le droit à un procès équitable contradictoire implique par principe, pour une partie, la faculté de prendre connaissance des observations ou des pièces produites par l'autre, ainsi que de les discuter » [194]. D'autre part, la règle viole l'article 8 de la Convention. Les mesures d'ingérence, telles que les mesures de placement d'un mineur dans un foyer d'accueil, sont acceptables lorsqu'elles respectent le principe d'équité et les intérêts protégés. Or, « ...le processus décisionnel déterminant les modalités de garde et de visites en ce qui concerne A. n'a pas accordé aux intérêts des requérants la protection voulue par l'article 8 » [195]. La Cour Européenne juge donc que le principe de la prise en compte des intérêts de l'enfant, commandant le Système d'Audition des Enfants, doit s'incliner devant le respect des droits des parents à un procès équitable.

Les développements précédents démontrent la nécessité pour l'Ecosse d'engager une réforme de son système de traitement des questions relatives à l'enfance délinquante et à l'enfance en danger. La réforme fut introduite devant le Parlement le 24 novembre 1994 et votée le 19 juillet 1995. Les changements consacrés sont difficilement appréciables du fait de la mise en oeuvre récente de la législation. Cependant, il est important d'en souligner les apports à la lumière de l'objectif fixé : le renforcement des droits du mineur et de sa famille [196].

B - Les apports de la législation de 1995 relativement aux droits du mineur et de ses parents

La condamnation de l'Ecosse devant les instances européennes compétentes en matière de droits de l'Homme a eu pour conséquence

194. Cour Européenne, *op. cit.*, p. 25.

195. Cour Européenne, *op. cit.*, p. 29.

196. Il convient de mentionner une autre réforme emportant des conséquences sur le Système d'Audition des Enfants écossais mais dont l'objet déborde le cadre strict de l'étude : la loi de 1994 sur le gouvernement local (Local Governement...etc - Scotland - Act 1994) qui, d'une part, organise la réforme du système local en Ecosse (le pays était divisé en districts et régions ; il est aujourd'hui constitué par autorités locales, unique échelon de division du territoire) et, d'autre part, procède à la centralisation au niveau national des services du rapporteur ; V. introduction, note 37.

directe la révision de la loi de procédure de 1986. Les éléments précédemment décrits ont également précipité l'intégration de dispositions renforçant la confidentialité des débats durant l'audition de l'enfant [197], la participation de celui-ci lors des procédures [198] ; elles ont, en outre, permis de mettre en place les droits des parents lorsque l'enfant est détenu dans un lieu sûr [199]. De façon spécifique, il convient de noter une évolution dans la place des institutions impliquées dans le Système d'Audition des Enfants et notamment l'augmentation du rôle des juridictions judiciaires. Le juge devient, de fait, le garant des droits du mineur et de sa famille. Ce phénomène est remarquable, d'une part, dans les procédures d'appel ouvertes (1°) et, d'autre part, dans la mise en place de procédures spéciales concernant le mineur (2°).

1°) Le renforcement du rôle des autorités judiciaires lors de l'appel de la décision d'une commission

Ce renforcement se traduit par l'intervention supplémentaire d'un magistrat dans la procédure d'appel et par une augmentation des pouvoirs du Sheriff.

En premier lieu, le législateur instaure un niveau supplémentaire d'appel : le Sheriff Principal peut, dans certains cas, connaître des décisions d'un Sheriff avant la Cour de Session [200]. L'appel est possible lorsque l'existence des faits est déniée par les parents et/ou le mineur, sur le fondement de la section 65 (7) et 65 (9) de la loi et, également, après l'examen par le Sheriff d'une décision de la commission (section 51 (1) de la loi). Avec l'autorisation du Sheriff Principal, l'appel est

---

197. V. la première partie de cette contribution.

198. La section 16 (4) de la loi dispose que l'enfant a le droit d'exprimer son point de vue et ses souhaits. Cependant, il convient de noter que la législation comporte une liste de circonstances dans lesquelles l'enfant peut donner son avis et qu'il appartient toujours au pouvoir discrétionnaire des commissions et du Sheriff de dire si l'enfant peut assister à la lecture des motifs de saisine ; ces deux précisions limitent d'autant la participation du mineur.

199. Section 58 de la loi de 1995 qui organise notamment les contacts entre parents et enfants lorsque ceux-ci sont placés en lieu sûr.

200. Section 51 (11a) de la loi de 1995.

encore possible devant la Cour de Session (ou directement du Sheriff vers la Cour suprême). Un tel système permettrait de ne recourrir à l'arbitrage de la Cour de Session qu'en cas de violation ou de discussion d'un point de droit fondamental [201].

En second lieu, conformément à la section 51-5c(iii) de la loi, le Sheriff, après appel des parents et/ou du mineur, peut imposer une exigence quelconque au mineur, dans les mêmes termes qu'une commission de l'enfance, substituant ainsi sa décision à celle des membres de la commission. L'intégration de cette section permet la mise en conformité de la législation de 1995 avec la Convention Européenne des Droits de l'Homme. En effet, dans son rapport sur l'affaire McMichael contre Royaume-Uni, la Commission a statué sur la nature des commissions de l'enfance en jugeant qu'elles ne constituaient pas des tribunaux ou des cours, leurs membres ne présentant pas les garanties d'indépendance requises [202]. L'intervention d'un magistrat à ce niveau de la procédure répondrait aux exigences de la Convention en matière de procès équitable [203]. Cependant, la disposition nouvelle prête le flan a deux types de critiques. D'un point de vue théorique, elle semble contraire à l'esprit de la législation qui fait des commissions de l'enfance l'instance la plus compétente pour connaître de la situation des mineurs, au mieux de leurs intérêts. En outre, elle rompt « le génie » de la réforme mise en place en 1968 qui instaurait une séparation stricte entre les organes chargés de l'établissement des faits et ceux chargés de la décision concernant la prise en charge du mineur [204]. D'un point de vue pratique, elle comporte un autre danger relatif aux divergences entre Sheriffs, certains décidant de ne pas intervenir et de renvoyer le cas du

201. K. McK Norrie, 1995(a), *op. cit.*, p. 89.

202. Cour Européenne, *op. cit.*, p. 18 ; La Cour Européenne, sans résoudre ce point de droit précis, qualifie cependant les commissions « d'organe juridictionnel dont la composition et les procédures ne sont pas celles d'une juridiction de type classique » ; Cour Européenne, *op. cit.*, p. 24-25.

203. Il nous semble que cette obligation, compréhensible dans le contexte européen, ne tient pas compte de la spécificité écossaise et pourrait avoir des conséquences importantes sur l'existence même des commissions de l'enfance. Nous pensons, néanmoins que les Sheriffs écossais, attachés à leur système, ne le mettront pas en péril.

204. K. McK Norrie, 1995 (a), *op. cit.*, p. 90.

mineur devant une commission, d'autres utilisant la faculté offerte par la loi [205].

La présence de l'autorité judiciaire est censée protéger les droits des parents et du mineur lors de l'appel des décisions des commissions d'audition. De façon similaire, l'autorité judiciaire est chargée d'émettre des mandats relativement au mineur et d'assurer la protection des droits attachés à sa personne.

2°) Le renforcement du rôle de l'autorité judiciaire dans les procédures spéciales affectant le mineur.

Trois procédures créées par la loi de 1995 sur les Enfants, l'ordonnance de protection de l'enfant (*Child Protection Order*) [206], l'ordonnance d'évaluation de la situation de l'enfant (*Child Assessment Order*) [207] et l'ordonnance d'exclusion (*Exclusion Order*) [208] sont directement inspirées des recommandations du Rapport Clyde [209]. Suite au cas d'Orkney et notamment aux circonstances entourant le placement des mineurs en lieu sûr, l'auteur a demandé l'instauration de procédures protégeant l'enfant contre d'éventuelles souffrances mais assurant également le respect de ses droits. Le Sheriff est consacré comme l'autorité compétente pour prononcer une ordonnance ou recevoir l'appel d'une telle décision assurant ainsi la protection des droits de l'enfant.

En premier lieu, l'ordonnance de protection de l'enfant est une procédure d'urgence destinée à prodiguer une protection immédiate à l'enfant en cas d'atteinte à son bien-être [210]. Ainsi, une ordonnance de protection de l'enfant peut être demandée devant le Sheriff lorsqu'il existe des motifs raisonnables de penser que l'enfant subit un tort significatif et que son placement est nécessaire pour faire cesser cette situa-

205. *Eod. loc.*

206. Section 57 et s. de la loi de 1995.

207. Section 55 de la loi de 1995.

208. Section 76 et s. de la loi de 1995.

209. Lord Clyde, *op. cit.*, p. 353 et suiv. ; Lord Clyde, *In* S. Asquith, 1993, *op. cit.*, p. 19 et s.

210. K. McK Norrie, 1995(a), *op. cit.*, p. 116.

tion [211]. Lors du prononcé, le magistrat doit notamment préciser les fondements de sa décision [212] et la section 57 (4) comporte la liste des mesures qu'il peut prononcer. Ensuite, l'enfant placé peut continuer à avoir des contacts avec sa famille, avec l'autorisation du Sheriff qui doit considérer, dans chaque cas, l'opportunité de telles rencontres [213]. Enfin, l'ordonnance cessera si elle n'est pas mise en oeuvre un jour après son prononcé [214], lorsque le Sheriff reçoit un appel concernant la mesure [215], ou lorsqu'une commission de l'enfance décide de ne pas poursuivre l'ordonnance [216]. Elle se terminera automatiquement au bout du huitième jour de son prononcé avec l'intervention d'une commission de l'enfance qui prendra les mesures nécessaires au regard de l'intérêt de l'enfant [217]. Les dispositions nouvelles répondent à l'ensemble des critiques formulées contre l'ancienne ordonnance de placement en lieu sûr : la procédure de 1995 est fondée sur des critères précis, elle organise les contacts entre le mineur et sa famille, elle est soumise à des limites temporelles strictes et courtes et comporte un droit d'appel direct devant le Sheriff. Elle protège ainsi plus complètement les droits des mineurs [218].

En second lieu, l'ordonnance d'évaluation de la situation de l'enfant consiste à autoriser l'examen de la santé et du développement du mineur, y compris en l'absence de toute autorisation parentale [219]. A nou-

---

211. Section 57 (1) de la loi de 1995.

212. Section 57 (3) de la loi de 1995.

213. Section 58 de la loi de 1995.

214. Section 60 (1) de la loi de 1995.

215. Section 60 (7) de la loi d 1995.

216. Sections 60 (6a) et 59 (2) de la loi de 1995 ; le Rapporteur a l'obligation conformément à la dernière section citée, d'organiser une session de la commission, deux jours après le prononcé de la mesure.

217. Section 65 (2) de la loi de 1995.

218. K. McK Norrie, 1995(a), *op. cit.*, p. 107.

219. Section 55 de la loi de 1995. Il semble cependant que le consentement du mineur soit nécessaire notamment lorsqu'il atteint un certain âge ; ainsi, la section 16 (3) de la loi de 1995 qui traite du droit du mineur à s'exprimer lors d'une procédure relative à sa personne, comporte l'âge de 12 ans ; K. McK Norrie, 1995 (a), *op. cit.*, p. 101.

veau, le pouvoir du Sheriff de prononcer l'ordonnance est soumis à des conditions strictes : une suspiscion de maltraitances rend nécessaire la mesure afin d'obtenir la preuve des faits, l'examen ne pouvant aboutir sans le prononcé de l'ordonnance [220]. La mesure est limitée à sept jours [221]. La procédure est largement inspirée de la section 43 de la législation anglaise de 1989 relative aux Enfants et les auteurs notent qu'elle est, là-bas, peu utilisée par les professionnels qui lui préfèrent l'ordonnance de protection de l'enfant [222].

En dernier lieu, l'ordonnance d'exclusion procède à l'exclusion du foyer d'un membre de la famille en cas de protection nécessaire du mineur. Cette procédure originale permet d'éviter une expérience traumatisante au mineur en le plaçant hors de son foyer lorsqu'il est menacé. Soumise à des conditions strictes similaires à celles stipulées en matière d'ordonnance de protection, il convient notamment de préciser la personne à exclure [223].

Les procédures décrites confirment la place du Sheriff dans la protection des droits de l'enfant. Il est intéressant de remarquer qu'elles protègent, ce faisant, sa personne ; en cela, elles ne sont pas éloignées du principe présent dans la loi de 1995 de prise en compte première des intérêts de l'enfant, de son bien-être. Il faut noter également la compétence des commissions de l'enfance pour prendre, suite à ces procédures spéciales, une décision conformément aux intérêts du mineur.

Quels sont les principes qui gouvernent aujourd'hui le traitement de l'enfance délinquante et de l'enfance en danger, en Ecosse ? Les développements précédents ont montré la place importante jouée par le Sheriff dans les procédures relatives au Système d'Audition des Enfants ; la section 16 (5) de la loi de 1995 énonce, pour la première fois, que l'intérêt de la société; plutôt que l'intérêt particulier du mineur [224],

---

220. Section 55 (1) de la loi de 1995.

221. Section 55 (3b) dela loi de 1995.

222. K. McK Norrie, 1995(a), *op. cit.*, p. 101 et s.

223. Section 76 (3a) de la loi de 1995.

224. « Si, dans le dessein de protéger les membres du public d'un tort sérieux (physique ou non)... », énonce la section.

peut fonder une décision de la commission de l'enfance ; enfin, certains auteurs réclament un changement radical dans l'appréhension des questions relatives aux mineurs avec, notamment, la présence d'un juge [225]. Néanmoins, les tendances dégagées ne doivent pas être interprétées comme une défiance envers les membres des commissions de l'enfance. La loi de 1995 sur les Enfants organise le maintien de celles-ci. L'évolution relative à l'intégration des droits du mineur et de sa famille apparaît nécessaire dans le contexte actuel où l'enfant n'est plus considéré comme un objet mais bien comme un sujet de droit. A notre avis, le Système d'Audition des Enfants écossais demeure un système unique et original de traitement, par la communauté locale, des questions relatives aux mineurs. Il organise la subtile alliance entre l'intérêt de l'enfant et les droits de celui-ci, respectant ainsi l'esprit des principes posés dans le rapport Kilbrandon.

---

225. A. Kelly propose un système où un magistrat serait assisté par deux membres du collège des spécialistes de l'enfance, *op. cit.*, p. 112 et s. ; A. G. Johnston, Suggested new approach to children's issue, *In Scots Law Times*, 1993, p. 346 et s.

Table des matières

Deuxième Partie : Le mineur délinquant

Collection ***Logiques Juridiques***
dirigée par Gérard MARCOU

Dernières parutions

DESURVIRE D., *Le timeshare ou la multipropriété échangée*, 1995.
LAVENUE J.-J., *Dictionnaire de la vie politique et du droit constitutionnel américain*, 1995
MARCOU G (sous la direction de), *Ouvrage collectif, Mutations du droit de l'administration en Europe*, 1995.
MIAILLE M. , *La régulation entre droit et politique*, 1995.
SOUBIRAN-PAILLET F. , POTTIER M;-L., *De l'usage professionnel à la loi*, 1996.
ETEKA V., *La Charte Africaine des Droits de l'Homme et des Peuples. Etude comparative*, 1996.
BERGERON G, *Tout était dans Montesquieu, une relecture de L'Esprit des lois*, 1996.
STRUILLOU J.-F., *Protection de la propriété privée immobilière et prérogatives de puissance publique*, 1996.
DUTRIEUX D. et HENON J.-O., *Les bibliothèques juridiques parisiennes - Guide pratique*, 1996.
VALDMAN E., *Pour une réforme de la Cour d'Assises*, 1996.
RABAULT H., *L'interprtétation des normes, l'objectivité de la méthode herméneutique*, 1997.
DEL CONT C., *Propriété économique, dépendance et responsabilité*, 1997.
LOPEZ C., *Les pouvoirs d'investigation de l'administration fiscale en France et au Canada*, 1997.
LASCOMBE M., *Droit constitutionnel de la Ve république*, Cinquième édition revue et mise à jour, 1997.
LAVIEILLE Jean-Marc, *Droit international du désarmement et de la maîtrise des armements*, 1997.
GAXIE Daniel, *Enjeux et contradictions de l'administration territoriale, Luttes d'institutions*, 1997.
MARCOU Gérard, RANGEON François, THIEBAULT Jean-Louis (sous la dir.), *La coopération contractuelle et le gouvernement des villes*, 1997.
DREYFUS Jean-David, *Contribution à une théorie générale des contrats entre personnes publiques*, 1997.

591903 - Décembre 2014
Achevé d'imprimer par
1livre.com
du rêve à la réalité !

www.ingramcontent.com/pod-product-compliance
Lightning Source LLC
LaVergne TN
LVHW012046041026
849558LV00038B/512
9782738461650